甘肃省一流学科建设项目资助成果

教育部人文社会科学重点研究基地西北师范大学西北少数民族教育发展研究中心资助成果

西师教育论丛

主编 万明钢

民族地区藏汉学前双语教育模式有效实施研究

龙红芝 著

Minzu Diqu Zanghan Xueqian Shuangyu

Jiaoyu Moshi Youxiao Shishi Yanjiu

中国社会科学出版社

图书在版编目（CIP）数据

民族地区藏汉学前双语教育模式有效实施研究／龙红芝著.—北京：中国社会科学出版社，2018.6
ISBN 978 – 7 – 5203 – 2059 – 7

Ⅰ.①民…　Ⅱ.①龙…　Ⅲ.①少数民族教育—学前教育—双语教学—教学研究—中国　Ⅳ.①G619.2

中国版本图书馆 CIP 数据核字（2018）第 027441 号

出 版 人	赵剑英	
责任编辑	周晓慧	
责任校对	无　介	
责任印制	戴　宽	

出　　　版	中国社会科学出版社	
社　　　址	北京鼓楼西大街甲 158 号	
邮　　　编	100720	
网　　　址	http：//www.csspw.cn	
发 行 部	010 – 84083685	
门 市 部	010 – 84029450	
经　　　销	新华书店及其他书店	

印　　　刷	北京明恒达印务有限公司	
装　　　订	廊坊市广阳区广增装订厂	
版　　　次	2018 年 6 月第 1 版	
印　　　次	2018 年 6 月第 1 次印刷	

开　　　本	710×1000　1/16	
印　　　张	17.75	
插　　　页	2	
字　　　数	249 千字	
定　　　价	76.00 元	

凡购买中国社会科学出版社图书，如有质量问题请与本社营销中心联系调换
电话：010 – 84083683

总　序

　　正如学校的发展一样，办学历史越久，文化底蕴越厚重。同样，一门学科的发展水平，离不开对优良学术传统的坚守、继承与发展。西北师范大学教育学的发展，也正经历着这样的一条发展之路。回溯历史，西北师范大学前身为国立北平师范大学，发端于1902年建立的京师大学堂师范馆，1912年改为"国立北京高等师范学校"，1923年改为"国立北平师范大学"。1937年"七七"事变后，国立北平师范大学与同时西迁的国立北平大学、北洋工学院共同组成西北联合大学，国立北平师范大学整体改组为西北联合大学下设的教育学院，后改为师范学院。1939年西北联合大学师范学院独立设置，改称国立西北师范学院，1941年迁往兰州。从此，西北师范大学的教育学人扎根于陇原大地，躬耕默拓，薪火相传，为国家培育英才。

　　教育学科是西北师范大学教育学院的传统优势学科，具有悠久的历史和较强的实力。1960年就开始招收研究生，这为20年后的1981年获批国家第一批博士点打下了坚实的基础。当时，西北师范学院教育系的师资来自五湖四海，综合实力很强，有在全国师范教育界影响很大的著名八大教授：胡国钰、刘问岫、李秉德、南国农、萧树滋、王文新、王明昭、杨少松，他们中很多人曾留学海外，很多人迁居兰州，宁把他乡做故乡，扎根于西北这片贫瘠的黄土高原，甘于清贫、淡泊名利、默默奉献，把事业至上、自强不息、爱岗敬业的精神，熔铸在西北师范大学教育学科发展的文化传统之中，对西部教育事业的发展作出了重要贡献。"随风潜入夜，润物细无声。"先生之风，山高水长。为西北师范大学早期教育学科的卓越发展作出重大贡献的先生们，他们身体力行、典型示范，对后辈学者们潜心学术，继承学问产生了重要的、潜移默化的影响，体现了西北师范大学的教育学人扎根本土、潜心学术、面向全国、放眼世界，站在学科发展前沿，培养培训优秀师资，服务地方经济社会发展的教育胸怀与本色。

西北师范大学教育学科历经历史沧桑的洗礼发展走到今天，已形成了相对稳定而有特色的研究领域。尤其是在国家统筹推进世界一流大学和一流学科建设的大背景下，西北师范大学的教育学作为甘肃省《统筹推进高水平大学和一流学科建设实施方案》规划的一流学科建设项目，迎来了学科再繁荣与大发展的历史良机。为此，作为甘肃省一流学科建设项目成果、西北师范大学课程与教学论国家重点（培育）学科建设成果、教育部人文社会科学重点研究基地西北师范大学西北少数民族教育发展研究中心科研成果，我们编撰了"西师教育论丛"，汇聚近年来教育学院教师在课程与教学论、民族教育、农村教育、高等教育以及学前教育等方面的学术成果。这些成果大多数是在中青年学者的博士学位论文，科研项目以及扎根教学实践的基础上进一步凝练的结晶。他们深入民族地区和农村地区的村落、学校，深入大学与中小学的课堂实践，通过详查细看，对语文、数学、英语、物理、化学、研究性学习等学科课程教育教学的问题研究，对教育基本理论问题的思考，对教育发展前沿问题的探索……这些成果是不断构建和完善高水平的现代教育科学理论体系，大力提高教育科学理论研究水平和教育科学实践创新能力，进一步发挥教育理论研究高地、教育人才培养重镇、教育政策咨询智库作用的一定体现，更是教育学学科继承与发展的重要过程。

筚路蓝缕，以启山林。目前付梓出版的这些著作不仅是教师自我专业成长的一个集中体现，也是西北师范大学教育学院教育学科发展与建设的新起点。当然，需要澄清的是，"西师教育论丛"仅仅是西北师范大学教育学研究者们在某一领域的阶段性成果，是研究者个人对教育问题的见解与思考，其必然存在一定的不足，还期待同行多提宝贵意见，以促进我们的学科建设和发展。

万明钢

2017 年 9 月

序

"红芝出祁连,晓日映山丹。情真得童趣,志业在学前。"

巍巍祁连山,不仅仅因河西走廊而闻名遐尔,也不仅仅因丝绸之路而远播他乡。祁连山乃是中国的圣山之一,正是在祁连山的护卫下,中国人从中原大地走向了天山南北和帕米尔高原,形成中国版图上真正的大西北。在祁连山下,因雪水灌溉而形成了多块绿洲,山丹就是其中有名的天然牧场之一。山丹原名删丹,据《山丹县志》载,删丹古城在焉支山谷地近钟山寺处,"以晓日出映,丹碧相间如'删'字,又名删丹山,而县以此得名。"山丹县地处河西走廊中部,属张掖市管辖,是丝路重镇"金张掖"的东大门。汉代骠骑将军霍去病曾战胜匈奴诸部并全部占领河西走廊之后,匈奴悲歌泣唱:"失我祁连山,使我六畜不蕃息;失我焉支山,使我嫁妇无颜色。"唐代诗人李白在此留下"虽居焉支山,不到溯雪寒"的绝句,也使焉支山名扬华夏。秦汉至今,山丹一直是肥沃富饶的天然大牧场,至今还有亚洲最大的天然军马场。

红芝就是在山丹这块肥沃的土壤上成长起来的,她先是在山丹县读完中小学,深受河西文化的影响,她身上自幼便具有河西人那种朴实无华、顽强拼搏的人文精神,这也许得益于祁连山那种雄厚壮阔的天人合一的生态文化。她在西北师范大学教育学院读完本科之后,赴华东师范大学攻读硕士学位,完成学业后返回西北师范大学工作并在职攻读博士学位。十年寒窗,孜孜不倦,青灯相伴,黄卷在手。她以个人的聪明与智慧,通过顽强的努力与拼搏,圆满完成了学业。名如其人,或者说名副其实吧,红芝就像祁连山上盛开的山丹花,不仅美丽娇艳,而且还是一种抗寒性很强的细叶百合花,一般生长在山坡、丘陵、草地、灌木丛中或林间隙地,生命力极为顽强。在专业研究方面,她一方面表现出率真与童趣,如同山丹花红硕的花朵,光艳照人,十分可爱;另一方面则表现出坚强与无畏,如同山丹花发达的根系,傲视风霜,十分顽强。这也是她在学前教育研究方面一步一步走向成功的关键因素,源于她的性格,更源于祁连文化的天然所成。

红芝的专业包括心理学、教育学、民族学、人类学等,除了攻读学位期间系统学习心理学与教育学外,她还自学了民族学、人类学、语言学等学科理论,使她的专业路径综合而宽广,为她从事民族地区的学前教育打下了坚实的基础。红芝对民族地区学前教育的兴趣得益于一次国际学术会议。2011年12月,西北师范大学与加拿大多伦多大学联合召开了一个国际会议"藏族地区以母语为主的学前双语教育国际学术研究研讨会"。此次会议通过大学的课程与教学研究者、中小学教师、藏族学者、民间艺人等的多元对话与交流,让民族地区的学前双语教育成为民族教育研究的一个热点问题。会议上产生的争论、疑问、困惑等成为红芝思考民族地区学前双语教育的生成性因素。她结合自己的专业兴趣,综合教育学、心理学、语言学、社会学、人类学等理论,开始构建自己关于这一问题的系统研究计划。我作为她的博士论文指导教师,支持了她的想法,并于次年带她去加拿大参加国际比较教育大会,聆听了双语教育研究专家吉姆·康明斯的报告,并在小组分会场汇报了她关于中国藏族地区学前双语教育的研究成果,引起了国外专家浓厚的兴趣。这也进一步鼓励了红芝的研究,为后来博士学位论文的选题奠定了基础。

我国是一个统一的多民族国家,中华民族多元一体格局不仅是学术界的共识性观点,更是新时代中国特色社会主义民族思想的核心内容。双语教育是促进各民族交往交流交融,构筑各民族共有精神家园的主要途径。我国关于双语教育的理论研究主要集中在政策法规层面和教育教学层面,政策法规层面的研究核心是解决双语教育为什么的问题,教育教学研究层面主要解决怎么做的问题。目前来看,双语教育教学研究远远不能满足蓬勃发展的双语教学实践的现实需求,在学前教育阶段,这种不足尤为突出。在我国学前教育研究领域,民族地区的学前教育尤其是民族地区的学前双语教育是一个重点和难点问题,是教育理论与实践界长期困惑的问题。民族地区学前双语教育的影响因素十分复杂,受到语言学、民族学、教育学、社会学、人类学等多学科理论的综合影响,既要从学理层面梳理民族地区学前双语教育的理论基础,又要从实践层面厘清不同模式所造成的乱象,红芝选择了一个艰难而又复杂的研究课题。但她的专业背景与学养支持了她的选择,在民族地区学前双语教育研究领域,红芝成为第一个从多学科系统开展个案研究的尝试者。

红芝的研究首先从法律角度全面分析了民族地区学前双语教育的政策依据。然后从学理层面梳理了学前双语教育有效实施的理论基础,从心理学的视角来看,学前阶段引入第二语言的学习更有可能达到母语般的水平,早期儿童双语的学习更有助于儿童多方面的发展。从语言学的视角来看,母语的发展程度对第二语言的学习产生迁移,同时第二语言的发展也会对母语的学习产生影响。从教育学的视角看发达国家学前双语教学的理论和实践揭示了可理解输入、互动输出、尊重的人际关系、适宜的教学风格等是影响学前双语教学的关键因素。那么,我国少数民族聚居区学前双语教学实施的现状如何呢?她又以甘南藏族自治州夏河县为田野研究的场域,借鉴人类学研究的方法,以输入—输出双语教育实施框架为理论基础,对学前双语教育的实施现状进行了调查研究。紧接着在课堂观察的基础上,进一步分析学前双语教学中所存在的问题及其原因,并尝试在教师原有的基础上,围绕加快向国家通用语言的过渡进行了实践研究。最后,提出了学前双语教学有效实施的理念与实践策略。

不难想象,为了完成这一研究,红芝所面临的困难与挑战。不说她相夫教子与完成学业并存的劳顿与辛苦,单就她为系统学习多学科的理论所付出的时间与精力,深入藏族地区长达一学期的田野调查研究所遇到的困难与承受的孤独,都是常人难以想象的,但是,红芝正是凭着她顽强的精神力量,出色地完成了博士学位论文,并在此基础上,形成了她的首部专著。统观全书,其创新之处表现在三个方面:第一是多学科交叉的综合研究。该研究成果将心理学、语言学、教育学、社会学、人类学等学科理论加以综合运用,形成了统一的学前双语教育的理论基础,使民族地区的学前双语教育有了丰富的科学依据。第二是多种方法的综合运用。该研究成果从方法上采用了调查法、观察法、个案研究方法、课堂志研究法、实物收集法等,将心理学、人类学、教育学的研究方法融为一体,使学前双语教育研究有了丰富的方法支持。第三是学术观点上的创新。有学者强调,民族地区学前双语教育应全部用母语教学,反对在学前教育阶段实施第二语言教学;有学者认为,学前教育阶段应全部用国家通用语言教学,反对用母语进行教学;也有学者认为,民族地区学前阶段应该开展双语教学,两种语言并重开。红芝通过理论与实践的综合研究,提出了创新的观点,她认为,在民族地区学前教育阶段,应以母语为基础,引入国家通用语言的学习,并在教学中使用两种语言教学,为小学阶段"以国家通用语言教学"打下基础,为基础教育"民汉兼通"创造条件。

在红芝的专著即将出版之际,她邀我为其作序。作为导师,我深知红芝的用意,她是希望得到导师的鼓励,并以此作为纪念来鞭策自己在今后的专业研究中不忘初心,将民族地区的学前教育研究作为自己的志业使命,为我国学前教育学的学科发展和我国民族地区学前教育事业的推进贡献自己的智慧。

"空谷有佳人,倏然抱幽独。东风时拂之,香芬远弥馥。"愿红芝如祁连山悬崖峭壁上傲视风霜的山丹花,结出丹碧呈艳的花朵!

王鉴,教育部长江学者特聘教授
2018/2/27 兰州

目　　录

第一章 绪论

第一节 研究问题的提出

一 民汉学前双语教育研究的理论需要

我国是多元一体的多民族国家，以世居和聚居为主要特征的少数民族和汉族共同构成了我国民族大花园中的绚丽花朵，双语教育将各民族语言和文化的多元发展与国家的统一发展融为一个过程，符合我国发展的历史与现实。从法律和政策层面讲，双语教育是我国充分考虑民族教育发展中的特殊因素，特别是语言和文化方面的特殊性而在少数民族地区实施的特殊性民族教育政策与行动。① 中华人民共和国成立后，从最高层次的《中华人民共和国宪法》到民族地区的最高法规《中华人民共和国民族区域自治法》，再到指导现阶段教育发展的《国家中长期教育改革和发展规划纲要（2010—2020 年）》［以下简称"《规划纲要（2010—2020 年）》"］，对少数民族语言文字的学习与使用均作出了明确的规定。确保民族语言平等、尊重少数民族学习和使用母语的权利、倡导少数民族学习和使用国家通用语言的权利与责任是不变的主旋律，为我国民族地区实施双语教育提供了一系列法律和政策保障。如何实施双语教育，需要理论与研究的指导，我国双语教育理论研究主要包含两个层面：政策法规

---

① 王鉴：《略论我国民族教育政策重心的转移问题》，《民族教育研究》2009 年第 3 期。

层面和教育教学层面，双语教育政策法规层面的研究核心是解决双语教育为什么的问题，教育教学研究层面主要解决双语教育怎么做的问题。① 从现有的研究成果来看，政策法规研究居于优势地位，与此形成鲜明对比的是对双语教育教学理论研究的相对忽视，尤其需要引起重视的是学前教育，对这个特殊的年龄阶段实施双语教育的理论研究尤其缺乏。辛宏伟对双语教育的元分析结果表明："从目前已有的研究涉及的教育阶段来看，幼儿园的双语教育是研究中的盲点。"② 刘伟、李森等学者对 1999—2009 年发表在《民族教育研究》上的关于民族地区双语教育的研究文献进行了分析，结果表明："大部分研究文章是从宏观上论述少数民族双语教育的，而以具体教育阶段为依托或应用范围的研究文章相对较少，学前阶段尤其欠缺。"③ 周兢认为："一直缺乏切实的关于民族学前儿童语言以及教育教学的研究。"④ 可见，至今还没有丰富的民汉学前双语教育研究理论来引导和支持蓬勃发展的学前双语教育教学的实践。

民汉双语教育怎么做？我国民汉双语教育教学研究主要集中在双语教育模式的探讨与总结上。在我国民族地区实施多年的中小学双语教育中，"民加汉""汉加民""民汉并进"是最主要的双语教育模式。放眼国外双语教育模式，浸入式、淹没式、强势、弱势、增加式、削减式、双语双文式、单向式、双向式，种种模式不一而足，但都关涉着人才培养目标和两种语言关系的处理，最终都可以归结到上述三种模式当中。虽然如此，但是各国、各地的实施结果却千差万别，究其核心是"影响双语教学效果的主要原因并不在于双语教学模式本身，而是在于支撑双语教育模式的内在和外在条件

① 万明钢：《论我国少数民族双语教育——从政策法规体系建构到教育教学模式变革》，《教育研究》2012 年第 8 期。

② 辛宏伟：《近 20 年来中国少数民族双语教育问题研究的元分析》，《新疆师范大学学报》（哲学社会科学版）2011 年第 1 期。

③ 刘伟、李森、郑红苹：《近二十年我国少数民族双语教育研究状况分析——以〈民族教育研究〉（1990—2009 年）为例》，《民族教育研究》2012 年第 1 期。

④ 周兢：《新疆学前双语教育中两种语义习得研究》，《新疆师范大学学报》（哲学社会科学版）2014 年第 6 期。

是否充分具备"。① 学前教育阶段具有区别于其他学段的特殊性：一是教育对象的特殊性。3—6岁儿童形象思维占优势，最适合他们的学习方式是操作中学习、生活中学习、游戏中学习，特别值得研究的是3—6岁儿童仍然处于母语发展的关键时期，如何处理两种语言之间的关系尤其需要慎重对待。二是幼儿园课程的特殊性。幼儿园实施的是领域课程、整合课程，区别于中小学的科学课程，因此，决不能直接照搬目前实施多年的中小学双语教育模式和经验。在学前教育这个特殊的学段，双语教育应该如何实施？它所需要的内在和外在条件是怎样的？要回答这些问题，就必须深入民族地区学前教育的实施现场去研究、去探索、去寻找答案，从而建构能指导学前双语教育教学的理论。

二　民汉学前双语教育研究的实践需要

"双语教育教学研究滞后，跟不上双语教学实践快速发展的要求。"② 这种滞后在学前教育阶段尤为突出。在2010年之前，幼儿园在农村，尤其是民族地区的农村属于"奢侈品"，2010年，《规划纲要（2010—2020年）》提出了"普及学前教育"的发展目标，在农村新建、改建乡镇和村级幼儿园是实现这一发展目标的主要举措之一，民族地区也不例外。民族地区的双语幼儿园和民汉双语教育实践在此背景下蓬勃发展起来。2005年12月8日《新疆日报》一篇题为"双语教学要从娃娃抓起"和同月9日《光明日报》一篇题为"新疆明年全面实施学前双语教育"的文章拉开了民汉学前双语研究和报道的序幕。在2005年以来有关学前双语教育的新闻报道和研究文献中，有两个问题非常突出：一是学前双语教育实践发展非常迅猛。在新闻报道中提取关键词，如"加强学前双语教育的指导意见""学前双语教育发展规划""投资""新建、改扩建双

---

① 万明钢：《论我国少数民族双语教育——从政策法规体系建构到教育教学模式变革》，《教育研究》2012年第8期。

② 张焱：《2005—2009新疆少数民族幼儿学前"双语"教育基本状况的分析讨论》，《新疆教育学院学报》2010年第3期。

语幼儿园""招聘双语幼儿教师""增加双语幼儿教育学位""提高双语幼儿入园率"频频出现。关键词反映出国家出台政策,从双语幼儿园数量、双语师资、幼儿招生、学位等多方面保障了学前双语教育实践的迅猛发展。二是学前双语教育实践亟待双语教育理论的指导。在双语幼儿园如雨后春笋般建成之后,"在幼儿园如何实施双语教育"则成为诸多幼儿园教师苦苦探索的实践之困,"对双语教育中学习与教学规律研究的严重滞后成为制约双语教育质量提升的瓶颈"。① "摸着石头过河"也就成了幼儿园实施双语教育教学的现实策略。② 没有理论和研究指导的学前双语教育出现了种种问题,这些问题可以归纳为两个方面:一是对学前双语教育内涵的误读,幼儿园的双语教育就是教汉语,将全面加强学前双语教育的政策误解为"全面推行学前汉语教学"。多份实践调查研究揭示了这种误解与误读现象的普遍存在。"一些教育管理部门和学校领导对双语教育理解片面,认为双语教育就是要尽快提高少数民族儿童的汉语水平,双语教育就是教汉语。"③ "对民族语文认识偏颇,宣扬民族语文无用论,认为民族语文是过渡的拐杖,主张双语教育的目标是精通汉语文。"④ "甚至一些地方的教育管理部门和学校领导严禁老师在课堂上使用学生母语,认为双语教学就是要强化汉语,必须采用强制手段让教师完全使用汉语授课,才能达到双语教育的目标。"⑤ 在此种理解引导下的实践和做法的弊端已经突显,幼儿园实施的双语教育没有建立在幼儿原有经验的基础上,导致部分幼儿

---

① 万明钢:《论我国少数民族双语教育——从政策法规体系建构到教育教学模式变革》,《教育研究》2012 年第 8 期。

② 程明轩:《论推进双语教学过程中的战略与策略问题》,《新疆师范大学学报》(哲学社会科学版) 2008 年第 1 期。

③ 王春玲:《双语环境下的民族语危机及对双语教学的一点思考》,《贵州民族研究》2010 年第 6 期。

④ 王鉴、安富海:《当前我国民族教育研究前沿与热点问题综述》,《学术探索》2011 年第 4 期。

⑤ 李曙光、蔡万玲:《新疆少数民族小学双语教学存在的问题及对策》,《和田师范专科学校学报》2012 年第 3 期。

学习兴趣减退和学习能力的下降。二是对学前双语教育模式实施的误解，"民加汉"学前双语教学就是在幼儿园课程上外加一门汉语言课，"汉加民"学前双语教学就是在幼儿园课程上外加一门民族语言课。在外加的民族语言课或汉语课上往往以集体课堂教学为主、以讲授和背诵为主，以集体课堂教学为主的外加语言课本就不符合学前儿童的学习特点和发展规律，更为严重的是让幼儿学习没有经验的第二语言，用不适宜的方式学习没有经验的内容，导致幼儿学习兴趣和学习效果低下，损伤了幼儿进一步发展的动力机制。

对学前双语教育内涵和双语教育政策的误读，对学前双语教育模式的误用，给本就处于摸索阶段的学前双语教育实践造成了更多的障碍，突出表现为不能根据民族地区居住特点、儿童语言发展水平、双语师资等情况实施适合幼儿、适合本地的学前双语教育模式。"基层教育系统对学前'双语'教育的内涵、方式、手段等了解不是很透彻，很少有人专门深入地做这方面的研究，在一定意义上缺乏实际的指导思想。"① "双语教育的研究历史告诉我们，靠经验主义办事是难以科学地解决问题的。"② 可见，对学前双语教育教学模式的研究更为迫切，要研究的不是模式本身，而是模式的核心思想和实施该模式的内外部条件。

本书认为，少数民族聚居区幼儿从小生活在说着母语的家庭中，初步掌握了一定的母语知识，形成了一定的母语水平，进入幼儿园后，开设国家通用语言文字课程应该充分利用幼儿已经习得的母语，而不是另起炉灶，从零开始。具体来讲，小班以母语作为主要教学语言，并逐渐过渡为两种语言使用相对平衡，在大班能够达到以国家通用语言为主，这一学前双语教育模式，为小学阶段实施以国家通用语言为主的双语教育奠定了基础。这个过程才更符合幼儿学习语言的规律，更能够为幼儿终生发展奠定基础，这样才能为

---

① 马嵘、马永全：《新疆学前"双语"教育存在的问题与对策研究》，《伊犁师范学院学报》（社会科学版）2011 年第 6 期。

② 戴庆厦、关辛秋：《中国少数民族双语教育的现状及发展趋势》，《黑龙江民族丛刊》1998 年第 1 期。

实现民汉兼通的最终目的奠定基础。

三　研究的问题

综合上述理论和实践需求，本书主要解决的问题是（具体见图 1－1）：

1. 藏族聚居区学前双语教育的实施现状如何？具体有四个方面：一是人的因素。教师素质、语言水平和文化水平如何？幼儿的语言水平、语言学习动机如何？二是环境因素。社区语言环境如何？幼儿园语言环境如何？三是过程因素。幼儿园双语教育活动的实施如何？四是结果因素。幼儿语言能力的发展如何？社会满意度如何？

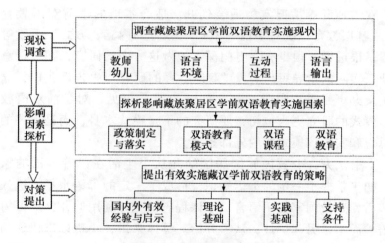

图 1－1　本书研究框架

2. 影响藏族聚居区学前双语教育有效实施的主要因素有哪些？具体有四个层面：一是学前双语教育的政策制定、落实如何？二是学前双语教育模式选择适宜性如何？三是学前双语课程开发如何？四是学前双语教育活动的组织和实施如何？

3. 国外有效实施学前双语教育的有效经验有哪些？对有效实施学前双语教育有何启示？如何推进藏族聚居区学前双语教育的有

效实施？

4．如何促进当前学前双语教育模式的有效实施？有效推进学前双语教育的内外部条件是什么？有效实施学前双语教育模式需要什么样的理念和行动？

四 研究的目的与意义

（一）研究目的

1．梳理国外学前双语教育模式的理论研究和实践文献，"他山之石，可以攻玉"，为我国少数民族聚居区实施有效的学前双语教育提供借鉴。

2．走进少数民族聚居区学前双语教育的实践场域，从认识我国现有的学前双语教育实践场域入手，以输入—输出双语教育模型为框架探索我国学前双语教育模式的实施现状、存在问题、遭遇阻力及其问题与阻力的根源。

3．在借鉴国内外实施学前双语教育经验的基础上，在扎根实践场域的实证研究的基础上，提出实施有效的学前双语教育模式的内外部条件，解决当前学前双语教育的实践之困，为民族地区幼儿园实施双语教育提供有效模式。

（二）研究意义

1．理论意义

（1）本书所梳理的国外学前双语教育的实践模式，为我国少数民族聚居区建构有效的学前双语教育理论提供借鉴。

（2）本书采用的走向实践场域的研究方法，扎根幼儿园双语教学活动的田野研究，对丰富学前双语教育的理论具有现实意义。

（3）本书试图揭示的学前双语教育模式有效实施的理论观点，能丰富我国学前双语教育理论。

2．实践意义

（1）本书走向实践场域的田野研究结果，为我国学前双语政策的制定和学前双语教育的实施提供了依据。

（2）本书尝试提出的有效的学前双语教育模式的策略，有助于民族地区幼儿园有效开展学前双语教育。

第二节 研究方法的选择

一 研究的理论基础

本书选择以科林·贝克提出的输入—输出—环境—加工过程双语教学模型（简称"输入—输出双语教学模型"）为主体理论基础，并吸收生态理论和相互依存理论的相关思想，以弥补输入—输出双语教学模型之不足。

输入—输出双语教学模型是由科林·贝克（Colin Baker）等人提出的思考双语教育的组织框架。该模型得到了我国英汉双语教育研究者王斌华等的高度认可，并在英汉双语教学研究中进行了实践应用和检验，结果认为，该模型在选择和设计双语教育模式时非常重要。[①] 科林·贝克认为："要想了解双语教学，就需要将各种双语教育实例中的输入、环境、加工过程和输出联系起来，使之成为一个整体，四部分模型提供了思考双语教学的组织框架。"[②] 该模型见图 1 - 2 所示。

（一）输入变量

输入主要是指人的因素，包括教师和学生。教师和学生所具备的不同特点会影响双语教育的效果。具体到教师，教师的素质、语言水平、语言学知识、文化知识都会影响双语教育模式的选择和实施效果；具体到学生，学生的语言能力、语言的天分、态度与动机、语言与文化背景等都会影响双语教育模式的选择和实施效果。

（二）环境变量

这里的环境从以下五个方面理解：一是指广泛的社会性质。比如，政治目标和思想意识，同化主义还是多元文化主义。二是指种族群体和当地社区的性质。比如，社区的双语、双文化发展状况，社区

---

① 王斌华主编：《双语教学的回眸与前瞻》，上海教育出版社 2008 年版，第 16 页。
② ［美］科林·贝克：《双语与双语教育概论》，翁燕珩等译，中央民族大学出版社 2008 年版，第 396 页。

对双语教育的态度。三是指学校的性质。比如，学校采取的双语教育模式。四是指课堂环境。比如，课堂语言的平衡等。五是指教材的性质。比如教材的种类、视听手段、正规的语法课和创造性的活动等。

（三）加工变量

加工过程主要关注教师在课堂上的双语教学行为分析。比如，当学生使用两种不同语言时教师的支持和奖励制度；对使用母语儿童的态度；使用任何一种语言时教师的解释系统；对儿童语言错误的更正；语言课的形式和结构；语言教学的风格；学生参与两种语言学习的程度；课堂上教师使用两种语言的数量和质量等。

（四）输出变量

输出指学生语言的发展结果。输出不仅包括短期的语言获得，比如标准化测验成绩，还包括长期的语言获得，比如对语言学习的态度、自尊、开放的性格、主动性、好奇心、不屈不挠的精神等。

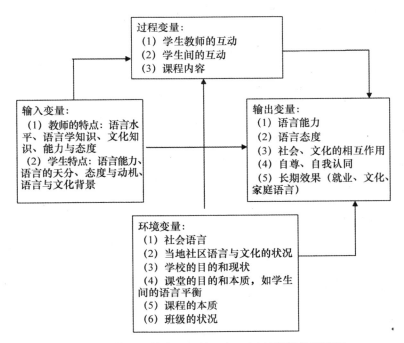

图 1-2 输入—输出—环境—加工过程双语教育模型

输入—输出双语教学模型强调"不同的原料做出不同的饭菜，原料的不同性质和质量会影响到最终的结果，有的时候甚至是一种原料的改变都会影响整个产品的味道，成功的原料需要在各种环境中进行试验，以评定它们潜在的一般意义"。① 研究者建议批评性地使用此模型，因为"模型可以将复杂的问题简单化"。"模型虽然提供了图表，但通常不对解释和信息进行深入的分析。""模型是局外人的观点，不是对所涉及的问题的论述，不会对图中的内容提出观点、进行解释。""模型可能会导致对课堂、学校、教育体制的静止性描述，不能将课堂、学校、体制中随着时间推移而发生的变化包括在内。"② 另外，笔者以为，该模型还存在三个需要进一步改进的方面：一是环境变量对输入变量存在着重要影响，而该模型忽视了这种影响；二是在环境变量中强调自上而下的六个因素对过程变量和输出变量的影响，却忽视了环境变量各因素之间的相互关系以及这种相互关系对过程变量和输出变量的影响。本书在以输入—输出双语教学模型为基础进行研究时，对上述不足进行了补充，重视环境变量对输入变量的影响，重视环境变量各因素之间的关系及其对过程变量和输出变量的影响。

二　研究的思路

人文社会科学研究最大的特点是实践性和问题性。任何人文社会科学研究的对象范围都能在现实中找到实践的事业或者活动的场域。③ 本书借鉴人类学研究的方法，整体上遵循专门研究者的研究历程三阶段：在这里（being here）；去那里（going there）；回到这里（coming home）。④ "在这里"所展开的文献研究主要解决三个问题：一是明晰关键概念，明确双语教育模式的类型和本质，提出有效的学前双语教育模式的含义。二是逐渐清晰研究的问题与思路，

---

① ［美］科林·贝克：《双语与双语教育概论》，翁燕珩等译，中央民族大学出版社 2008 年版，第 398 页。

② 同上书，第 400 页。

③ 王鉴：《教师与教学研究》，甘肃教育出版社 2013 年版，第 336 页。

④ 王鉴：《论人文社会科学研究的原创性》，《教育研究》2010 年第 4 期。

解决研究什么，怎么研究的问题，并为进入研究现场做好各种技术
准备，也为最终解决如何办的问题做好理论基础。三是对国内外学
前双语教育的理论研究和实践经验进行梳理，解决少数民族聚居区
实施学前双语教育何以可能的问题。"去那里"就是要进入少数民
族聚居区，进而进入幼儿园，最后进入课堂研究学前双语教育发生
的环境变量、输入变量、过程变量以及输出变量的现状与问题。
"回到这里"就是在理论研究与田野研究的基础上展开深入的探索
与思考，整理、分析获取的资料，为学前双语教育模式的有效实施
提出可行的建议。具体的研究思路见图 1 - 3 所示。

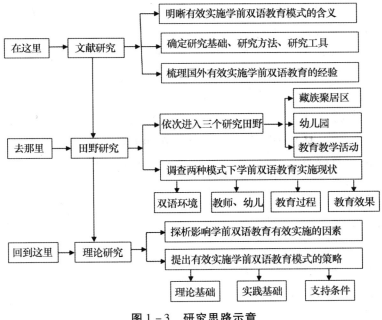

图 1 - 3　研究思路示意

三　研究场域的选择

（一）选择甘南藏族自治州

在确定了学前双语教育研究这个主题后就面临着研究民族和

场域的选择问题，关于这个，笔者首先考虑选择具有相对完整的语言体系的少数民族。在我国 56 个民族中，汉、回、满三个民族使用汉语，蒙古、藏、维吾尔、哈萨克、柯尔克孜、朝鲜、彝、傣、拉祜、景颇、锡伯、俄罗斯 12 个少数民族均有各自完整而悠久的语言文字。其次考虑的是地域，笔者选择了田野研究作为最主要的研究方法，因此长期驻足于研究场域，并在研究场域和生活场域之间来回奔波就成为一种必需，选择省内的少数民族就成了优先的选择。最后考虑的是少数民族的居住方式，我国少数民族聚居特点有大聚居和小聚居之分，甘南藏族自治州是小聚居，其中既有纯牧区的藏族聚居区，也有农区的藏汉混居区，还有城区的藏汉混居区，基本能够代表不同的民族居住方式，也为探究不同居住方式对学前双语教育的影响提供了条件。于是研究甘南藏族自治州藏汉学前双语教育模式的有效实施就成为一个最优的选择。

（二）选择夏河县

甘南藏族自治州有七县一市，选择夏河县作为田野研究地点的原因有三：一是基于教育实践难题。在初期调研中，当地校长、园长曾说"夏碌舟"（夏河、碌曲、舟曲）教育问题是甘南州的教育难题，如果"夏碌舟"的问题能够解决好，其他市区的难度就会小一些。既然研究的目的之一是服务于学前双语教育实践，能够面对最难以解决的地域，其挑战更大，意义自然也更大。二是基于甘肃省教育厅在甘南州和临夏州实施的"探索以政府主导的学前教育发展研究"项目，笔者是该项目的成员之一，夏河县也是项目实施的试点县之一，能够将两项工作结合起来，自然是极好的。三是交通更为便利。相对于舟曲和碌曲，夏河在交通上更为便利，因此，夏河就成为一个适宜的选择。

（三）选择幼儿园和学前班

夏河县公办幼儿园和学前班数量如表 1 - 1 所示，其分布如图 1 - 4 所示。

表 1-1 　　　　　　　　　　**夏河县幼儿园、学前班数量**

幼教机构类型	校数量（所）	班数（个）
乡镇中心幼儿园	5	17
村级幼儿园	10	10
学前班	18	25

夏河县共有乡镇中心幼儿园 5 所，其中县府所在地拉卜楞镇幼儿园实施普通教育，桦林镇中心幼儿园实施以汉语为主的双语教育，其他三所乡镇中心幼儿园实施以藏语为主的学前双语教育。村级幼儿园有 10 所，基本上是由以前的村级不完全小学改建而成的，其双语教育模式与当地小学保持一致。学前班和幼儿班附设在当地小学，大部分为学前一年，个别为学前两年，比如黄刺滩小学附设学前班。

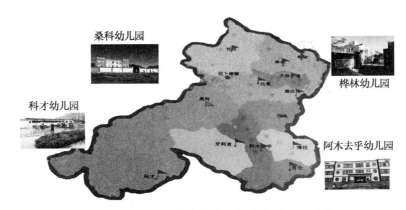

图 1-4 **夏河县学前教育发展分布（2014 年）**

在对夏河县所有幼儿教育机构进行全面考察的基础上，最后确定在乡镇中心幼儿园以 KC 幼儿园、SK 幼儿园为重点的研究场域。KC 幼儿园 2009 年开办，是夏河县最早的乡镇中心双语幼儿园，SK 幼儿园是 2014 年开办的双语幼儿园，在很大程度上能够代表夏河县乡镇幼儿园的发展现状。村级幼儿园确定 JGT 幼儿园、SYA 幼儿园为重点研究场域。JGT 幼儿园是扎油乡下设的村级幼儿园，SYA 幼儿园是麻莲滩小学附属的村级幼儿园。学前班选择 JJ 小学和 ZX 的 5 个学前班为主要的研究场域。具体调查的对象见表 1-2。

表 1-2　　　　　　　　　　研究对象的分布

幼儿教师（名）	园长/校长（名）	管理人员（名）	社区人员（名）	学前教育机构（名）	课堂观察	
					学前班（个）	幼儿园班级（个）
100	12	3	8	16	8	18

四　研究方法的确定

本书具体使用的研究方法主要有文献法、问卷法、访谈法、实物分析法和课堂志。

（一）文献法

众所周知，文献法在研究中的首要价值是学术研究的外层和基础。本书对国内外的相关文献进行定性和定量的分析，归纳学前双语教育模式的相关研究成果，把握我国学前双语教育研究的重心，梳理学前双语教育的研究进展，总结学前双语教育尚待研究的问题，为本书的问题明确、方法选择、框架确定、结果分析等提供理论指导和文献支持。文献研究的次要价值在于通过梳理国内外学前双语教育的相关理论研究与实践经验，为学前双语教育模式的有效实施奠定理论与实践的基础。

（二）问卷法

问卷调查是教育研究中最常用的方法之一。本书的问卷调查分为两个层次。第一层次是在 2013 年 3 月借民族地区幼儿园园长培训之际，采用自编问卷"民族地区幼儿园调查问卷"对甘南藏族自治州所有参加培训的幼儿园园长进行初步调查，其调查内容有学前教育发展概况、学前课程、双语教育、师资、幼儿五个方面。对全州各种类型与层次的幼儿园进行了全覆盖式的调查，以便全面了解甘南藏族自治州学前教育现状，此次调查发放问卷 40 份，回收 40 份，回收率 100%。第二层次是采用自编的"甘南藏族自治州幼儿园双语教学调查问卷（园长问卷）"对农牧区各幼儿园、学前班的基本情况进行了重点调查，发放问卷 18 份，回收 18 份。采用"甘南藏族自治州幼儿园双语教学调查问卷（教师问卷）"对幼儿园教师和主要的学前班教师进行全面调查，调查内容主要是学前双语教学的观念和行为两个层面，并在调查过程中辅之以访谈。发放问卷 100 份，回收 90 份，回收率 90%。

（三）访谈法

访谈是研究者与被访者进行交谈和询问的一种活动。本书中的访谈对象有五类群体：教育管理者、园长/校长、教师、家长、社区人员，具体见表 1－3 所示。

表 1－3　　　　　　　　**访谈对象的分布**

管理人员 （名）	园长/校长 （名）	教师		幼儿家长 （名）	社区相关人员 （名）
		幼儿园教师 （名）	学前班教师 （名）		
3	12	16	10	12	8

教育管理者是学前教育实施的政策制定者和管理者，对学前双语教育模式的选择和有效实施至关重要，访谈内容有：学前双语教育的认识与定位、教育部门制定的学前双语教育发展路径与方向、已经或者即将采取的学前双语教育举措、学前双语教育的方法；园长/校长是所在园/学校学前双语教育实施的主要决策者，访谈内容主要有：学前双语教育实施现状、存在问题、母语与国家通用语言的关系以及对有效实施学前双语教育的看法；教师是学前双语教育的主要实施者，她们的行为决定着学前双语教育的质量，访谈内容主要有：对学前双语教育的认识、对母语与国家通用语言关系的认识、幼儿园双语教育行动、教师的双语教育行动、教育教学中存在

的问题、预期的解决策略以及对有效实施学前双语教育的看法；家长是学前双语教育教学的重要参与者，他们的观念和行为对学前双语教育教学会产生不可忽视的影响，访谈主要内容有：对幼儿学习双语的态度、对学前双语教育的认识与态度、对母语与国家通用语言关系的认识、与幼儿园教育的联系现状与问题、对幼儿双语学习与发展的期望、家庭中的双语教育举措。学前双语教育教学发生在具体的社区环境中，社区是学前双语教育的生态环境，其中相关人员双语学习与教育的观念和行动也直接或间接地影响着学前双语教育教学，访谈的主要内容有：对学前双语教育教学的认识、对母语与国家通用语言关系的认识、社区与幼儿园的联系。

本书中的访谈主要在三种情形下发生。第一种是课堂观察后的访谈，就课堂中捕捉到的现象与问题进行详细、深入探讨，这又成为课堂志方法的一个组成部分；第二种是提前预约访谈，就夏河县或幼儿园学前双语教育的现状、问题与原因对相关人员进行半结构式的访谈。在此需要特别说明的是，对于提前预约访谈的主要对象，一般会进行两次访谈，围绕相同问题，选择两次访谈中的相同观点作为主要引用材料，以确保研究效度。第三种是随机访谈，在拉卜楞寺、藏医院、文化图书公司、书店、幼儿接送环节等进行，有时会借助于图书、儿童进入访谈主题，有时会直接询问他们有关学前双语教学的观点。

（四）实物分析法

实物分析包括对所有可以收集到的文字、图片、音像资料的分析。本书收集实物资料基于两个方面，一个是历史资料，另一个是现实资料。前者比如幼儿园以前的活动资料和各种记录，后者比如幼儿园当前的活动资料。实物分析比较适合于梳理学前双语教育发展的历史，也可以用来补充访谈和观察所获得资料的有效性，形成三角互证以提高研究效度。事实上，访谈、观察、实物分析、调查、课堂志可以从不同的角度对研究的结果进行补充和验证。研究者可以利用观察结果和实物，检验被研究者在访谈时传达出的信息是否真实，也可以在访谈时询问观察结果和实物中所蕴含的意义和解释。

（五）课堂志

艾尔·巴比（Earl Babbic）提出："如果你们要了解某一件事，何不就到它发生的地方去看看，感受一下，甚至参与其中。"① 诺曼·K. 邓金（Norman K. Denzin）认为："一个人要对人类经验做出真正有意义的解释，就必须将自己彻底地投入他要解释和理解的现象中去。"② 因此，走进幼儿园教育活动的现场是我们的重心，幼儿园教育教学过程也就成为此项研究最重要的"田野"。笔者遵循课堂志研究"观察—访谈—深描—案例"这一模式，③ 以聚焦、扎根于幼儿园教育教学活动过程的方式，对所研究的双语教学现象进行参与和非参与式的观察、描述、判断或解释，在撰写课例时结合课堂志说明以及教师的叙述风格、典型的口语表述、教学模式等的感受与说明，④ 重在对课堂现象作出质性的解释，辅之以量的说明。"作为专业的课堂研究者，最好的方式还是对课堂进行录像，因为录像的特点就是能够把不能再现的教学场景和活动再现出来。"⑤ 在课堂志方法的使用过程中，笔者首先采用录音、录像的方式客观记录教育教学活动过程，然后找由夏河县考入笔者所在高校的藏族大学生进行翻录，再由笔者整理、分析，最后形成课例。

---

① ［美］艾尔·巴比：《社会研究方法》，邱泽奇译，华夏出版社 2000 年版。
② ［美］诺曼·K. 邓金：《解释性交往行动主义：个人经历的叙事、倾听和理解》，周勇译，重庆大学出版社 2004 年版，第 52 页。
③ 王鉴：《课堂观察与分析技术》，甘肃教育出版社 2014 年版，第 53 页。
④ 同上书，第 197 页。
⑤ 王鉴：《课堂研究概论》，人民教育出版社 2007 年版，第 123 页。

第二章　学前双语教育文献研究

第一节　解读学前双语教育有效实施的含义

在解释双语教学之前，需要明确几个基本概念：第一语言、第二语言、母语、国家通用语、双语。

一　第一语言、第二语言、母语、国家通用语、双语

双语（bilingual）主要从个体语言能力的角度认识这种独特的社会现象，是指"个体使用不止一种语言的能力"①。双语的源头是在民族接触与交往的过程中所产生的社会现象。双语由什么构成？这一问题不可避免地涉及这样几个概念：母语（mother tongue）、第一语言（first language）、第二语言（second language）、民族语（ethnic language）、国家通用语（national common language）。

首先，我们认识与母语关系密切的一对概念：第一语言和第二语言。顾名思义，第一语言就是个体出生后最先接触并获得的语言；第二语言是个体在获得第一语言后再学习和使用的一种语言。

那么，什么是母语？查阅文献可知，理解母语存在三个标准。第一个标准是语言标准。母语就是个体从小习得的语言。在一般情况下，个体获得的第一语言往往是自己的母语，这也就是为什么人们经常把第一语言等同于母语，但实际上，第一语言不尽然就是母

---

① ［美］科林·贝克：《双语与双语教育概论》，翁燕珩等译，中央民族大学出版社2008年版，第42页。

语，以甘肃省的裕固族自治县为例，县城通用的语言是汉语，很多裕固族儿童最先学会的不是裕固语，而是汉语，而裕固语才是这些裕固族儿童的母语。用语言标准来判断母语"不能反映出母语的继承性和连续性"①。第二个标准是心理标准。一个人从感情的联结上确认哪种语言是自己的母语。一般而言，个体对于自己最先学会的语言总是有更多的情感联结，但也不尽然，有些生活在多民族混居地区的少数民族，首先学会了其他民族的语言，后来通过学习，才获得了自己民族的语言，对母语的情感或许比第一语言更为深厚，比如，威尔士人、苏格兰人以能用本民族语言和方言朗读托马斯和彭斯的诗篇为高雅；印第安人、毛利人也为保持和保护本民族的语言文化而努力。② 可见，使用心理标准来判断母语更具有主观性，不足取。第三个标准是功能性标准，认为"母语应该是那种个体掌握得好和广泛使用的语言，那种他们用来思维、进行创造的语言"③。纵观上述三个标准，仅从个体语言发展的视角理解母语，均不适合我国多民族、多语言社会的实际情况，"扎根在民族文化的沃土里，与本民族的思想感情和思维方式有密切联系的语言就是母语。母语和民族语言是一回事。"④ 在我国"将母语定义为一个民族的本族语"。⑤ 也就是说，母语和本族语从本质上说是一致的，因视角不同而具有不同的称谓，母语是从个体视角来称呼的，本族语是从群体视角来命名的。作为一个少数民族个体，或许已经不会自己民族的语言或者不能够再获得自己民族的语言，但是，其母语仍是自己的本族语。正如席慕蓉在《父亲的草原母亲的河》这首歌词中所表达的"已经不能用母语来诉说，请接纳我的悲伤，我的欢乐，我也是高原的孩子啊"。在本书中母语就是指少数民族的本民族语言，藏族人的母语就是藏语，裕固族人的母语就是裕固语，汉

---

① 李永燧：《论民族语、母语、第一语言》，《民族研究》1999 年第 3 期。
② 何俊芳：《也论我国的语言转用问题》，《民族研究》1999 年第 3 期。
③ 李永燧：《论民族语、母语、第一语言》，《民族研究》1999 年第 3 期。
④ 额·乌力更：《也论母语和民族语言》，《黑龙江民族丛刊》2000 年第 3 期。
⑤ 王鉴：《民族教育学》，甘肃教育出版社 2005 年版，第 146 页。

族人的母语是汉语，而无论民族成员个体是否获得与使用。

什么是国家通用语呢？这要和族际语相联系才更清晰明了。联合国教科文组织 1953 年为族际语下的定义是："族际语是为达到交际之目的，在操不同语言的人惯常使用的基础上逐步形成发展起来的一种语言。"① 1987 年，国家教委修订的《全日制汉语文教学大纲》指出："在长期的历史发展过程中，汉语事实上已经成为各民族之间通用的语言文字。"可见，我国的族际语就是汉语，就是普通话，也就是近期频频出现的国家通用语。所以，此处的汉语不仅仅指的是汉族人的母语，也指全国各族人民为了达到交际目的所共同使用的语言。因此，"双语最基本的理解是母语与第二语言，如果丧失或者丢失了母语，则由第一语言和第二语言构成了双语"。② 我国少数民族地区的双语主要是由母语和国家通用语言构成的，本书中的双语具体指藏语和国家通用语言。

二　双语教育与双语教学

在双语研究与双语教育教学的研究和实践中，通常会出现双语教学和双语教育这两个概念。本书首先在区别二者的过程中厘清双语教育的概念。关于双语教育与双语教学的关系有两种观点。

一是双语教育等同于双语教学。很多双语教育的文献将双语教育与双语教学视为同一个概念。严学宭认为："双语教育即使用两种语言，其中一种通常是学生的本族语言，作为教育教学实施的工具。"③ 庞丽娟提出："双语教育亦称双语教学，是一种旨在培养和造就双语并用人才的教育模式。尽管研究者对双语教育的表述各不相同，但其核心是一致的，双语教育是以两种语言作为教学媒介语，通过学科教学来实现帮助学生掌握双语的教育活动。"④ 王斌华认为：

---

① 张法科：《族际语纵横谈》，《山东外语教学》1992 年第 1—2 期。
② 王鉴：《民族教育学》，甘肃教育出版社 2005 年版，第 127 页。
③ 严学宭：《论双语制的合理性》，《中国少数民族双语研究论集》，民族出版社 1990 年版。
④ 陈琴、庞丽娟：《幼儿双语教育问题探析》，《学前教育研究》2006 年第 5 期。

"广义的双语教育是指学校中使用两种语言的教育。狭义的双语教育是指学校中使用第二语言或者外语来传授数学、物理、化学、历史、地理等学科内容的教育。"① 美国学者费仕曼（A. Fishman）认为："从最一般的意义上来说，双语教育指的是在语言课以外的所有课程使用两种语言进行教学的一种教育模式。"② 《国际教育百科全书》中表述的关于双语教育定义的最低标准应该是"一种在教学过程中至少使用两种教学语言的教育。这两种教学语言不必同时使用，也不必在同一时期内使用，而是在各年级中连贯地使用。"《朗曼语言学辞典》所给的定义是："能在学校里使用第二语言或外语进行各门学科的教学。"③

二是双语教育包含双语教学。关于双语教育与双语教学的关系，学术界更为普遍的认识是两者是不同领域的同质性概念，即双语教育包含双语教学，双语教育是在更宏观层面的整体设计，双语教学是实施双语教育的途径。我国学者戴庆夏认为："双语教学，是指在少数民族地区用两种语言文字进行教学。"④ 王鉴认为："双语教学是指在民族学校中开设民族语文和汉语文课，并采用其中一种作为主要教学用语，另一种作为辅助教学用语的特殊的教学活动。"⑤ 孙若穷认为："我国的双语教育是指对民族学生进行汉语、少数民族语双语文教育。"⑥ 董艳认为："狭义的双语教育就是特指在一个多民族国家里以少数民族学生为教育对象，使其使用本族语和主流语的教育。"⑦ 哈经雄认为："双语教育不仅包括是否开设两

①　王斌华：《双语教学的回眸与前瞻——国际视野本土实验》，上海教育出版社 2008 年版，第 3—4 页。

②　A. Fishman, "Bilingual Education, What and Why," In Margaret A. Louie &. Nancy Facies Conklin（eds.）, *A Pluralistic Nation: The Language Issue in the United State*, Rowley, Mass., 1978：407 – 416.

③　《朗曼语言学辞典》，Jack Richards Johnplatt Heidi Weher, 1993.

④　戴庆夏等：《我国双语研究的现状及展望》，《民族教育》1989 年第 3 期。

⑤　王鉴：《民族教育学》，甘肃教育出版社 2002 年版，第 135 页。

⑥　孙若穷主编：《中国少数民族教育学概论》，中国劳动出版社 1990 年版，第 504 期。

⑦　董艳编译：《浅析世界双语教育类型》，《民族教育研究》1998 年第 2 期。

种语言的语文课，还包括其他科目教材的教学媒介的使用。"① 滕星认为："双语教育所指的'用两种语言'，不仅包括是否开设两种语言的语文课，还包括其他科目教材使用何种语言作为教学媒介语言。"② 加拿大学者吉姆·康明斯（J. Cummins）认为："双语教育通常是指学生在教育生涯中的某一阶段使用两种教学媒介语，这两种语言被用来教授科目内容而不是单纯的语言课程本身。"③ 加拿大的麦凯（M. F. Mackey）和西班牙的西格恩（M. Siguan）提出："双语教育是以两种语言作为教学用语的教育体系，其中一种语言常常是但不一定是学生的第一语言，并进一步说明双语教育不包括仅仅使用一种不是学生第一语言的系统和其课程中仅仅列有其他语言教学科目的系统。"④ 英国教育家德里克·朗特里（Derek Rowntree）认为："双语教育是培养学生以同等的能力运用两种语言的教育，每种语言讲授的课业约占一半。"约翰·巴格尔（John. A. Buggs）认为："双语教育是指在学生入学初期的课堂教学中，以学生的母语作为其他科目的教学语言，逐渐在教学中渗透第二语言，直到学生第二语言发展到一定程度，而后采用两种语言教育教学的方法。"由此可见，双语教学是以两种语言为媒介的教学形式，主要是从教学语言的层面来界定的，双语教学是双语教育的重要组成部分。

笔者认可后者，即双语教学是双语教育的重要组成部分，认为理解双语教育应该把握以下四个方面：（1）双语教育明确以发展学习者的两种语言能力为目的；（2）在双语教育的过程中必须使用两种语言，一种是母语或第一语言，另一种是第二语言或目的语；（3）两种语言的使用会有一定的安排和计划，在某一特定的

---

① 哈经雄：《民族教育学通论》，教育科学出版社 2001 年版，第 200 页。

② 滕星：《中国少数民族双语教育的对象、特点、内容与方法》，《民族教育研究》1996 年第 2 期。

③ J. Cummins, *Negotiating Identities*: *Education for Empowerment in a Diversesociety*, Los Angeles: California Association for Bilingual Education, 1996.

④ ［加］M. F. 麦凯、［西］M. 西格恩等：《双语教育概论》，严正、柳秀峰译，光明日报出版社 1989 年版，第 45 页。

时段未必同时使用，而是一个长期的规划与安排；（4）双语教育不仅关注两种语言的使用，而且关注通过两种语言来学习和教授一定的教育内容。具体到我国少数民族地区所实施的民汉双语教育，其内涵包括两层：第一层含义是在学校教育中开设两种语文课：少数民族语文和汉语文。第二层含义是民汉两种教学用语的选择和使用。而这两层内涵在实践层面如何做，则必定会受到法规或政策所规定的双语教育目标的规定和引导。比如，1968年，美国政府出台的《双语教育法》的最终主旨是"用母语过渡，最终步入自由运用两种语言的教育"。因此，英语的淹没式就成为更多学校的选择。我国各层级的法律法规中所规定的双语教育的目标是培养"民汉兼通"的双语双文化人才。因此，需要从以下四个方面把握双语教育：一是双语教育的最终目的是培养双语双文化人，国家通用语言的学习不能以牺牲母语为代价。二是所教授的内容包括少数民族语言和汉语言以及各自所蕴含的文化。三是所使用的教学语言包括国家通用语和母语，两种语言如何安排应该因地制宜，因学习者而异。四是我国民族地区双语教育的顺利实施要以相应的政策作为引导与保障。

本书倾向于使用双语教育，除了上述原因之外，还与学前教育的特殊性有关。学前儿童的学习是一种广义的学习，学习的内容与幼儿自身的生活密切相连，学习的途径除了集体教学活动之外，更加重视生活中学习和游戏中学习。

然而，"国内理论界很多场合双语教学的涵义与双语教育的涵义是一致的"。[①] 鉴于此，本书需要特别说明两点：一是在文献收集过程中，为了穷尽双语教育文献，分别使用"双语教育"和"双语教学"这两个关键词在不同的搜索引擎中获得相关文献资料。二是在材料使用过程中，有时为了确保所引用材料的原貌，会出现双语教育和双语教学的交替，此时的双语教学与双语教育同义。

---

① 滕星：《中国少数民族双语教育的对象、特点、内容与方法》，《民族教育研究》1996年第2期。

三　双语教育模式

"模式"一词的英文是"model"，最早见于经济领域，一般是指被研究对象在理论上的逻辑框架，是经验和理论支架下的一种可操作的知识系统，是再现现实的一种理论性的简化结构。教育模式有宏观、中观、微观三个层次之分。宏观是指教育发展战略的模式；中观是指办学模式；微观是指教学模式。①

（一）双语教育模式

最先将模式引入教学领域并加以系统研究者是美国学者乔伊斯（B. Joyce）和韦尔（M. Well），他们认为，教学模式是"试图系统探索教学目标、教学策略、课程设计和教材以及社会和心理理论三者之间的相互关系，以设法考察一系列使教学活动模式化的各种可供选择的类型"。② 我国学者对教学模式也进行了大量研究。吴也显提出，教学模式是"在教学理论和实践的发展中形成的，用以组织和实施具体教学过程的相对系统稳定的一组策略与方法。教学模式是格式和样式的统一，是特定条件下教学系统结构和功能的统一"③。各种教学模式必然有其哲学、心理学、社会学、管理学的基础。丁证霖认为，教学模式是"一种可以用来设置课程、设计教学材料、指导课堂或者其他场合的教学的计划和类型"④。李秉德认为，教学模式是"在一定的教学思想指导下，围绕着教学活动中的某一主题，形成相对稳定的、系统化和理论化的教学范型"⑤。黄甫全认为，教学模式是"为开展教学活动的一整套方法论体系，是在一定教学思想或教学理论指导下建立起来的、较为稳定的教学

---

①　高敬：《两种英语教育模式下的幼儿英语 pro‑drop 参数建立的比较研究》，博士学位论文，华东师范大学，2004 年。

②　乔伊斯等：《教学模式》，荆建华等译，中国轻工业出版社 2002 年版，第 1 页。

③　吴也显主编：《教学论新编》，教育科学出版社 1991 年版，第 174 页。

④　丁证霖、赵中建等编译：《当代西方教学模式》，山西教育出版社 1991 年版，第 1 页。

⑤　李秉德主编：《教学论》，人民教育出版社 1991 年版，第 251 页。

活动框架和活动程序"①。教学模式是实施教学的一般理论，是教学思想与教学规律的反映，它具体规定了教学的进程，实施教学程序应遵循的原则等，从教学实践来看是将教学方法、教学手段、教学组织形式融为一体的综合体系。② 教学模式既是教学理论的具体化，又是教学经验的一种系统概括。③ 可见，教学模式是在特定条件下的理论极与实践极之间的中介，具体来说是在一定理论的指导下，为实现特定的教学目标，用来制定教学政策、设计课程，对教学过程作出简要指导的一个结构与功能兼备的系统。

关于双语教学模式，王鉴认为："双语教学模式是双语教学的基础极和实践极之间的中间环节，它是教学论范畴中的教学模式在双语教学中的演化。"④ 关于教学论意义上的双语教学模式的描述应从"理论依据、教学目标、操作程序、操作策略"四个方面展开。⑤ 既具有一般教学模式的结构和功能，又适用于特殊的双语教育。教学模式既是教学理论的具体化，又是教学经验的一种系统概括。⑥ 李儒忠认为："双语教育模式则是在双语教育理论指导下，以一定的双语教育实践为基础的双语教学活动的结构框架和活动程序。双语教育模式不是双语教育方法，不是双语教育计划，也不仅仅是教育理论，它蕴含着理论、目标、结构程序、方法、策略、评价等丰富的内容。"⑦ 史军认为："双语教育模式总体上是一种教育的标准样式。我们可以从教育方法、教育结构的范畴、设计或组织

---

① 黄甫全、王本陆：《现代教学论学程》，教育科学出版社 1998 年版，第 96 页。

② 王鉴：《论我国少数民族地区双语教育的模式》，《贵州民族研究》1999 年第 1 期。

③ 武英杰：《基于计算机网络的大学英语教学模式的探讨》，《现代教育科学》2006 年第 1 期。

④ 王鉴、李艳红：《藏汉双语教学模式研究》，《西北师范大学学报》1999 年第 3 期。

⑤ 王鉴：《论我国少数民族地区双语教育的模式》，《贵州民族研究》1999 年第 1 期。

⑥ 武英杰：《基于计算机网络的大学英语教学模式的探讨》，《现代教育科学》2006 年第 1 期。

⑦ 李儒忠：《论双语教育的模式》，《新疆教育学院学报》，2011 年第 1 期。

教育的范畴等上去阐释。但要完整阐释它，则一般会涉及双语教育的主题（或理念）、教育目标、教育结构、教育程序、教育策略和教育评价。它可以依据一定的理念去建构创造，而且更多地应反映对双语教育全过程的认识，反映双语教育中的客观存在性。"① 方晓华认为，双语教育模式是以一定的双语教育实践为基础的双语教学活动的结构框架和活动程序。它既是理论的，又是实践的，是二者相结合的一个"有效中介"，是介于二者之间的"一个可操作的知识系统"②。

双语教育模式的结构如何呢？吴也显认为："任何教学模式都有两层基本含义：一是相对于人的学习和发展的基本理论来说，模式是在更具体的层面上对这些理论的模仿，其结果以稳定的格式表现出来；二是教学模式是客观的教学规律体系在特定条件下，特定的表现形式。"③ 教学模式主要的构成要素有指导思想、主题、目标、程序、策略、内容和评价。④ 乔伊斯（B. Joyce）认为："一种教学模式就是一种教学环境。这种环境有多重用途，从如何安排学科、课程、单元、课题到设计教学材料。"⑤

总之，理解双语教育模式需要把握以下要点：一是双语教育模式的建构必定有一定的理论基础，该理论基础或许是某一学科领域，更普遍的情况是建立在多学科理论基础上。二是双语教育模式的建构须有特定的实践基础，模式是概括的但不是万能的，有其最适宜的实践场域。三是双语教育模式的实施需要双语教育政策的保障，政策虽然是模式外的条件，但它是双语教学模式有效实施所不可或缺的。四是双语教育模式是双语教学组织、运行的系统，包括目标、内容、过程与评价四个环节。

---

① 史军：《试论四川彝汉双语教育模式》，《西南民族大学学报》（人文社科版），2009 年第 6 期。

② 方晓华：《少数民族双语教育的理论与实践》，学苑出版社 2010 年版，第 126—154 页。

③ 吴也显主编：《教学论新编》，教育科学出版社 1991 年版，第 167 页。

④ 李秉德主编：《教学论》，人民教育出版社 2001 年版，第 251 页。

⑤ 乔伊斯等：《教学模式》，荆建华等译，中国轻工业出版社 2002 年版，第 15 页。

（二）学前双语教育模式

学前双语教育模式又是双语教育模式在学前这个特殊学段的应用。它既要在一般的双语教育模式中汲取营养，保持一般教育模式的结构和功能，又要充分考虑到学前儿童的年龄特点、语言学习规律以及学前领域课程的特殊性。

借鉴性地吸收以上专家的观点，我们认为，学前双语教育的理念是构建学前双语教育模式的理论基础；实施双语教育幼儿园的实践和幼儿园所在地居民的语言特点、幼儿原有的语言基础等是构成学前双语教学的实践基础；国家关于学前双语教育的政策以及地方政府对学前双语教育的规划措施是构建学前双语教育模式的政策基础。

1．学前双语教育理念

学前双语教育理念是指导教育活动的教育理论或思想，是有关双语教育的形成基础和基本理论观点，主要解决学前双语教育是什么和为什么的问题，具体来讲，主要指学前双语、学前双语教育、学前双语教育的理论基础、学前双语的学习过程以及影响因素等。

2．学前双语教学实践需求

主要指学前教育机构所在地居民的居住特点、文化需求、学校双语教育的历史与现状、家庭语言、社区语言以及幼儿两种语言的发展特点。

3．学前双语教育目标

学前双语教育目标是双语教育模式的核心因素，是国家的双语教育目标在学前阶段的具体化。是注重儿童的整体发展还是仅仅重视学前儿童语言的发展？在语言发展中是重视母语、国家通用语言还是二者兼重？目标是选择课程内容、策略方法的依据，也是评价的标准和尺度。

4．学前双语教学内容

双语教学内容是完成教育目标的载体，不同的双语教育模式对双语教育内容的选择、编排有不同的要求。

5．学前双语教学过程

主要是指完成教学目标的步骤和过程。在双语教育中主要应处理好三个序：一是内容安排的序，就是两种语文之间的关系；二是语言的序，主要指两种语言如何安排与变化；三是师生活动的序，主要指师生活动的方式、任务、地位、关系、相互作用的不同组合。

6．学前双语教学评价

评价是一个模式不可或缺的组成部分，与目标、内容、过程环环相扣。

7．学前双语教育政策保障

政策保障是教育行政部门或管理部门为保障模式有效实施而制定的政策或措施，它是确保某种教育模式能否实施、能否有效实施的系统外条件。

四　学前双语教育模式有效实施的含义

学前双语教育模式有效实施的含义可从以下两个方面理解。

（一）确保现行学前双语教育模式的有效实施

目前，我国少数民族聚居区的学前双语教育受到当地中小学双语教学的影响，基本与其保持一致。以夏河为例，学前双语教育模式可以分为两种：以汉语为主和以藏语为主。无论以哪种语言为主，少数民族聚居区实施学前双语教育核心的价值取向是不变的，"少数民族学前儿童双语学习与教育，根本价值在于帮助少数民族儿童在早期形成可持续发展的良好基础，获得终身学习的起点经验。"① 只是实施双语教学更为复杂、更具挑战性，因为在所有的双语教室里，儿童面临着双重任务："学习语言和通过语言学习知识。儿童们必须学习新的词汇、新的结构，他们需要将这些来自非本族文化和非背景知识的未知概念整合到自己的认知结构中。"② 因此，民族地区学前双语教育能否有效实施直接影响着幼儿教育质

---

① 周兢、李传江、杜丽君：《新疆学前双语教育情境中民族儿童的汉语发展研究》，《华东师范大学学报》2014 年第 1 期。

② Patricia Velasco，"Indigenous Students in Bilingual Spanish-Enlish Classrooms in New York：A Teacher Mediation Strategies," *International Journal of the Sociology of Language*，Vol. 2010 （206） － Nov. 1，2010：255 － 271.

量的提升。民族地区学前双语教育不仅仅是语言问题，其本身就在很大程度上决定着幼儿园教育质量，从这样的角度看待民族地区的学前双语教育，只有全面提升学前教育质量的内涵，才能将双语教育成效最终落实到儿童的全面发展上来；只有有效实施学前双语教育，民族地区的幼儿园教育质量才能够得到保障。这就是学前双语教学模式有效实施的第一层含义。

（二）从母语出发，逐渐过渡为以国家通用语言为主的双语教育模式

少数民族个体既要学好母语，又要学好国家通用语，这已经成为一个不争的事实，接下来需要解决的就是在课程与教学中如何处理两种语言的关系。

如何处理两种语言的关系？首次，处理两种语言关系最根本的依据是国家法规和语言政策中对双语教育的规定，其次是少数民族居住特点以及与此相伴随的语言发展特点。多民族混居、少数民族在汉族地区居住、单一少数民族聚居是三种典型的少数民族聚居方式。在多民族混居区，个体往往能够使用两种语言。在家庭中，少数民族成员多半会选择民族语言作为交流工具，在家庭以外的交往交流中会更多地根据对象的不同而选择适宜的语言；在汉族区居住的少数民族，语言的使用多为国家通用语，部分成员能够使用自己本民族的语言；而在少数民族聚居区，多数民族成员的家庭语言和社会交往语言仍然是母语，但是随着经济的发展和人口的流动，不少聚居区的民族成员能够听懂甚至能够使用国家通用语言。少数民族居住特点以及语言的选择和使用决定了母语的实现可以有三种情况：第一种情况是个体出生时就生活在本民族社会中，在生活过程中自然习得了母语，第一语言和母语、本族语一致；第二种情况是个体出生后生活在外族社会中或者父母使用母语以外的第二语言环境下，个体在生活中获得了外族语，第一语言和母语、民族语相分离，个体的母语、本族语可以通过第二语言的学习而获得；第三种情况是儿童生活在双语地区或所生活的家庭中父母各说一种语言，个体同时获得了两种语言。

2015 年，《国务院关于加快发展民族教育的决定》提出了"科

学稳妥推行双语教育"的方针，要求"在国家通用语言文字教育基础薄弱地区，以民汉双语兼通为基本目标，建立健全从学前到中小学各个阶段有效衔接，教学模式与学生学习能力相适应，师资队伍、教学资源满足需要的双语教学体系"。本书主要关注的是在藏族聚居区实施双语教育的过程中，儿童在学前教育阶段藏语和国家通用语言的学习与教育情况。这类儿童的情况是：在牧区，儿童的藏语都是在家庭生活中、在与说着藏语的社会成员的交往交流中自然而然获得的，在进入幼儿园、小学、中学后逐渐通过双语教育的实施学会了国家通用语言。在民汉混居的农区和城镇，在藏族儿童出生后的家庭生活中，有的第一语言是藏语，有的则是国家通用语言，那么，在进入幼儿园后如何实施双语教育呢？调查显示，此种情况多以国家通用语言为主要的教学语言，教学内容也多以国家通用语言呈现，在一定程度上藏族儿童在幼儿园里学习母语和用母语来学习的机会受到限制。我们认为，对少数民族聚居区的儿童学前双语教育模式的有效实施，主要有两种情况：在牧区要充分利用儿童已经习得的母语，在幼儿园初期要基于幼儿在家庭中已经习得的母语以及母语经验进行教育内容和教学语言的安排，随着年龄班的增加，逐渐增加国家通用语言和中华民族文化的内容比例，最终实现以国家通用语言为主或者两种语言平衡发展的双语教育，为进入小学以后实施以国家通用语言为主的双语教学模式奠定良好的语言基础，为儿童能够走出牧区、获得更广阔的发展奠定基础，为儿童的终身学习和发展打好基础。在民汉混居地区，本已实施以国家通用语为主的教育模式，需要在教育教学活动中为幼儿创造有选择地学习和使用母语的机会和环境，使幼儿形成母语情感，为继承民族语言和文化奠定基础。

第二节　国内外双语教育模式研究述评

一　国外双语教育模式研究述评

20 世纪 70 年代以来，随着双语教育实践的发展和研究的深入，国外涌现了很多研究双语教育类型的专家和研究成果，不同专家依据不同标准把双语教育划分为不同类型。典型的类型有以下七个方面。

（一）根据双语教育的属性分为添加性双语教育和缩减性双语教育

添加性双语教育是指在教学中采用第二语言作为教学语言的目的不是准备替代学生母语或者第一语言，而是培养学生掌握两门语言，成为双语双文化人。缩减性双语教育是在教学过程中采用第二语言作为教学语言的目的是准备替代学生的母语或者第一语言。①前者具有鲜明的文化多元特征，后者具有明显的同化主义倾向。可见，添加性和缩减性双语教育的区别不在于在教学中使用哪种语言，而在于其目的是让学习者掌握两种语言还是用第二语言替代母语。我国少数民族地区实施的民汉双语教育，其目的是让少数民族儿童学好国家通用语言和母语，培养双语双文化人，从而实现民汉兼通，所以具有鲜明的添加性双语教育的特征。

（二）根据双语教育实施过程中两种语言的地位不同分为平衡性双语教育和非平衡性双语教育

平衡性双语教育指在双语教育中两种语言的地位受到同样的重视，在整个课程设计中两种语言的课程也是平均分配的。非平衡性双语教育是指两种语言的地位不同，其中一种是主要语言，占据大部分教学时间；另一种语言则处于从属地位，在整个课程计划中所占的比例非常小。其结果往往导致占据大部分教学时间的语言得到快速发展。②整体来看，我国少数民族地区双语教育对母语和国家通用语言都非常重视，但是学习者原有语言的不同，会在不同的学段有所侧重。

（三）根据双语教育目标不同分为强势双语教育和弱势双语教育

所谓强势双语教育是指学校对两种语言一视同仁，实施双语教学的目的是保留少数民族语言，同时发展族际语和少数民族语言，

---

① 王斌华：《双语教育与双语教学》，上海教育出版社2003年版，第7—8页。
② 姜宏德：《双语教育新论》，新华出版社2006年版，第27—28页。

营造多元文化的社会氛围。这种模式代表着国际双语教育发展的主体趋势。我国多元一体的政治格局，决定了同时发展两种语言。弱势双语教育是指学校拥有双语学生，课堂教学语言采用多数民族语言，学校实施双语教育的目的是培养学生成为单语人或者低水平的双语人，并帮助学生尽快过渡乃至同化到主流语言和文化上。这种模式受到批判的声音渐次强烈。

（四）根据双语教育体系中语言学习的范围分为单向式双语教育和双向式双语教育

单向式双语教育模式只强调少数民族学生对族际语／通用语的学习和掌握。双向式双语教育模式强调双向学习，即少数民族学生学习族际语，多数民族学生也要学习少数民族语言。① 此模式力图最大限度地体现民族之间的平等和相互尊重。在第六次中央民族工作会议上，习近平指出："在一些有关民族地区推行双语教育，既要求少数民族学习国家通用语言，也要鼓励在民族地区生活的汉族群众学习少数民族语言。"

（五）根据两种语言的性质关系分为母语同质性双语教育和母语异质性双语教育

母语同质性双语教育是指接受双语教育学习者的母语本源相同，学校采用母语和通用语两种语言即可。母语异质性双语教育是指接受双语教育学习者的母语可能分属于不同的母语群体，学校往往只采取其中的一种或者几种语言进行教学或者分别设立语言学习中心对学生实施双语教育。② 我国单一少数民族聚居区情况类似前者，而少数民族混居区的情况则类似后者，而且更为复杂。

（六）根据学生母语背景和主要教学语言的关系，分为母语式双语教育、目标语式双语教育和双语双文化式双语教育

母语式双语教育是指课堂教学中使用母语作为主要语言；目标

---

① 王斌华：《双语教育与双语教学》，上海教育出版社 2003 年版，第 84 页。

② ［加］M. F. 麦凯、［西］M. 西格恩等：《双语教育概论》，严正、柳秀峰译，光明日报出版社 1989 年版，第 48 页。

语式双语教育是指课堂教学中使用目标语作为主要语言;双文化式双语教育是指强调平衡采用目标语与母语两种语言进行教育。①

（七）美国的双语教育模式主要从更为微观层面来划分:过渡式双语教育、保持式双语教育、双文化式双语教育、浸没式双语教育、双向式双语教育、淹没式双语教育

过渡式双语教育是指儿童入学后在学习中部分或全部使用本族语,以后逐渐过渡到完全使用学校采用的非本族语的一种教育。②过渡教育又有两种类型:民族语早退型和民族语晚退型。前者指在学习的头两年中最大限度地使用民族语母语,为第二语言教学做好准备;后者指民族语教学可一直占40%,直到六年级。保持式双语教育主要是指少数民族学生在学校把他们的母语、家庭语言或继承语言作为主要教学用语的地区所实行的一种双语教育形式,这种教育的目的是培养完全的双语双文化人。③双文化式双语教育常出现在同一班级里多数人口语言的学生和少数人口语言的学生几乎相等的情形下,在教室中两种语言都被使用。浸没式双语教育的课堂语言策略,其重点是内容而不是语言的形式,即将发生的任务是最主要的,而不是刻意的语言学习。④双向式双语教育是在学校中同时使用两种主要语言,培养学生成为掌握两种语言和双文化的人才。淹没式双语教育完全不用儿童的母语,而只使用族际语/通用语。正如有学者所比喻的:"如果我们将语言环境比作游泳池,将儿童掌握第二语言比作学习游泳,那么这种教学是将不会水的儿童扔进游泳池里,希望他们尽快地学会游泳而不借助漂浮工具和开设特别的学习课程。"在教室中,教师和学生只能使用多数人口语言,使用少数人口语言的儿童要么沉到水底,要么在水中挣扎,要么最后学会游泳。

---

① 肖建芳:《当代国际双语教学模式概论》,广东人民出版社2011年版,第57页。
② 翁燕珩:《美国双语教育研究之评介》,《中央民族大学学报》（哲学社会科学版）2000年第4期。
③ 翁燕珩:《简析语言保持型双语教育》,《民族教育研究》2000年第2期。
④ 哈经雄:《民族教育学通论》,教育科学出版社2001年版,第188页。

可以将上述双语教育模式概括为：因时而异、因人而异、因目的而异。每一种教育模式想要达到的目的不同，而这个目的则是由社会文化、政治、经济等因素所决定的。即使具有相同目的，也会因居住环境、学生特点与语言水平、家长观念、学校课程、两种语言的使用等因素的差异而呈现出不同的模式，而不同模式的实施又会对双语师资、双语课程、实施过程、双语教育管理与衔接提出不同的要求。因此，世界各国少数民族情况的千差万别使得双语教育模式异彩纷呈，我们不可能找到放之四海而皆适用的双语教育模式，我们的使命是探索适合某种需求的双语教育模式，探索双语教育模式有效实施的内外部条件和具体策略。

二 我国双语教育模式研究述评

（一）我国民族地区双语教学模式研究

我国学者严学窘按照地理分布将少数民族地区双语教育模式划分为延边式、内蒙古式、西藏式、新疆式、西南式、扫盲式六种。① 其中，延边式双语教育模式建构了从幼儿园、小学、中学一直到大学以民族语文授课的完整的民族教育体系，以学生的母语为教学语言，也重视汉语教学。② 戴庆厦根据民族社会特点和标准的不同，将我国少数民族双语教育分为多种类型。根据有无民族文字分为双语单文型、双语双文型；根据语言习得的社会环境分为外语式的双语教育和第二语言的双语教育；根据两种语言在学校各科教学中的使用范围分为部分双语教育和全部双语教育；根据两种语言的相互关系分为并行性双语教育和辅助性双语教育；从语言习得的时间安排上分为幼儿园、学前班类型、小学类型、中学类型；从文化与双语教育的关系上分为双语单文化型和双语双文化型。③ 王鉴根据我

① 严学窘：《中国对比语言学的兴起》，《中南民族学院学报》1984 年第 2 期。
② 丁文楼：《对我国少数民族双语教育的几点思考》，《新疆教育学院学报》2011 年第 1 期。
③ 戴庆厦、滕星、关辛秋、董艳：《中国少数民族双语教育概论》，辽宁民族出版社 1996 年版。

国现存的双语教学实践，将双语教学模式分为保存双语教学模式、过渡双语教学模式、权宜双语教学模式。① 保存双语教学模式旨在保存和保护本民族的语言和文化，使得本民族学生不至于因为学会主体民族语言而失去或者降低本民族语言的使用能力。保存双语教学模式又可分为长期单一保存双语教学模式和长期并行保存双语教学模式。过渡双语教学模式旨在为不懂汉语的少数民族儿童家庭和主要使用汉语文教学的学校之间架起一座桥梁，以便教学用语能够顺利地从民族语文过渡到汉语文，此模式中双语文课的开设贯穿始终。这种过渡双语教学模式又可细分为四种：三段式、两段式、宝塔式和辅助式。权宜双语教学模式的做法是在小学启蒙阶段直接讲授汉语文，到小学中、高年级突击教一些民族语文拼写法。这是一种反常的、临时的、违反儿童学习语言规律的教学模式。

除了对我国整体的双语教学模式进行划分以外，相同地域或民族又由于居住环境、学习者语言水平、教育目标的不同而探索出了更具实践特殊性的模式。比如，四川省经过长期的教学实践，在彝、藏地区形成了两种模式：以民族语文授课为主，加授汉语文课；以汉语授课为主，单科加授民族语文。藏汉双语教学到了 20 世纪末，形成的藏汉双语模式主要有四种：藏加汉模式、汉加藏模式、先藏后汉模式、先汉后藏模式。② 新疆少数民族双语教育模式主要有四种：一是理科课程使用汉语授课，其他课程使用民族语授课。二是民族语文及音体美等课程中，涉及民族传统文化的内容用民族语授课，其他课程使用汉语授课。三是全部课程使用汉语授课，加授民族语文课程，课程体系设置与汉语系学校相同。民族语文课程从小学一年级或三年级起开设。四是以母语授课为主、加授汉语的传统双语教育模式。③ 徐忠祥通过对云南少数民族双语教育

① 王鉴：《民族教育学》，甘肃教育出版社 2005 年版，第 147 页。.

② 王鉴主编：《中国少数民族教育政策体系研究》，民族出版社 2011 年版，第 143 页。

③ 王鉴、安富海：《当前我国民族教育研究前沿与热点问题综述》，《学术探索》2011 年第 2 期。

的调查得知，在不通或基本不通汉语的学前儿童进入小学以后，教学双方大致有三种选择：第一种是完全顺应学生，只使用民文教材，或者使用汉文教材但使用民族语教学；第二种是漠视学生的语言障碍问题，只使用汉文教材，使用汉语教学；第三种是从民族语入手，实施民汉双语教学，帮助学生掌握汉语，最后达到民汉兼通。艾力·伊明根据学校的语言文化环境、教学语言比例的不同，将和田地区中小学双语教育模式分为民族学校模式、汉族学校模式和民汉合校模式。① 四川省根据彝族和藏族的语言文字使用情况，形成了"两类模式、两次分流、三级规划"的双语教育体制和双语教学模式。② 广西壮族自治区根据壮族学生的实际，建立了"壮汉双语文同步教学"的双语教学模式。③ 湖南湘西根据苗族小学生的实际，探索出一条"双语双文四步转换"的教学新模式。④

（二）我国双语教学模式研究述评

1. 多层面立体认识双语教学模式

综合上述模式，我们要从两个层面进行思考：教学用语和语言课的开设，同时要把这两个层面置于培养目标之下考量。第一层是在学校教学中开设两种语言课：少数民族语文和汉语文。在实践中通常又有四种具体做法：一是从幼儿园开始开设汉语文和民族语文；二是从小学一年级开始开设民族语文课和汉语文课；三是先开设民族语文课，在小学三年级再开设汉语文课；四是到初中一年级才开设汉语文课。表2－1总结了各种模式及发展情况。

第二层就是教学用语的选择和使用，在我国实践领域通常也有三种模式：一是教学语言主要使用母语，同时加授汉语文课，这种模式俗称"民加汉"。该模式通常适用于少数民族聚居区，居民在

---

① 艾力·伊明：《多元文化整合教育视野中的维汉双语教育的研究》，民族出版社2011年版，第86页。

② 朱崇先、王远新：《双语教学与研究》（第1辑），中央民族大学出版社1998年版，第97—98页。

③ 同上书，第80—81页。

④ 丁文楼：《中国少数民族双语教学研究与实践》，民族出版社2002年版，页。

表 2 - 1 　　　　　　　　　　　**双语教育模式发展**

教学语言的使用 双语教育模式 第二语言进入时间	民族语	汉语
高中引进	民加汉	汉加民、全汉语 教学、权宜式
初中引进	民加汉	汉加民、全汉语教学
小学高年级引进	民加汉	汉加民、全汉语教学
小学低年级引进	民加汉	汉加民、全汉语教学
幼儿园引进	以母语为基础的 学前双语教育模式	全、半浸没式

日常生活中主要使用少数民族语言，儿童习得的第一语言往往是母语，在此模式中，汉语言主要被定位为一种交往或未来交往的工具。二是教学用语主要使用汉语，同时加授民族语文课，这种模式俗称"汉加民"。该模式主要适用于民汉杂居地区或者民族地区的县城、市区，大部分儿童出生后在使用汉语的环境中长大，而本民族语言可能有所欠缺或根本不会，因而，在学校或日常生活中少数民族儿童主要使用汉语，学校则会开设本民族的语文课。在此模式中，民族语文课不仅作为交流的工具来学习、使用，而且赋予这种语言更多的文化内涵，希望能够通过本民族语言的学习，继承本民族特有的文化与传统。三是在教学中同时使用母语和汉语两种语言，称为"民汉并进式"。这种模式适用于有"双语人"担任教师或者实施两种语言教学的教师相互合作的学校中。概言之，双语教育模式主要包括四个核心：一是教学语言的选择；二是教学内容的选择；三是引入第二语言的时间及两种语言过渡衔接的形式和方法；四是最终所要达到的人才培养目标与要求。

2. 双语教育模式的选择要因地而异

我国有 55 个少数民族，就其居住而言，有大聚居、小聚居、散杂居、混居等不同特点；就其语言文字而言，55 个民族使用着

80多种民族语言和40多种语言文字，同一民族在我国各地的分布也不平衡；就各民族教育教学的基础而言，也存在着不平衡性；就目前实施双语教学的现状而言，有些民族已经形成相对完整的双语教育体系，有些尚处于初步探索阶段。这些因素都会影响不同双语教学模式的设计、选择。① 比如，在藏族大聚居的西藏自治区，可以实行藏汉两种教学体系并行的教学体制，在藏族小聚居的甘肃省甘南藏族自治州，双语教育仍然存在以藏语为主和以汉语为主两种教学模式。而教学模式的选择也不能一概而论，主要根据少数民族的居住特点、语言文字、对双语教育实施理论的认识以及当前学校双语教学的实施情况等主要因素选择适合当地的双语教学模式。②

三 国内学前双语教育教学研究述评

（一）我国学前双语教育教学研究总体述评

在中国学术期刊网（CNKI）中，不限时间，截至2014年12月，以"学前""双语"为关键词，获得文献257条。因为学前双语主要是在幼儿阶段进行的，所以又以"幼儿""双语"为关键词，获得文献133条，共计390条。所有文献均涉及两大维度：民汉学前双语—英汉学前双语，学前双语研究—学前双语发展报道。将符合民汉学前双语研究的文献进行筛选，获得可用于分析的文献101篇。

1. 实践先行，研究滞后，学前双语教育教学实践缺乏研究的指导与支持

2005年12月8日《新疆日报》一篇题为"双语教学要从娃娃抓起"和同月9日《光明日报》一篇题为"新疆明年全面实施学前双语教育"的文章拉开了民汉学前双语教育的报道和研究序幕，图2-1显示了两者的发展变化情况。

---

① 王鉴：《民族教育学》，甘肃教育出版社2002年版，第178页。
② 同上书，第177—183页。

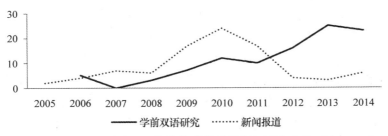

图 2 - 1　学前双语教育教学发展报道与研究变化对比

图 2 - 1 所显示的二者变化趋势至少说明了两个问题：一是学前双语教育教学实践的蓬勃发展先于学前双语教育教学的研究。近几年来，随着国家对学前教育，特别是民族地区学前教育发展的政策性倾斜，民族地区学前双语教育实践得到了迅猛发展。以新疆维吾尔自治区为例，2005 年 7 月出台了《关于加强少数民族学前"双语"教育的意见》，2008 年印发了《关于进一步加强少数民族学前和中小学"双语"教学工作的意见》，2008 年推出了《新疆少数民族学前"双语"教育五年发展规划》，2009 年开始实施的"自治区农村双语教师培养计划"吸引了优秀的学前双语教育师资。这些政策从幼儿园建设、师资、经费、幼儿招生等方面保障了学前双语幼儿园建设，促进了学前双语教育实践的迅猛发展。在双语幼儿园如雨后春笋般建成之后，"幼儿园如何实施双语教育"则成为诸多幼儿教师苦苦探索的实践之困，"摸着石头过河"也就成了幼儿园实施双语教学的现实策略。[①] "对双语教育中学习与教学规律的研究严重滞后，成为制约双语教育质量提升的瓶颈。"[②] 二是研究远远不能满足实践发展的需求。从图 2 - 1 的变化趋势中可以看出学前双语教育研究从政策到取向的转变。综合研究的主要内容也涉及了学前双语实施的方方面面，但是，研究成果的数量和层次还远远不能

① 程明轩：《论推进双语教学过程中的战略与策略问题》，《新疆师范大学学报》（哲学社会科学版）2008 年第 1 期。

② 万明钢、刘海健：《论我国少数民族双语教育——从政策法规体系建构到教育教学模式变革》，《教育研究》2012 年第 8 期。

满足多样的学前双语教育现实发展的需求，没有理论和研究指导的学前双语教育呈现出"基层教育系统对学前'双语'教育的内涵、方式、手段等了解不是很透彻，很少有人专门深入地做这方面的研究，在一定意义上缺乏实际的指导思想"①。实践需要的不仅仅是模式类型的划分，而是结合具体的实施场域、实施对象、实施主体的教育教学研究，而且在国家和地方政府的教育发展规划中，双语教育的地位、目标和经费保障都有清晰的表述，虽然在某些地区还没有真正落实学前双语教育，但是以新疆、西藏、内蒙古为代表的几个少数民族聚居大区已经初步建立了少数民族学前双语教育的政策法规体系，突出而迫切需要做大做强的是学前双语教育教学研究。

2. 学前双语研究的地域与类型

笔者对学前双语教育研究的地域和类型进行了统计（结果见图2－2、图2－3）。

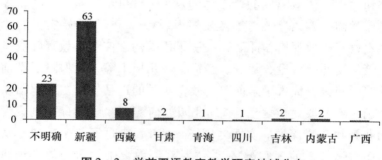

图2－2　学前双语教育教学研究地域分布

以学前双语教育研究的地域和类型来看，新疆的维汉双语教育、内蒙古的蒙汉双语教育、西藏的藏汉双语教育成为最主要的研究场域和双语教育类型，其中又以新疆地域和维汉双语研究为主，而其他地域和民族的双语教育研究较少。而从少数民族地区学前双

————————

①　马嵘、马永全：《新疆学前"双语"教育存在的问题与对策研究》，《伊犁师范学院学报》（社会科学版）2011年第6期。

语教育的发展需要来讲，无论民族之大小，无论居住类型是大聚居、小聚居还是混居均需要结合当地的实际情况因地、因人、因对象来研究当地学前双语教育教学的具体问题。

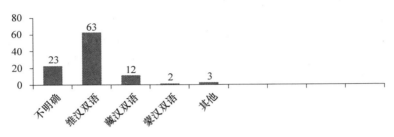

图 2 - 3 学前双语教育教学研究的双语类型分布

3. 重视理论研究忽视实践研究，重视量化研究忽视田野研究

笔者对学前双语教育教学的研究方法进行了分析（结果见图 2 - 4）。

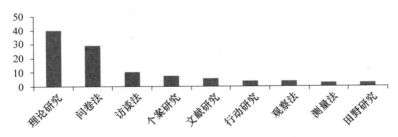

图 2 - 4 学前双语教育教学研究方法分布

从学前双语教育研究的方法来看，理论研究达到了近40%，同时从具体的研究文献中可见，学前双语教育理论研究更多的是对中小学双语教育的简单下移，很少有能够沉浸于学前双语教育的实践场域，通过扎根的方式建构理论的，因此，中小学双语教育研究文献对学前双语教学观念的转变等更具有价值，而对于学前双语教育指导实践则缺少中介桥梁，需要通过大量的实践研究来搭建起理论

通往实践、在实践中建构理论的桥梁。

4. 研究内容趋于多样化，但仍处于表层与零散状态

对学前双语教育教学研究的具体内容进行了分析，呈现出边实践边研究的学前双语教育推行特点。在推行学前双语教育初期，主要的研究有两类：一类是调查研究，在 2006 年的 4 篇文献中，现状调查有 2 篇。在 2009 年的 7 篇文献中，有 4 篇是幼儿园双语教育现状调查，2 篇是关于学前儿童家长对学前双语教育态度的调查。在 2010 年的文献中有 6 篇现状调查，调查主要针对开始实施学前双语教育的师资、课程、幼儿编班、资金等基本要素做出的（结果见图 2 - 5）。

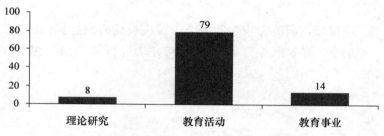

图 2 - 5　学前双语教育教学研究内容的层次分布

另一类是学前双语教育事业的推进研究，就在条件相对不足的情况下如何推进学前教育事业提出了一系列的对策，包括对政策、资金、教师、课程、地域分布等多个方面进行的专题研究（具体见图 2 - 6）。

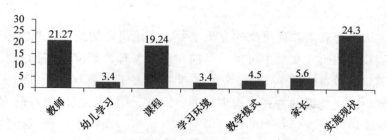

图 2 - 6　学前双语教育教学研究内容的要素分布

自 2011 年之后，学前双语教育研究的内容和主题逐渐呈现多样化，主要集中在以下六个方面：

一是学前双语师资的培养、培训和专业成长。徐红梅以佳木斯大学新办的学前教育专业的课程建设为例，提出加强幼儿教师双语教学技能的培养及保障措施；还有部分研究者针对学前双语教育师资培养的整体方案进行了研究与理论建构；部分研究者从某些特色课程的设计与实施入手提出了培养方案，比如许东昆研究了双语幼儿教师的音乐素养，徐雪荣研究了使用汉语进行学前数学教育的困难以及策略。其中共性的观点是双语幼儿园教师培养的课程内容要体现民族文化，彰显民族特色，注重复合型双语人才的培养。关于幼儿教师的培训研究不多，虽然国家设立幼儿园教师培训的专项经费，已经基本完成了第一轮全员培训，但文献显示，双语幼儿园教师的培训相对于一般教师的培训更加缺乏针对性。关于双语幼儿园教师专业发展的研究，主要有双语幼儿园教师的入职适应研究和幼儿园教师情意发展调查研究。姚建军针对西藏的学前双语幼儿园教师"多样且散杂""教学素质欠缺"的现状提出了培养新教师和重塑老教师的双边策略；姜风华（2013）提出在内地进行长周期培训等的具体策略。总体上看，关于学前双语师资的研究处于刚刚起步的低层次、零散水平上。

二是幼儿园教育教学研究。自 2011 年始，幼儿园教育教学研究逐渐进入了研究者的视野，2011 年有 3 篇，2012 年有 6 篇，2013 年有 3 篇，2014 年有 6 篇，均专题研究学前双语教育教学问题。有学者建构了学前儿童维汉双语教学体系。有研究者总结了更适合的学前双语教育的实践活动和方法，比如儿歌游戏、全身反应游戏、竞赛游戏和语音游戏等。对幼儿双语早期阅读兴趣、习惯、能力进行了探讨。[①] 根据幼儿家庭和社区环境中主要以民族语言为主的特点，倡导在南疆少数民族聚居地区实施完全浸入式的双语教育，创设全汉语的幼儿园学习环境，并根据我国民族地区实际的语

---

① 金革：《民汉幼儿双语早期阅读教育活动实验报告》，《新疆教育学院学报》，2013 年第 1 期。

言环境实施两种不同的学前双语教育模式。① 李红娟分析了制作学前双语多媒体教材的各种方法。② 张燚站在更为普遍的角度分析了新疆少数民族幼儿学前双语教育中所存在的问题。③ 周欣从校园环境的物质语言、教学语言以及活动语言三个方面提出创设新疆少数民族学前双语教育校园语言环境的具体措施和做法，总结出"三步式"学前双语教育方法。④ 马玉荣强调要做好双语幼儿园的教育教学活动的评价。⑤ 总体来看，研究涉及了学前双语教育教学的各个要素和环节，但最大的问题是零散而不系统，面广而不聚焦。

三是幼儿园双语课程研究。调查了幼儿园双语课程选择的现状，⑥ 研究了双语幼儿园的课程目标，发现目标研究中学者们关注更多的是幼儿汉语学习目标，而对于幼儿母语学习则较少关注，对于母语的层次性也鲜有学者关注。课程内容研究强调遵循儿童语言教学规律，突出学前教育特点，充分利用当地的资源来创造语境。⑦ 结合新疆的具体情况编制了学前两年的教材并对教材的使用情况进行了追踪研究。⑧ 关于双语幼儿园课程的实施研究较多，周勤芳总结了嘉兴幼儿园制定的一套以构建和谐融洽的双语学习环境为核心

① 宋占美、阮婷：《早期部分浸入式双语教育的探索——加拿大早期完全浸入式双语教育对我国少数民族地区学前双语教育的启示》，《民族教育研究》2012 年第 3 期。原铭霞、刘丽：《乌鲁木齐地区学前民汉双语教育实施的有效途径》，《学前教育研究》2012 年第 8 期。

② 李红娟：《对新疆学前双语多媒体教材制作的思考》，《黑龙江教育学院学报》2013 年第 12 期。

③ 张燚：《2005—2009 新疆少数民族幼儿学前"双语"教育基本状况的分析讨论》，《新疆教育学院学报》2010 年第 3 期。

④ 周欣：《新疆学前双语教育模式及教育方法之探讨》，《新疆教育学院学报》2011 年第 10 期。

⑤ 马玉荣：《学前双语教学中汉语听说能力评价刍议》，《新疆教育学院学报》2013 年第 1 期。

⑥ 王琴、周海英：《喀什地区学前双语教育课程问题研究》，《齐齐哈尔师范学校学报》2014 年第 1 期。

⑦ 张燚、周欣：《新疆少数民族儿童学前双语教育活动的设计与组织》，《新疆教育学院学报》2010 年第 2 期。

⑧ 李欢欢、张彬：《民汉幼儿双语教材编制新思路——以〈新疆维吾尔自治区农村"双语"幼儿园教材〉为例》，《新疆师范大学学报》2010 年第 3 期。

的"民汉双语"教育实施方案。① 郑燕倡导通过随堂听课和课下访谈等方式掌握学前双语教学模式的第一手资料，探索双语教学模式和双语课程中所存在的问题。② 孙明霞通过学前双语幼儿园园长及骨干教师的访谈分析了学前双语课程实施过程中所存在的问题。③总体上呈现出学前双语课程开发不足，对课程诸要素的研究才刚刚零散出现的现状。

四是开启了幼儿民汉双语学习研究。周兢等比较了在全浸入式和半浸入式模式下学前儿童两种语言的理解性语义和表达性语义的发展情况，结果显示，全浸入式对于学前儿童学习国家通用语言具有最为有益的影响；幼儿语义的理解滞后于语义表达，要加强双语教育环境下的语言输入数量和质量问题。④ 学前双语教育从学与教的视角上看，学应该是教的基础，幼儿如何学习民汉两种语言是不可或缺的研究，而这类研究在我国民汉双语教育研究中才刚刚起步。

五是幼儿第二语言/双语学习的理论基础研究。闻莉梳理了学前双语教育的脑机制研究，提出学前是学习第二语言语音、语法的关键时期，提出教学内容和形式应该与关键期和幼儿发展阶段相匹配。⑤ 严秀英基于多元表征理论提出幼儿语言的发展与其情感、经验、思维等其他方面有着密切的关联。互相渗透和相互互补的不同表征是发展语言的重要途径。⑥ 民汉学前双语教育的基础有心理学、

---

① 周勤芳：《试论和田地区学前"民汉双语"教育实施的有效途径——以和田市嘉兴幼儿园为例》，《和田示范专科学校学报》2014年第2期。

② 郑燕、刘秀明：《新疆喀什地区学前双语教学模式探析——以疏附县为例》，《新疆教育学院学报》2011年第1期。

③ 孙明霞：《论新疆学前双语教学存在的问题及对策》，《新疆教育学院学报》2010年第3期。

④ 周兢等：《新疆学前双语教育中两种语义习得研究》，《新疆师范大学学报》（哲学社会科学版）2014年第6期。周兢等：《新疆学前双语教育情境中民族儿童的汉语发展研究》，《华东师范大学学报》（教育科学版）2014年第1期。

⑤ 闻莉：《双语脑机制研究对幼儿第二语言教育的启示》，《中国教师》2013年第5期。

⑥ 严秀英：《多元表征学习模型对幼儿双语教学的启示》，《黑龙江教育学院学报》2013年第9期。

语言学、教育学和社会学，现有的研究仅仅零星涉及了部分学科领域，还有待于扩展、深入和系统化。

六是家长研究、家庭双语教育研究。赵媛媛调查结果表明，民族幼儿家长对双语教育持肯定态度，并在观念和行动上表现出对双语教育积极接纳的态度。还有研究者从幼儿家庭语言环境的现状以及如何创设有利于幼儿学习双语的环境提出了相关策略。

（二）我国学前双语教学模式研究述评

新疆维吾尔自治区 2008 年 7 月出台的《关于进一步加强少数民族学前和中小学双语教学工作的意见》强调了三种双语教学模式：一是母语授课、加授汉语的教学模式；二是汉语授课、加授母语的教学模式；三是部分课程使用母语授课、部分课程使用汉语授课的教学模式。仅从该意见的语言表述中，中小学分科教学的话语体系就清晰可见，从该意见的全文来看，将学前和中小学双语教育等同看待，也就是说，此模式是中小学模式的简单下移，如果仅仅是语言表述的下移则不足为道，问题是下移了中小学双语教育的本质，模糊了两者之间的差异和特殊性。周欣认为，根据新疆不同民族地区幼儿生活环境不同、编班方式不同，应选择不同的双语教育模式。在少数民族幼儿独立编班的情况下，可采取全浸入式汉语教育模式（以汉语教学为主，民语保育员配班）、半浸入式汉语教育模式（半天在汉语环境下组织教育活动，半天在浸入式母语环境下组织教育活动）、单科式汉语教育模式（全天在母语环境下，每天加一节汉语活动课）三种双语教育模式。在民汉幼儿混合编班的情况下，可采取全汉语教育模式（以汉语教学为主，民语保育员配班）、加授母语的汉语教育模式（与全汉语教育模式相似，只是把少数民族幼儿集中起来每周加 3—5 节母语教育活动课）两种双语教育模式。并研究了不同教学模式下幼儿汉语的发展情况，结果表明，（1）母语是汉语的幼儿园教师组织教育活动，在民、汉混合编班（即完全使用汉语）的情况下，幼儿的汉语学习环境最好，口语发展最快。但根据幼儿的兴趣，每周对少数民族幼儿由母语是少数民族语言的教师加授母语教育，这种双语教育模式是较为理想的模式。（2）在汉族幼儿比例偏少、少数民族幼儿比例占多数的情况下，采用民族幼儿独立编班，从幼儿汉语掌握程度来看，"全浸入式双语教育"强于"半浸入式双语教育"，单科式双语教育效果最差。①

"每一种模式都有它自身的局限性，如果采取单一化、绝对化、凝固化的模式就不可避免地会使矛盾尖锐化。当然也要防止为了多样化而多样化，把多样化本身当作目的，不能任意取舍，也不能把各种模式等量齐观、机械地拼合到一起，要具体问题具体分析。"② "教学模式的好与坏都是相对于具体的教学任务和教学对象而言的，因此，不存在适合于一切教学任务和对象的最佳的教学方式，必须反对教学方式问题上的专制主义，提倡多样化。"③ 每种教学模式以及它们的各种变式的出现，都不是偶然的，更不是随意的，而是有其一定的主客观条件，因而也就有其存在的理由。

---

① 周欣：《新疆学前双语教育模式及教育方法之探讨》，《新疆教育学院学报》2011 年第 10 期。

② 王策三：《教学论稿》，人民教育出版社 2005 年版，第 137 页。

③ 吴也显主编：《教学论新编》，教育科学出版社 1991 年版，第 167 页。

第三章　藏族地区学前双语教育模式有效实施的实践基础

第一节　藏族地区学前双语教育模式有效实施的政策依据

一　我国不同层级的法律法规政策对学前双语的规定性

（一）国家的基本法律法规对国家通用语言和少数民族语言的规定

《中华人民共和国宪法》是我国的母法，是一切其他法律法规制定的依据，也是执行的指南，其总纲的第四条对少数民族语言的使用和发展作出了明确规定："各民族都有使用和发展自己的语言文字的自由，都有保持或者改革自己的风俗习惯的自由。" 2001 年 2 月修正的《中华人民共和国民族区域自治法》第十条和第三十七条规定："民族自治地方的自治机关保障本地方各民族都有使用和发展自己的语言文字的自由，都有保持或者改革自己的风俗习惯的自由。""招收少数民族学生为主的学校（班级）和其他教育机构，有条件的应当采用少数民族文字的课本，并用少数民族语言讲课；根据情况从小学低年级或者高年级起开设汉语文课程，推广全国通用的普通话和规范汉字。"推广国家通用语言以及尊重少数民族使用自己的语言进行教育是高层法律的一致规定，这也是培养民汉兼通双语人才的最根本的政策依据。

（二）历届"全国民族教育会议"关于双语教学的规定

教育部于 1951 年 9 月 20—28 日在北京召开第一次全国民族教

育会议。会议的第六条规定："有现行通用文字的民族，如蒙古、朝鲜、藏、维吾尔、哈萨克族等，小学、中学必须用本民族语文教学，可按当地需要和自愿设汉文课。"第二次全国民族教育会议于1956年6月4—17日在北京举行，确定了采用"分工负责，互通有无"的办法，分别由各有关省、自治区负责编译出版民族文字的教科书。时隔25年，第三次全国民族教育会议于1981年2月16—25日在北京召开，"在学校教育中，要加强少数民族语文教学，切实搞好少数民族语文教材的建设。少数民族学生在中小学阶段应先学好本民族语文，在此基础上学习汉语文，有条件的还要学习外语。"第四次全国民族教育工作会议于1992年3月15—18日在北京召开，会议指出要"搞好双语教学和民族文字教材建设"。教育部、国家民委于2002年7月26—27日在北京联合召开了第五次全国民族教育工作会议。会议"特别强调双语教学问题。对于少数民族学生来说，不仅要学好本民族语言，而且应当努力学好汉语、学好外国语"。① 2014年召开的第六次民族工作会议明确指出："各民族在分布上的交错杂居、文化上的兼收并蓄、经济上的相互依存、情感上的相互亲近，形成了你中有我、我中有你，谁也离不开谁的多元一体格局。"强调"要积极做好双语教育""让城市更好接纳少数民族群众，让少数民族群众更好融入城市"。

全国民族教育会议是我国最高规格的民族教育会议，会议中的核心观点也代表了当时民族教育研究的最高水平和发展趋势。纵观历届民族会议关于双语教育的认识，主要有两个方面的大发展：一是站在国家多元一体格局发展的高度来认识双语教育。在我国双语教育工作中既不能发展狭隘的民族主义，也不能形成专制的汉族主义，"中华民族和各民族的关系，是一个大家庭和家庭成员的关系，各民族的关系，是一个大家庭里不同成员的关系"。各民族成员学好国家通用语言才能更好地处理"祖国大家庭不同成员"之间的关

---

① 李德洙：《在第五次全国民族教育工作会议上的总结讲话》，《中国民族教育》2002年第5期。

系。二是科学处理民汉两种语言的关系。从最初的"必须使用本民族语文教学，自愿设汉语文课"到"加强本民族语文教学，同时学好汉语文"，再到"强调双语教育""积极做好双语教育"，反映出对双语教育中如何处理两种语言关系的变化，这种变化更为合理，更符合当前国家政体和多元一体社会的发展现实。

（三）教育部门和民委的专门法规对双语教学的规定

《中华人民共和国教育法》对学校等教育机构使用何种语言也作出了明确规定，为各级各类以少数民族学生为主的学校语言的使用提供了指导。《中华人民共和国教育法》总则第十二条规定："汉语言文字为学校及其他教育机构的基本教学语言文字。少数民族学生为主的学校及其他教育机构，可以使用本民族或者当地民族通用的语言文字进行教学。应当推广使用全国通用的普通话和规范字。"教育部和国家民委在 1980 年 10 月 9 日印发了《关于加强民族教育工作的意见》，提出"凡有本民族语言文字的民族，应使用本民族的语文教学，学好本民族语文，同时兼学汉语文"。1987 年国家教委修订的《全日制汉语文教学大纲》指出："在长期的历史发展过程中，汉语事实上已经成为各民族之间通用的语言文字。少数民族学习汉语文，对发展和繁荣少数民族地区的科学文化，为祖国四化培养有理想、有道德、有文化、有纪律的少数民族人才，加强各民族之间的交往，都有重要意义。使用民族语言文字教学的民族中小学，首先要学好民族语文，也应该学好汉语文。汉语文课的开设和学习年限，可根据实际情况灵活安排。"

既尊重民族语言和文化的多样性，又要学好国家通用语言，加强各民族之间的交往。尊重少数民族使用自己的语言进行学校教育，更要重视国家通用语言的学习与推广，是各层次和各类型国家法律政策的一致要求。

（四）现阶段国家政策对学生学习和学校使用两种语言的规定

2010 年颁布的《国家中长期教育改革和发展规划纲要（2010—2020 年）》第九章提出："大力推进双语教学。全面开设汉语文课程，推广国家通用语言文字，尊重和保障少数民族使用本民族语言接受教育的权利。"2012 年颁布的《国家中长期语言文字事业改革和发展规划纲要（2012—2020 年)》在指导思想中明确提出："大力推广国家通用语言文字。推广和普及国家通用语言文字是贯彻落实国家法律法规的基本要求，是维护国家主权统一、促进经济社会发展、增强中华民族凝聚力和文化软实力的重要内容。""规范使用国家通用语言文字""科学保护各民族语言文字，尊重各民族使用和发展自己的语言文字的自由"。在主要任务的第四条对学校教育中国家通用语言的学习目标作出了明确规定："受过初等教育的国民普遍具备普通话、规范汉字和汉语拼音的应用能力；具有中等及以上教育程度的国民，其国家通用语言文字水平达到相应要求，具有较好地使用普通话和规范汉字表达、沟通的能力。"

中共中央、国务院 2014 年印发的《关于加强和改进新形势下民族工作的意见》指出："要深刻认识我国统一多民族国家的基本国情，我国是全国各族人民共同缔造的国家，在长期历史进程中，各民族共同开发祖国的辽阔疆域，共同创造灿烂的中华文化，形成了共同团结奋斗、共同繁荣发展的中华民族多元一体格局。""要坚定不移地推行国家通用语言文字教育，全面开设国家通用语言文字课程，全面推广国家通用语言文字，确保少数民族学生基本掌握和使用国家通用语言文字，同时尊重和保障少数民族使用本民族语言文字接受教育的权利，不断提高少数民族语言文字教育水平。""中华文化包括 56 个民族的文化，中华文明是各民族共同创造的文明，中华民族是各民族共有的大家庭，牢固树立各民族水乳交融、唇齿相依、休戚与共、荣辱与共的观念。要发展少数民族文化事业，坚持以社会主义先进文化为引领，促进各民族文化交融、创新，把尊重、继承和弘扬少数民族优秀传统文化，与传承、建设各民族共享的中华文化有机结合起来。""促进各民族交往交流交融，构筑各民族共有的精神家园。"

上述两个"规划纲要"和一个"意见"是指导当前和今后很长时期我国民族地区双语教育发展的纲领性政策文件。深刻认识我国多元一体格局，全面实施双语教学，推行国家通用语言文字，将继承少数民族语言和文化与各民族共享中华文化有机结合，各民族交往交流交融，共筑中华民族大家庭是实施各层级双语教育的核心指导思想。

（五）学前教育法规对于民汉两种语言学习的规定

我国关于学前教育的两个重要的指导性文件《幼儿园教育指导纲要（试行）》（下文简称"新《纲要》"）和《3—6岁儿童学习与发展指南》（下文简称"《指南》"）则具体地确定了少数民族聚居区学前儿童两种语言学习的特点和发展的目标，为科学实施学前双语教育提供了更为详细的指导。2001年颁布的新《纲要》在语言领域的教育内容和要求的第七条中提出："提供普通话的语言环境，帮助幼儿熟悉、听懂并学说普通话。少数民族地区还应该帮助幼儿学习本民族语言。"在语言教育指导要点中指出："语言能力是在运用的过程中发展起来的，发展幼儿语言的关键是创设一个能使他们想说、敢说、喜欢说、有机会说并能得到积极应答的环境。""幼儿语言的发展与其情感、经验、思维、社会交往能力等其他方面的发展密切相关，因此，发展幼儿语言的重要途径是通过互相渗透的各领域教育，在丰富多彩的活动中扩展幼儿的经验，提供促进语言发展的条件。""幼儿语言学习具有个性化的特点，教师与幼儿的个别交流，幼儿之间的自由交谈等对幼儿语言的发展具有特殊意义。"2012年颁布的《指南》在语言部分明确指出："语言是交流和思维的工具，幼儿期是语言，特别是口语发展的重要时期。抓住语言发展的有利时机，可以促进有声语言乃至其他方面的迅速发展。"对少数民族地区双语学习目标作出了明确规定，提出3—4岁儿童"能听懂日常会话""基本会说民族语或者本地区的语言"；4—5岁儿童"方言地区和少数民族幼儿能基本听懂普通话""会说本民族或本地区的语言，基本会说普通话，少数民族聚居区幼儿会用普通话进行日常会话"；5—6岁儿童"会说本民族或本地区的语言和普通话，发音正确清晰。少数民族聚居地区幼儿基本会说普通话"。

可见，上述的法规文件明确要大力发展学前双语教育，也提出了民族地区不同年龄阶段幼儿要达到的语言学习与发展目标，为学前双语教育目标的规定明确了标准和方向，但是，具体到如何实施学前双语教育，上述的法律法规政策并没有作出明确而具体的规定，也不可能作出明确而具体的规定，因为选择何种双语教育模式，如何实施学前双语教育是要根据当时、当地的双语学习者、学习环境、双语教育的历史与经验、双语课程、双语师资、双语政策等具体情况进行设计的。本书根据民族聚居区乡镇幼儿园的实际情况，提出了学前双语教学模式有效实施的理念。

二 我国双语教育法规政策对学前双语教育的启示

中华人民共和国成立以来相关法律政策对民汉双语学习和教育的规定既有一致性也有发展性。一致性主要体现在以下三个方面。

1. 尊重少数民族和民族地区学习、使用和发展本民族语言文字的自由和权利。对于少数民族成员来讲，这既是个人的自由和权利，又是他们应该承担的责任和义务，少数民族成员有责任学习、使用、传承本民族的语言和文化，使之能够不断传承、发展和创新。

2. 重视少数民族语言的教材和出版物的编译和发行。教材是学校学习的重要载体，使用本民族语言开发教材，或者翻译汉族学校的学习材料是两个非常重要的形成教材的途径，双语教材也是学校实施双语教育不可或缺的要素之一。

3. 民汉两种语文在各个学段均不可或缺。除了特殊阶段之外，民族语文和汉语文的学习在学校教育中均不可或缺。

细究双语教育相关法规政策，其发展性突出表现在以下四个方面：

1. 从维护国家统一的高度来认识国家通用语言的学习。强调"推广和普及国家通用的语言文字是维护国家主权统一、促进经济社会发展、增强中华民族凝聚力和文化软实力的重要内容"。

2. 民族地区学校教学语言从必须或应该使用本民族语言作为教学语言发展为全面实施双语教育。少数民族地区中小学阶段既开设民族语文又开设汉语文课的双语教育措施实施多年，学校的语言环境已经发生了深刻变化，民族地区居民的语言环境也已发生变化，很多学校有条件地逐步实施"汉加民"和"民汉并进"的双语教学模式。

3. 注重遵循科学规律实施双语教育。从重视学校汉语文课和民族语文课的开设，发展到既重视两种语文课的教学，又重视语言环境的营造；既注重语言认知能力的发展，又注重语言发展权利的赋予，站在更符合双语学习规律的高度规划双语教育。

4. 重视学前阶段的双语教学，这是前所未有的变化。伴随着普及学前教育号角的吹响，民族地区尤其是乡镇一级和村级的学前教育实践获得了前所未有的大发展，学前阶段的双语教育势在必行。学前教育法规具体规定了三个年龄班幼儿本民族语言和国家通用语言的发展水平，但是对如何有效实施学前双语教育模式则没有也不可能作出具体规定，需要根据具体的实际因地制宜地追求有效性。

第二节　藏族聚居区学前双语教育模式有效实施的社会文化基础

在双语、双语教学研究的初期，研究者普遍认为，影响双语教学最核心的因素是学习者的语言能力，决定第二语言学习结果的也主要是学习者的语言能力和认知能力，但是，随着双语教育研究的不断深入，研究者逐渐发现，语言能力并非决定语言学习结果和学业成败的唯一因素，社会文化因素对第二语言学习的影响是不可忽视的，有学者甚至认为它超越了认知因素的影响。

一　学前双语教育的有效实施为中华民族多元一体背景下的公民教育奠定了基础

（一）多元一体是我国发展的历史与现实，发展多元文化是中国社会的需要

历史发展到今天，许多国家正面临着一个在国内鼓励发展多元

文化，但又担心会导致国家分裂的矛盾。1989 年，我国学者费孝通从时空两大坐标和十大方面宏观描述了中华民族的起源、形成与发展，在此基础上提出了"中华民族多元一体格局"的观点。①2014 年颁布的《关于加强和改进新形势下民族工作的意见》旗帜鲜明地肯定了我国多元一体格局的国情。"要深刻认识我国统一多民族国家的基本国情，我国是全国各族人民共同缔造的国家，在长期历史进程中，各民族共同开发祖国的辽阔疆域，共同创造灿烂的中华文化，形成了共同团结奋斗、共同繁荣发展的中华民族多元一体格局。""一体"是指由 56 个民族构成的中华民族大家庭整体，其核心是国家统一。具体来说，这个"一体"是指各民族的发展相互关联、相互补充、相互依存，与整体有着不可分割的内在联系和共同的民族利益；这个"一体"集中表现为祖国的统一和整个中华民族的大团结，表现为共同争取与关心祖国的完整统一与繁荣富强；这个"一体"是在各民族相互交往、交流、交融中发展形成的，舍此别无他法。"多元"是指我国 56 个民族在文化上的多元发展即多元文化，具体来讲是指各少数民族各有其起源、形成、发展的历史，文化、社会也各具特点并区别于其他民族，是怒放在祖国大花园中姿态各异、富有个性的百花。以国家统一为核心发展多元文化是当代中国社会的需要，也是当前世界范围内的发展潮流。

（二）双语教育是实现中华民族多元一体格局背景下公民教育的主要途径

公民资质是国家对每个成员最普遍的、最基本的要求，是人生的第一资质。培养公民是一切教育目标表述的基础，也是国家对教育的基本要求。② 公民教育的目标是培养现代健全的公民，具体来讲是指国家为培育健全公民所实施的一种教育，其范围包括政治、社会、法律、道德各层面。国家通过公民教育引导每一个公民正确

---

① 费孝通：《中华民族多元一体格局》，中央民族大学出版社 1999 年版，第 3—38 页。

② 万明钢：《论公民教育》，《教育研究》2003 年第 9 期。

处理个人与国家、政府以及他人之间的关系，实现他们对国家的政治制度、社会法律、社会道德、社会核心价值的认同，是各民族共同团结奋斗、共同繁荣的基础，也是和谐社会的重要目标和内容。可以说，公民教育是一切教育的基础。少数民族成员也不例外，其第一身份是国民身份，其次才是民族成员。对于少数民族公民教育的特殊性决定了其任务的双重性，既面临着与汉族地区同样的任务，也面临着开拓符合不同民族文化多元事实的合理教育模式。[①]公民教育的实施路径主要有两条：一条路径是社会实践与活动，另一条路径是学校教育，学校教育对个人发展的主导作用是不言而喻的，学校教育是实现公民教育的最核心路径。

对少数民族成员进行公民教育非常重要的路径就是在学校里实施双语教育，双语教育的目的不仅仅在于个体掌握两种语言，更重要的是接触并内化少数民族文化和中华民族文化，并且这两种文化会在不同情境下反映在个体的心理和行为中。"发展多元文化的前提是要培养出大量的双语双文化人。"[②] 只有社会上存在大量的"双语双文化人"，才能在具有不同语言、不同文化的各民族之间架起沟通的桥梁。也只有不同民族之间相互了解、相互尊重，在此基础上汲取不同的营养，发展创新自己，才能实现多元文化共存。可见，双语教育本身就是多元文化的构成部分，同时也是实现多元文化教育的主要路径。

（三）学前双语教学模式的有效实施为"双语双文化人"的培养奠定了基础

双语教育不是一蹴而就的，是一个特殊的教育系统，需要长期的、坚持不懈的努力，学前双语教育是这个长期工程的奠基阶段。在学前阶段实施双语教育，重点在于让幼儿获得关于两种语言的基本的、初步的知识，了解两种文化，体验文化的多样性，培养学习

---

① 周莹洁：《多元文化教育对中国少数民族公民教育的启示》，《贵州民族研究》2009 年第 5 期。

② 滕星：《"中华民族多元一体格局"思想与中国少数民族双语教育》，《民族教育研究》1996 年第 4 期。

两种语言的兴趣，发展初步的会话能力，在学习语言的基础上促进幼儿全面和谐的发展。根据幼儿语言学习的年龄特点和普遍的学习规律，幼儿应该在自己熟悉的环境中，继续发展那种属于家庭、宗族、邻里的语言，体验本民族历史和现代发展中所蕴含的璀璨而独特的文化，在幼儿园里通过接触国家通用语言及其蕴含的丰富的中华民族文化，体验语言和文化的多样性，培养对两种语言的兴趣，在继续发展自己母语的基础上，逐渐学习国家通用语言，学习国家通用语言中所蕴含的中华民族文化。通过在母语学习过程中发展起来的认知能力、语言能力和学习策略，促进国家通用语言的学习。在两种语言、两种文化的学习中体验民族平等、和谐共处的现实，培养对本民族和中华民族的积极情感，为成长为"双语双文化人"奠定最初的认知、情感基础。

二 学前双语教育的有效实施为少数民族传承、发展和创新本民族文化奠定了基础

林耀华在《凉山彝家——文化变迁与双语教育》中写道："作为民族学家，我们深深地知道，现代文化和技术与一个民族传统文化接触时，如果该民族缺乏现代观念，不能主动而成功地调整自己的社会文化系统以适应新的形势，就可能造成意想不到的消极后果。人们应该承认人类各民族几千年所创造的文化的多样性和差异性以及各民族文化存在与享有的相对性和合理性这一事实。随着全球文化一体化进程的加快，各民族在哲学、科学技术、社会各领域文化共同性迅速扩大的同时，人类应尽量设法保护各民族优秀的文化遗产，保留人类几千年创造的文化多样性。"① 从其情深理明的话语中我们不难看出，一个民族要想持续生存下去，首先要保存自己民族成为一个独特的民族所拥有的传统文化，同时一个民族仅仅保存古已有之的传统文化，不能打破固守的藩篱，就将会故步自封，给民族的发展繁荣带来消极的后果；其次要在与现代化发展程

---

① 林耀华：《凉山彝家——文化变迁与双语教育》，《中国民族》2001 年第 12 期。

度更高的国家、民族交往、交流、交融的过程中汲取自己民族发展所需的营养。对于拥有 56 个民族的中华民族而言，只有坚持各民族之间的文化开放和互动，在文化的相互借鉴、学习、交流交融中汇聚中华民族多元一体文化的精髓，保持文化的生命力，实现文化自信，赢得文化未来。① 对于一个少数民族个体而言，继承本民族的语言和文化，并在更广的平台与范围内吸收发展自己、发展本民族的文化营养，成为当代每一个少数民族成员的历史使命，母语和国家通用语言的学习则为完成这一使命奠定了坚实的基础。相反，一个民族中的个体如果因自我封闭而无法跨越语言障碍，获得更大的发展，自己所属的民族也会故步自封。少数民族个体掌握国家通用语言，不仅可以为自己的发展创造更广阔的天地，而且可以实现民族之间的交流与理解，为实现民族之间的交往、交流、交融奠定语言的基础。

总之，现代化是每个民族繁荣昌盛的必由之路，丧失现代性意味着民族贫困，每个民族又应该保存自己优秀的文化传统，丧失文化传统意味着民族消亡。② 通过双语教育培养双语双文化人是通向民族现代化、保存自己优秀文化传统的必由之路。学前双语教育应立足于幼儿已经发展了的母语，大力学习国家通用语，学习中华民族文化，为继承本民族的传统文化，并在与其他民族交往、交流的过程中吸收能促进本民族发展的有益因素，为继承本民族文化，发展创新本民族文化，促进本民族的现代化奠定最初的语言基础。

三 学前双语教育的有效实施为民族情感的深化和维系奠定了基础

国家通用语言和中华民族文化是我国各民族共同缔造的精神家园，从小接触与学习国家通用语言和中华民族文化，为国家认同的

---

① 周耀治：《从双语教育走向开放新疆》，《光明日报》2014 年 7 月 1 日第 2 版。
② 李延福、拉本、项青朝加：《文化的多元性与少数民族的双语教学》，《青海民族研究》2002 年第 3 期。

形成奠定最初的语言文化基础；同时认识到少数民族语言文字是各少数民族传统文化的载体，也是少数民族个体交往的工具，从而在一定程度上成为民族的象征和标志。"母语在日常生活中担负着重要的交际功能，并承载着对自己所属族群历史与文化的深厚感情。"① 母语乡音是联结少数民族之间情感的纽带，相反，语言不通将意味着情感不通，情感不通则意味着误解与矛盾的增加。失去母语的少数民族成员的失落，对未来可能失去母语的担忧，强烈地反映出对民族和民族语言的深厚情感。在家庭生活中，对于母亲或者父亲来说，能够使用自己的母语同他们的子女说话、交流是非常重要的，是深厚民族情感的联系和表达，能够使孩子同父母形成一种亲密而微妙的联系。许多父母仅仅靠母语与孩子进行亲切的、自然的和表情丰富的交流，这或者是他们的一种偏爱，或者是一种强制的态度。② 当一个少数民族成员的祖父母、叔叔和婶婶以及其他的亲戚生活在另外一个地区，说着不同于儿童所在地使用的语言时，作为只说一种语言的儿童就无法同这些远方的亲戚进行交流，这在一定程度上阻碍或者切断了交往交流的工具，切断了情感联系的纽带。可是，双语儿童就有机会轻易地在这种语言鸿沟之间架起联系和沟通的桥梁，在传统的大家庭和多人口的家庭里建立起联系，产生一种根植于本民族的归属感。③

四 学习两种语言是少数民族儿童的权利，也是责任和义务

双语人相对于单语人有多种发展优势，科林·贝克总结认为，有以下七个方面的优势：有更多的对外交流的机会；拥有"两个世界的经验"以及经历两种或多种文化的机会；能在两种不同文化之间、几代人之间架起沟通桥梁；具有经济上的潜在优势以及未来工作选择的优势；具有思维上的灵活性与创造性；具有更强的交际敏感性；在

① 马戎：《语言使用与族群关系》，《西北民族研究》2004 年第 1 期。

② ［美］科林·贝克：《双语儿童语言能力面对未来的优势》，鲁新民译，《新疆教育学院学报》2010 年第 4 期。

③ 同上。

家庭、社区、社会上可以起到减少国家和民族之间障碍的作用。①

对于儿童来讲，成为或者未来成为具有双语能力的人会影响他们对自我身份的认识，在社会上的定位、学业上的成就、就业前景、婚姻家庭、选择居住的地域、到外地旅游以及他们更深层的思想。所以，成为具有双语能力人的内涵，已经远远超出了会两种语言本身。② 所以，我们不能仅仅看到双语双文化人作为个体的发展优势，还要在更广的领域里分析其对文化和社会发展的作用。

（一）学习国家通用语和中华民族文化是每个少数民族公民的权利和责任，有助于国家认同的形成

少数民族使用和学习国家通用语言已经成为一项重要的文化权利，由包括《宪法》在内的多种法律加以保障。这是《宪法》和相关法律赋予每个少数民族成员的一项权利，同时也是一种不可推卸的责任。

只有学会国家通用语言，才能使得少数民族掌握在更广的领域和更大的范围里学习与发展的工具，更有可能从多方面了解我国多元一体多民族国家悠久而辉煌的历史，了解缔造这个历史的是全国各族人民，了解各民族个体均可合法享受国家的资源与文化，认识到每个个体，无论其民族与种族、宗教与信仰如何，都是国家的公民。国家认同是现代人最重要的集体认同，同时也是国家主权合法性的来源。国家认同具有至上性、统一性、可塑性等特点，是国家存在最稳固的支撑。在统一的多民族国家中，必须确立国家作为各民族公民归属层次中的最高单位，从而促进个体国家认同的发展。

（二）学习母语和母语文化也是每个少数民族成员的权利和责任，有助于形成民族认同

多民族国家制度的建立是以人的权利的实现为基础的，那么，自由使用本民族语言文字的权利就是人的基本权利结构的有机组成

---

① ［美］科林·贝克：《双语与双语教育概论》，翁燕珩译，中央民族大学出版社2008 年版，中文版导言。

② ［美］科林·贝克：《双语儿童语言能力面对未来的优势》，鲁新民译，《新疆教育学院学报》2010 年第 4 期。

部分。联合国第 135 号决议即《在民族或族裔、宗教和语言上属于少数群体的人的权利宣言》规定："在民族或族裔，宗教和语言上属于少数群体的人，有权私下或公开自由而不受干扰或任何形式歧视地享受其文化，信奉其宗教，并举行仪式以及使用语言。"[1] 1981 年 11 月 30 日至 12 月 4 日在法国巴黎召开的"以母语为教育工具的专家会议"指出，"使用母语意味着在基本的文化和教育方面有自由发展的人权"。[2] 我国《宪法》《区域自治法》等法律法规对我国少数民族成员具有学习和使用自己民族语言的自由都作出了明确的规定。少数民族成员不仅有学习自己母语的自由和权利，而且具有继承和发展自己所属民族文化的权利。"所有儿童都应该有同等机会获得关于自己的文化的全面而适宜的知识，也就是那种属于家庭、学校、邻里和宗教社团等基本参照群体的文化。"[3] 语言是文化的载体，语言是文化的重要表现形式，语言是民族形成的第一要素，共同的语言形成了民族的内聚力和民族认同感，在民族的诸多特征中，语言是非地域性特征中最稳定的一个。犹太民族在长达 2000 年的时间里，散居在世界各地，却保持着以希伯来语为核心的民族语——Yiddish，以此保持着民族的认同感。同时，我们还必须认识到学习本民族的语言和文化，发展创新本民族的文化是民族发展赋予民族成员的责任与义务。正如卡拉（J. Carla）等人所认为的"族群认同是一个概念化的自我模式，它对个体具有强制性，一个个体有什么样的祖先，什么样的后代都是先定的"。[4] 一个少数民族成员在其出生之时就规定了其学习、发展本民族语言和文化的责任与义务。

（三）学前双语教学模式的有效实施有助于少数民族儿童的学习与发展

在实施双语教育的过程中，最初，人们更关注语言能力以及认知

---

① 何波：《双语教育的文化解释》，《教育学报》2009 年第 12 期。
② 马学良：《推广双语教学，提高民族文化》，《中国民族》1985 年第 7 期。
③ 王鉴：《跨文化视野中的民族双语教学》，《西北师范大学学报》1997 年第 5 期。
④ 万明钢：《族群认同的发展及测定与研究方法》，《世界民族》2007 年第 3 期。

能力对语言学习和学业成败的决定性影响，后来的诸多研究让人们逐渐认识到"语言并非交际中的中性媒介，而是被赋予了一定的社会含义"①，语言能力并非决定学业成败的唯一因素。伊西多（Isidor Lucas）在 20 世纪 70 年代调查了芝加哥地区波多黎各（Puerto Rican）学生的辍学原因，他准备了英语和西班牙语两种问卷，在研究中西班牙语问卷却不曾使用，原因是这些在数学、社会科学、自然科学学习中均遭失败的辍学者们的英语讲得非常好。这不禁使人们思考，如果不是语言技能所导致的学业失败，那到底是什么造成了这种失败？问卷和访谈的结果是"有个微妙的影响学习的因素是没有归属感，有一种被推出去（push-outs）的感觉"。伊西多的结论是身份、自信、母语的接受对学生的决定性影响超过了语言技能。总之，失败的主要原因不是第二语言流利程度的缺乏，而是学校内各种相互作用的因素使得学生丧失了学习的努力，而丧失学习努力的主要原因之一是教育环境不利或者不鼓励他们积极参与，学生获得的信息是，在学校里成功是不可能的，因此，学习的努力也就没有了价值。在学校里感受到"文化侵略和身份降低经常导致的结果是放弃学业努力和辍学"。② 科利尔和托马斯的研究揭示出了相似的结论："对语言和文化的尊重在促使儿童语言积极发展中扮演着重要角色。"③ 因此，我们有理由相信"在现代社会，教育主要是由国家机构实施的，这就意味着儿童必须在国家教育系统内熟悉自己的文化，这样就可以实现少数民族文化与多数民族文化没有区别，一种文化和另一种文化同等价值"④ 的学前双语教学模式的有效实施，能够使得儿童在教育系统中使用自己熟悉的语言，沐浴在自己熟悉的文化中，体验着两种语言和文化的同等价值，更有可

---

① J. Cummins, "*Negotiating Identities: Education for Empowerment in a Diverse Society*," *California Association for Bilingual Education*, 1996, p. 14.

② Ibid. , p. 12.

③ M. J. Collier, M. Thomas, "Cultural Identity: An Interpretive Perspectives," In Y. Y. Kim & W. B. Gudykunst, *Theories in Intercultural Communication*, 1988, pp. 99 – 120.

④ 王鉴：《跨文化视野中的民族双语教学》，《西北师范大学学报》1997 年第 5 期。

能使得儿童在双语教育中获得成功。

这种对语言和文化的尊重还表现在幼儿园和家庭的联系上，正如美国 1995 年《响应语言与文化多元差异：妥适幼儿教育建议白皮书》所倡导的"为优化所有孩子的学习与发展，教育者必须接受儿童家庭语言的合法性，高度尊重和重视家庭文化，促进和鼓励对所有家庭的积极参与和支持"。当幼儿园承认并尊重幼儿的家庭语言和文化，家庭和幼儿园之间的联系就会被加强，这种联合的支持与培育的氛围增加了儿童的学习机会。积极鼓励少数民族儿童的家长参与幼儿园教育活动，让父母觉得幼儿园很重视他们，这种鼓励使得家长认识到自己对于儿童的发展是有价值的，积极鼓励家长在生活中重视让儿童使用、保存两种语言，这种联系使得家长和儿童以幼儿园重视自己的文化为荣。所有这些都能够让儿童体验到母语和汉语是平等的。

从国家社会发展层面来看，国家认同是最高层次的认同，也是最为核心的认同，其次才是民族认同，最后是个体认同，这是从最终的形成结果来看的。如果从三个层次认同的形成过程来看，则是先有个人意识，然后是民族意识，最后才会形成国家意识和国家认同。① 可见，无论是个人意识的发展还是民族意识与民族认同的形成，抑或是最后形成国家意识与国家认同，学前阶段有效实施的双语教学均可为其奠定语言和文化的基础。

---

① 孙杰远：《少数民族学生国家认同的文化基因与教育场域》，《教育研究》2013 年第 12 期。

第四章　民族地区学前双语教育模式
有效实施的理论基础

第一节　民族地区学前双语教育模式有效
实施的心理学基础

学前双语教育的心理学基础主要解决两个层面的问题：第一层面的问题是确定在学前阶段学习第二语言对于学前儿童的心理发展有益还是有害抑或无益无害？第二层面的问题是在确定双语对学前儿童发展有益的基础上，解决有关学习时间的三个问题：一是母语学习的关键期与持续时间；二是第二语言学习的引入时间；三是如何科学处理两种语言的时间关系。

一　双语学习对学前儿童心理发展的价值
（一）双语对儿童心理发展价值的研究阶段

家长、教育者和政策制定者均致力于探讨并想确定儿童双语学习是否会给儿童的智力和情感发展带来危机。关于双语学习、双语教育与儿童发展的关系，在西方有三种主要的观点或者说经历了三个主要的发展阶段。

第一阶段，研究者认为双语会给儿童的发展带来困扰。这个阶段主要从 20 世纪初开始一直持续到 20 世纪 60 年代。① 最早提出双语会给儿童带来智力发展混乱和思维劣势的实证研究者是萨厄

---

① ［美］科林·贝克：《双语与双语教育概论》，翁燕珩译，中央民族大学出版社 2008 年版，第 141 页。

（D. J. Saer）。萨厄在 1922—1923 年以 1400 个 7—14 岁、来自威尔士周边地区的双语人和讲英语的单语人为研究对象，使用智力量表测试这些儿童的智商。测试发现，讲英语的单语人的智商高出双语人 10 分，因此，他得出双语对儿童的智力发展带来了困扰。早期的研究者用两种理论来解释这种智力低下现象，以刘易斯·特曼（L. Terman）为代表的学者认为，遗传对智力的影响最大，这些移民大多来自低劣民族，遗传素质低下是智力分数低的原因；另一种解释来自环境论者，斯托达德和威尔曼（Stoddard ＆ Wellman，1934）认为，学习两种语言阻碍了儿童的认知发展，从而导致了心理混乱。科林·贝克对早期的这种差异进行分析，认为造成这种差异的原因不是低劣的种族遗传，也不是儿童认知的混乱，而是研究设计本身的问题，并具体分析了七个方面：一是关于智力的定义及其测量，对智力是一个跨领域的一般特点还是具有情境性特征的看法对智力理解与测量影响重大；二是测试所使用的语言，使用被研究者所熟悉的语言、使用两种语言，还是使用主流语言，对测试的结果会产生影响，使用英语这种对双语人较弱的语言不利于他们在智商测试中获得好成绩；三是数据的处理与分析的方法，早期的研究往往使用简单的平均成绩分析法，没有注意到差异的真实性和存在的偶然因素；四是对于双语人和单语人的划分过于简单化；五是研究结果的归纳与效度，早期的很多研究在样本抽取上不具代表性，"大多数早期有关双语与认知的研究所进行的小范围、不充分的调查取样使得研究结果的归纳具有危险性"；六是在研究所选取的样本本身所处的环境中第二语言的地位较低可能影响测量结果；七是研究对象的匹配，两个对比的群体除了双语/单语以外其他变量必须是相同的，但实际上，"很多是处于较高的社会经济地位的单语人和可能处于较低社会经济地位的双语群体在比较，其结果可能是社会阶层的不同而不是双语本身的原因。"①

---

① ［美］科林·贝克：《双语与双语教育概论》，翁燕珩译，中央民族大学出版社 2008 年版，第 141 页。

第二阶段，研究者认为双语人与单语人在认知上没有差别。由于注意到早期研究的缺陷，研究者很快纠正了对双语与智商关系的认识。早在 1937 年，平特纳等人研究发现，语词及非语词智商与依地语—英语双语人、英语单语人是没有相关性的。① 小范围和不充分的调查研究认为，双语不仅没有对儿童的发展带来消极影响，还有一些显著的社会认知发展价值。② 琼斯在 1959 年重新分析了关于双语人智商不如单语人的一系列研究，结果表明，在斟酌了双语人和单语人不同的社会经济等级后，单语人的非语词智商和双语人没有重大的差别。③ 因此，他最后的结论是双语不一定阻碍智力的发展。

第三阶段，研究者认为双语有利于儿童认知的发展，这是当前关于双语研究普遍认可的观点。对此进行开拓性研究的是加拿大学者皮尔和兰伯特。后续的诸多研究揭示了双语与儿童认知领域的积极关系，虽然仍然存在一些争议，尤其是在 0—6 岁儿童学习双语方面。④

（二）双语学习对儿童心理发展的积极价值

1. 双语学习与儿童一般认知能力的发展密切相关

1962 年，皮尔和兰伯特在蒙特利尔的一所法语学校开始了他们的研究，在方法上解决了平衡双语群体和单语群体这一问题，保证了这两种群体在社会经济地位上的匹配，继而又考察了这两个群体智商的 18 项可变因素，双语人在其中的 15 项测试中明显高于单语人，另外的三项可变因素则没有差别。研究最终得出的结论是，双语人具有更大的心理灵活性，更强的抽象思维能力，在言语方面

---

① 转引自〔美〕科林·贝克《双语与双语教育概论》，翁燕珩译，中央民族大学出版社 2008 年版，第 141 页。

② F. Genesee，"Bilingual First Language Acquisition：Exploring the Limits of the Language Faculty，" *Annual Review of Applied Linguistics*，2001（21），153 – 168.

③ 〔美〕科林·贝克：《双语与双语教育概论》，翁燕珩译，中央民族大学出版社 2008 年版，第 141 页。

④ "Relationships between Receptive Vocabulary in English and Cantonese Proficiency among Five-Year-Old Hong Kong Kindergarten Children，" Shing，Richard Wong Kwok；Perry，Conrad；MacWhinney，Brian；Oi-ling，Irene Wong，*Early Child Development and Care*，V. 183，N. 10，pp. 1407 – 1419，2013.

更具有独立性，在概念形成上表现出众。① 邓肯和阿维拉以英语—西班牙的双语学习者为被试进行研究，首先根据所掌握的两种情况，将研究对象划分为五组：熟练双语者、部分双语者、单语者、有限的双语者、后期的语言学习者。对被试进行两个独立认知测验和一个皮亚杰会话概念测验，结果发现，熟练的双语学习者在各种测验中的分数最高，单语学习者、有限的双语学习者、部分双语学习者的测验分数没有显著差异，后期语言学习者的得分最低。此结论质疑了有限的双语学习者智力低于单语学习者的结论，支持了吉姆·康明斯（J. Cummins）提出的门槛理论，即两种语言的能力均达到一定程度之后，双语与认知发展密切相关。后来，迪亚兹等人对影响认知能力的四种因素，即第一语言能力、年龄、社会经济地位和第二语言能力进行了多元回归分析，对参加双语项目的学前班、幼儿园和小学一年级的儿童进行了多种测量。对学前儿童进行了分类测验、故事排序、积木测验，对幼儿园和小学一年级的儿童进行了类比推理、元语言意识和视觉—空间技能的测量。结果表明，第二语言能力对认知测验的贡献最大。② 艾琳娜等的研究也表明，双语儿童比单语儿童获得了更高的认知能力的测验分数，包括心理适应、非词汇的问题解决任务、理解名称的传统起源、区别语义相似和读音相似的词汇以及判断句子语法的能力。③ 在双语的项目中，无论是不是少数民族儿童，都在获得第二语言的过程中持续促进了他们认知能力和学业成绩的增长。④ 双语人在两种语言间的

---

① ［美］科林·贝克：《双语与双语教育概论》，翁燕珩译，中央民族大学出版社2008年版，第141页。

② R. M. Diaz, *The Intellectual Power of Bilingualism In Second Language Learning by Young Childing*, Sacramento, CA：Advisory Committee for Child Development Program, 1985：68 – 81.

③ Elena Nicoladis, Ananarla Popescu, *Second Language/Bilingualism at An Early Age with Emphasis on Its Impact on Early Socio-Cognitive and Socio-Emotional Development*, Published Online March 15, 2006.

④ A. Clark Beverly, First-and Second-Language Acquisition in Early Childhood, ［2014 – 12 – 2］http：//www.doc88.com/p – 6741191796836.htm.

积极转换有利于词语智商的发展。① 1982 年，我国贵州剑河县乌亮实验班的成功经验证实，学习民族语文后再学习汉语文，不但不会增加学生的负担，相反，对其他学科还可以起到促进作用。②

2. 双语能促进学前儿童的发散性思维、创造性思维、认知灵活性

关于双语和创造性思维的基本假设是两种或多种语言能够增加思维的流利性、灵活性、新颖性和详尽阐述的能力。③ 流利掌握两种语言的儿童比其他儿童在分析性推理、概念形成、认知的灵活性等方面更具优势。一个简单的事物或者概念，对双语人来讲会有两个或者更多的词，那么一个事物或者概念有两个或者多个词，是否使人具有更为自由和丰富的思维方式呢？哈德森的研究数据显示，懂双语的学生有诸多认知优势，比如更多的发散性和创造性思维。科林·贝克在 1988 年利用各种发散性思维的标准对双语人和单语人进行了比较，研究结果表明，双语人的表现要好于单语人。④ 吉姆·康明斯的研究发现，平衡双语人语词发散的流利程度和灵活性要强于匹配的非平衡双语人；匹配的单语人在语词的流利性和灵活性上所得分数与平衡双语人相差无几，但是却高于非平衡的双语人；在新颖性方面，单语人的分数与非平衡双语人相同，但是低于平衡双语人，所以，吉姆·康明斯认为："可能存在一个双语儿童必须达到的语言能力水平的门槛，用以避免认知能力上的缺陷，并使得双语人的潜在因素对他的认知能力的发展产生有利的影响，因此，双语能力的程度是一种重要的中间变量。"⑤ 1992 年，里恰尔黛拉回溯了美国 1965—1992 年 24 项比较双语人和单语人创造性思

---

① ［美］科林·贝克：《双语与双语教育概论》，翁燕珩译，中央民族大学出版社 2008 年版，第 141 页。

② 马学良：《推广双语教学，提高民族文化》，《中国民族》1985 年第 7 期。

③ ［美］科林·贝克：《双语与双语教育概论》，翁燕珩译，中央民族大学出版社 2008 年版，第 150 页。

④ 同上书，第 145 页。

⑤ J. Cummins, *Negotiating Identities*, *Education for Empowerment in a Diverse Society*, California Association for Bilingual Education, 1996, 3 – 12.

维的研究报告，结果发现，20 项研究中双语人的表现要好于单语人。[①] 安伯格提出，认知的发展是添加性和累积性的，儿童越接近平衡双语人的水平，获得的认知上的优势也就越大。我国研究者余强使用纵向研究设计对甘南小学以藏语为主和以汉语为主两种模式与儿童智力（瑞文推理测验）的发展进行了 5 年的追踪研究，研究结果表明，以汉语为主和以藏语为主的两种双语模式对儿童一般智力发展的影响没有差别；对于发展水平较高的儿童来说，双语教育项目对他们的一般智力发展的影响呈中性；而对于发展水平较低的儿童来说，该双语教育项目对其智力发展具有消极影响。[②] 这在一定程度上支持了吉姆·康明斯提出的门槛理论，儿童的两种语言水平要达到一定程度才能显示出这种积极影响。

3. 双语促进学前儿童心理理论的发展

研究表明，双语儿童在理解他们的交谈对象的交往需求方面具有优势。[③] 双语儿童比单语儿童表现出能更早理解他人的虚假信念。[④] 幼小的双语儿童对于他们不能够听懂说另外一种语言的人所说的话这一事实比单语儿童更早。增长的认知能力有助于儿童形象思维能力的发展，形象思维能力被认为会参与有效交流。比如，知道两个词代表同一个概念，可以帮助儿童发展对同一事物或者事件采用多种方式来表征的理解能力，这又有助于支持儿童对他人观点的理解。[⑤] 懂双语的儿童不仅有诸多认知优势，而且有更强的交际敏感度。

[①] 转引自［美］科林·贝克《双语与双语教育概论》，翁燕珩译，中央民族大学出版社 2008 年版，第 153 页。

[②] 余强：《甘南双语教育对儿童智力发展的影响》，《教育研究与实验》2002 年第 3 期。

[③] F. Genesee, G. R. Tucker, "Lambert WE. Communication Skills of Bilingual Children," *Child Development* 1976 (4): 1010 – 1014.

[④] P. J. Goetz, "The Effects of Bilingualism on Theory of Mind Development," *Bilingualism: Language and Cognition* 2003 (1): 1 – 15.

[⑤] Elena Nicoladis, *Ananarla . Popescu Second Language/Bilingualism at An Early Age with Emphasis on Its Impact on Early Socio-Cognitive and Socio-Emotional Development*, Published online March 15, 2006.

4. 双语与学前儿童语言的发展

双语的学习对于儿童语言的发展具有积极的促进作用，这种作用主要表现在以下四个方面。

一是双语与学前儿童词汇的发展密切相关。研究和经验均表明，双语儿童的词汇量大于单语儿童。斯维因的研究认为，对于许多双语儿童而言，他们两种语言的词汇量大于单语儿童。[①] 沃拉尔以 30 名讲 Afrrkaans 语（南非的公用荷兰语）和英语的 4—9 岁双语儿童，将他们在智商、年龄、性别、年级和社会等级上相同的两组被试进行了对比，研究内容是呈现三个一组的词汇，第二个词汇和第三个词汇与第一个相比有一个意义相近，另一个读音相近。向儿童提问"它们谁更像 cup（第一个词汇）"，以测试两种不同类型的儿童对语义和语音的敏感性。研究发现，4—6 岁的双语儿童对语义更为敏感，单语儿童对语音更为敏感；7 岁儿童没有差异，研究结论是"双语人要比同龄的单语人早 2—3 年达到语义的开发阶段"。沃拉尔进一步的研究指出，单语人往往会被语词所束缚，而双语人却更能够相信语义的任意性和灵活性。拥有两种语言的结果使得双语儿童意识到事物和它的标志之间存在一种自由的、非固定的关系。本泽尔以 5—8 岁讲希伯来—英语的双语儿童和匹配的英语单语儿童为研究对象，以词语替换为研究内容，发现双语人不但对词汇含义的理解超出了单语人，在组词造句上也超过了单语人。[②] 奥尔曼以讲英语和西班牙语的 28—78 个月的婴幼儿为研究对象，揭示双语对婴幼儿词汇发展的影响。他将研究对象根据语言的发展情况分为五类：英语单语者、西班牙语单语者、英语优势双语者、西班牙语优势双语者、平衡双语者。研究结果表明，双语者的词汇量和词汇的

① M. Swain, "Early French Immersion Later On," *Journal of Multicultural Development*, 1981 (1): 1 – 23.

② S. Sandra Ben Zeev, "The Influence of Bilingualism on Cognitive Strategy and Cognitive Development," *Child Development*, 1977 (3): 1009 – 1018.

精确性优于单语者，这种优势尤其表现在平衡双语者身上。①

二是双语促进学前儿童语言能力的发展。多伊尔在研究中发现，双语人在讲故事和表达故事中的概念上比单语人具备更强的能力。科林·贝克认为，单语儿童的注意力集中在语言节奏和韵律上，双语儿童的注意力可能集中在语言的内容上，因而会进行盲目的重复。② 科文在观察自己孩子双语发展的过程中发现，在两岁之前，儿童会把两种语言的词汇当成一个总的语言系统的一部分，而在两岁之后的第二个发展阶段就会对同一物件说出两个语言系统中的不同单词。③ 可见，双语学前儿童具有更强的语言能力。

三是双语提高了学前儿童元语言意识的发展。卡兹登是最早描述元语言意识的研究者之一。她把元语言意识定义为"使语言形式更为清晰、注意到语言形式并关注它的能力，是一种特殊的语言成就，并产生特殊的认知需求。这种能力不像说和听这样的语言成就那样容易获得，也不会像其他能力那样能够普遍地获得。"④ 吉姆·康明斯把元语言意识定义为使语言形式成为注意的中心，不是通过语言原有的含义看待语言，他把元语言意识看成一种客观分析语言输出的能力。⑤ 杰森认为，元语言意识是指个体思考和反思语言的特征与运作的能力，包含翻译能力、发散性思维、交际敏感性和元语言技能。到目前为止，在众多的研究中，至今尚未对元语言意识的定义

① Bohnada Allman, Vocabulary Size and Accuracy of Monolanguagual and Bilingual Preschool Children, 2005, Bohdana, Alister ISB4, ed. James Cohen, Kara, Kellie Rolstad and Jeff MacSwan, 58 – 77. Somerville, MA: Cascadilla Press, http://www.docin.com/p – 932204883.html.

② [美]科林·贝克：《双语与双语教育概论》，翁燕珩译，中央民族大学出版社2008年版，第154页。

③ Tyler Cowen (2012), The Benefits of Learning a Second Language, [2014 – 11 – 10] http://www.docin.com/p – 609743650.html.

④ C. B. Cazden, "Play and Metalinguistic Awareness One Dimension of Language Experience," *The Urban Review*, 1974 (7): 23 – 39.

⑤ J. Cummins, "Bilingualism, Language Proficiency, and Metalinguistic Development," In D. Aaronson, P. Home, & M. Palij (eds.), *Childhood Bilingualism: Aspects of Linguistic, Cognitive and Social Development*, Hillsdale, NJ: Lawrence Erlbaum Associates, 1987: 57 – 73.

达成共识。① 但以上的三个定义都包含两个共同特征：一是注意语言单位的运用；二是注重语言的形式。唐纳森将语言意识看作年龄较小的儿童阅读能力发展的关键因素，它间接地表明双语人也许比单语人稍早做好了阅读学习的准备，似乎双语儿童通过组织其两种语言系统而养成了对语言进行更多分析的习惯。② 比亚韦斯托克进行了三项调查研究，每项均涉及 120 名 5—9 岁的儿童，在试验中要求儿童判断或者改正句子以研究儿童的句法能力，检验儿童语言知识的分析水平和判断句子语法的正确与否，句子的内容并不重要。研究发现，双语儿童在词语意义的理解方面远远超过了单语儿童；在数出句子有多少词构成方面，双语儿童略好于单语儿童；双语儿童语法判断的准确性强于各年龄的单语儿童。③ 双语流利儿童的元语言技能发展得尤其好，他们更早地意识到词是人为象征（Arbitrary Symbols），更早地意识到语言结构和语言细节，更早地注意到语法的错误和口语与书面语言的意义。

（三）双语对儿童发展产生积极影响的机制分析

需要深入叩问，是认知能力导致了双语能力还是相反呢？为了回答此问题，迪亚兹（M. Diaz，1987）进行了因果关系的方向分析，他采用纵向的实验设计，分别在两个时间点上测量了儿童的认知能力和语言能力，使用多元回归分析和路径分析技术，得出的结论是"如果双语和认知之间是因果关系，则双语更有可能是原因变量"。双语对儿童认知发展的积极影响一再被证实，那如何解释这种积极影响呢？双语对认知的发展所带来的积极影响如何实现？现有的研究从结果和过程两个方面解释了这种积极影响：符号转换假设和大脑重塑。

---

① 曾丽：《国外元语言意识研究进展》，《贵州民族学院学报》（哲学社会科学版）2011 年第 3 期。

② ［美］科林·贝克：《双语与双语教育概论》，翁燕珩译，中央民族大学出版社2008 年版，第 157 页。

③ Bialystok Ellen, "Influences of Bilingualism on Metalinguistic Development," *Second Language Research*, 1987（3）：154－166.

1. 符号转换假设（code-switching）

皮尔和兰伯特提出的符号转换假设坚信，儿童在完成认知任务的时候语言符号的转换让双语儿童更加灵活。双语获得的经验可以让儿童从一种语言转换成另一种语言，儿童在使用一种语言进行思维受阻时，就会转换成另一种语言，因此，双语的符号转换在完成认知任务时发展了更为灵活的"心理单元"（mental set）。科林·贝克认为，双语儿童对每一个事物或观念具有两个甚至更多的词汇，比如，"厨房"这个词的英语"kitchen"，法语是"cuisine"，在英语中厨房意味着劳作的地方，而在法语中则是全家人欢聚之所。这种符号和意义的多样性就意味着对双语儿童来说在词语符号与其概念之间的联系常常是更为自由的。不同语言词语与其概念之间这种微妙的联系对双语人来说，在他们的思想意识过程中联想转换就更自然流畅、灵活，并且具有思维的创造性。①

双语优势的一个可能原因是双语儿童为了说好一种语言必须学会减少两种语言之间的干扰。② 另外一个可能的原因是双语儿童集中注意于上下文的关键信息，特别是在信息模糊或者有矛盾的情况下。③ 双语提供了语言一旦获得就会成为心理工具并促进认知发展的一个最好的例子。当前研究的趋势是"不去研究思维的产品，而是研究思维的过程，采用信息加工过程的内容运转，心理学意义上的记忆和语言加工的方法研究这种优势产生的原因"。④ 佩维奥构建了关于双语人的双重代码系统模式图⑤（见图4-1）。

---

① ［美］科林·贝克：《双语儿童语言能力面对未来的优势》，鲁新民译，《新疆教育学院学报》2010年第4期。

② E. Bialystok，"Children's Concept of Word，" *Journal of Psycholinguistic Research*，1986（1），13–32.

③ E. Bialystok，"Majumder, S. The Relationship between Bilingualism and the Development of Cognitive Processes in Problem（solving），" *Applied Psycholinguistics* 1998，19（1）：69–85.

④ ［美］科林·贝克：《双语与双语教育概论》，翁燕珩译，中央民族大学出版社2008年版，第156页。

⑤ 转引自［美］科林·贝克《双语与双语教育概论》，翁燕珩译，中央民族大学出版社2008年版，第147页。

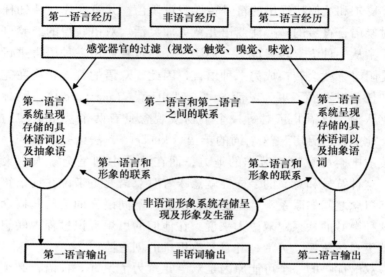

图 4 - 1　双重代码系统模式

从图 4 - 1 中可以看到这个语言系统模式的核心内容：两个分离的语词语言系统，分别对双语人的两种语言负责；一个非语词的想象系统与两种语言系统相联系；非语词的想象系统作为两种语言的共有概念系统而运转；这三个系统之间的关系是牢固的、直接的相互联系通道；两种语言之间的相互联系构成了一个联合系统和一个翻译系统，它们共同的形象起着协调的作用。

2. 学前阶段的双语学习有助于大脑的重塑

来自脑神经科学的研究发现，早期学习两种语言有助于脑结构的改变。米歇尔等研究者选取了 25 名单语者、25 名 5 岁之前开始学习两种语言并持续学习双语者和 33 名 10—15 岁的学习双语至少持续 5 年这样三类研究对象，这三类被研究者均具有相仿的年龄和相似的教育水平。研究显示，双语者的基顶叶皮层灰质密度明显高于单语者；5 岁之前学习双语并有较多机会使用双语的"早期双语者"的大脑发育左顶叶皮质层的灰质明显增厚；与 10—15 岁开始学习双语的人群相比较而言，早期双语学习者的大脑可塑性增强，双语导致脑部的功能发生了改变。① 对于单语学习者，随着词汇的增加，与此相对应的大脑区域的灰质厚度增加，进一步的研究表明，这一区域对获得第二语言也具有敏感性，相对于单语者而言，双语者相应大脑区域的灰质明显加厚。② 格罗根等研究者以 59 名高度熟练使用第二语言的人为研究对象，测试第一语言和第二语言对大脑某些区域的影响。研究结果证实，大脑的某些区域受到第一和第二语言的影响是相似的，而前辅助运动区（pre-SMA）和尾状核与第二语言的联系更为密切。研究认为，双语学习可以调节脑部的相关功能，从而实现脑功能的重塑和再组织效果。③

总之，双语学习与双语教育不会对学前儿童造成混乱，不会对学前儿童发展带来与生俱来的消极影响。虽然个别研究揭示出在第二语言学习的早期阶段，学前儿童听两种语言会比单语儿童的发展落后一些，但是进一步的研究表明，这种落后并不是在语言获得的各个方面，而且这种落后非常之小，不会持续很长时间。另外需要注意的是，不是但凡学习双语就会给儿童带来积极影响，而是那种有质量的双语学习和双语教育才会对儿童的发展产生积极的影响。

二 心理学视角下儿童双语学习的时间问题

（一）第一语言学习的相关问题

1. 第一语言学习的知识范畴

为了掌握一种语言，儿童必须学什么？在做了大量研究之后，

---

① A. Mechelli, J. T. Crinion, U. Noppeney, J. O'Doherty, J. Ashburner, R. S. Frackowiak, C. J. Price, "Neurolinguistics: Structural Plasticity in the Bilingual Brain", *Nature*, 2004, 7010.

② D. W. Green, J. Crinion, C. J. Price, "Exploring Crosslinguistic VoCabulary effects on Brain Structures Using Voxel-based Morphometry," *Bilingualism*, *Language and Cognition*, 2007: 2.

③ A. Grogan, D. W. Green, N. Ali, J. T. Crinion, C. J. Price, "Structural Correlates of Semantic and Phonemic Fluency Ability in First and Second Languages," *Cerebral Cortex*, 2009: 11.

研究者们总结出了精通语言所需要的五种知识：语音、语法、语义、句法和语用技能。语音是语言中最基本的声音单位以及将声音组合起来的规则，没有哪两种语言具有相同的声音单位。语法指的是语音如何构成词，比如英语中包括前缀、后缀，加 ed 构成过去式，加 - s 构成名词复数等；比如汉语包括根据不同的声旁、意旁的构词法。语义探讨单词或者句子所表达的意思，语义的学习在语言获得中是非常关键的。句法表达的是怎么把单词组成有意义的短语或者句子。语用技能指的是如何使用语言进行有效的沟通，为了有效沟通，儿童必须思考自己在哪里、和什么人讲话、听者知道了什么、需要什么以及想要听到什么等。最后，除了上述五个方面的语言知识外，还要有能力恰当解释和使用面部表情、语调暗示、手势等非言语符号。

2. 第一语言学习的关键期

母语的学习是否有关键期的存在呢？这是一个已经得到明确、一致肯定答案的研究课题。洛菲尔德率先提出了语言关键期假设，认为语言的习得主要由生物因素决定，语言学习的关键阶段在 2—13 岁（青春期）。诸多"研究告诉我们，儿童第一语言的口语发展的关键期是学前阶段，特别是 0—4 岁，这个关键期一旦错过，对个体第一语言的发展将会造成不可弥补的损失"。"强有力的证据证实，儿童如果在六七岁之前没有完全与某一语言接触，个体将不能获得语言。"[①] 儿童在 2 岁到 6 岁之间是获得语言最快的时期，在 6 岁的时候已经能够成为一个很好的语言使用者。到了上学的年龄，他们已经获得了令人惊奇的语言能力，而且这个获得过程是毫不费力的。对语言关键期的研究使我们确信，在关键期内获得第一语言具有毫不费力的自然性、快速性以及跨民族的一致性，这种重要性不仅表现在第二语言的学习上，也表现在母语的习得与保持上。笔者在调研中接触了非常多的第一语言不是母语，长大之后学习母语

---

① A. Beverly, Clark First-and Second-Language Acquisition in Early Childhood, ［2014 - 12 - 10］http：//www. doc88. com/p - 6741191796836. htm.

困难重重的案例，说明早期母语学习的重要价值。

（二）第二语言学习的关键期

第二语言的学习何时开始更为适宜呢？讨论第二语言开始的时间，就需要先了解两个概念：同步性双语和顺序性双语。同步性双语是指儿童小时候生活在双语家庭或者双语社区，因而在生活的过程中同时获得了两种语言；顺序性双语是指儿童先学会了一种语言，然后在生活中或者在专门的学习中又学会了另外一种语言。①同步性双语和顺序性双语的分界线在3岁，如果3岁以前获得了双语，两种语言均可通过自然的、非正规的、非训练的、自然而然的方式获得。3岁之后，需要通过正规训练的方式获得第二语言的可能性会逐渐增大。本书所关注的是顺序性双语，儿童在3岁之前的家庭生活中，已经获得了初步的母语能力，进入幼儿园后开始国家通用语言的学前双语学习。

第二语言学习的开始时间又与第二语言关键期的研究紧密相关。关于第二语言学习的关键期，研究者提出两种截然相反的观点：存在抑或不存在。这个争论至今仍然持续着。20世纪80年代之后，关于这种争论的重点不再专注于是否存在上，而是转移到某个年龄段学习第二语言具有优势以及原因分析上。关键期的讨论不是本书的核心，本书的核心是在关键期的讨论中找到第二语言何时开始，会更有利于获得平衡发展的两种语言，也就是说，何时引入第二语言不会威胁到儿童已经初步掌握的母语的学习与发展。文斯莱调查说西班牙语的墨西哥裔的美国儿童，比较了西班牙—英语的双语幼儿园幼儿与待在家里的幼儿，结果发现，幼儿园里儿童的西班牙语能力与待在家里的儿童一样好，同时发展了很强的英语能力，结果说明，早期的双语不会导致母语的丢失。② 科利尔认为，

---

① ［美］科林·贝克：《双语与双语教育概论》，翁燕珩译，中央民族大学出版社2008年版，第80—89页。

② A. Winsler, R. Díaz, L. Espinosa, J. Rodríguez, "When Learning a Second Language Does Not Mean Losing the First: Bilingual Language Development in Lowincome, Spanish-speaking Children Attending Bilingual Preschoo," *Child Development*, 1999（70）：349 – 362.

当儿童的第一语言能够得到持续的支持，尤其是如果第一语言不是优势语言时这种持续支持尤为重要，在5—11岁的时候引入第二语言，能够确保第一语言认知的充分发展，也将支持第二语言中认知的充分发展。克拉申提出了第二语言学习的初始速度和最终水平问题，这为第二语言学习的研究开辟了一条比较之路。相关研究的比较对象主要集中在三个年龄段上：学前阶段、学龄阶段和成年阶段，比较的内容主要涉及语音、词汇、语法。

1. 第二语言开始时间与最终语言水平关系的研究

克拉申（1970）的研究揭示出，不同年龄段的第二语言学习者的优势不同，所达到的最终水平也不同。成年人的学习在词法和句法方面占优势，最终达到的语言水平则与开始学习的年龄呈负相关，也就是说，开始学习第二语言的年龄越早，越有可能达到母语般的语言水平。欧亚马曾调查了6岁至20岁之间到达美国的60名意大利人，结果发现，只有12岁之前到达美国的人讲起话来更像美国人的口音，而在美国居住时间的长短对口音影响不大。[①] 约翰逊（J. S. Johnson，1989）和纽伯特以句法判断为任务，以46名3—39岁移居美国、母语为汉语或者朝鲜语的第二语言学习者为研究对象，23位英语学习者为对照组。将研究对象以他们到达美国的年龄为界进行了分组，得出下述结论：7岁是一个转折点，3—7岁前移居美国的被试语言水平同本国人没有区别，7—13岁则明显表现出衰退。约翰逊又对学习者的语法错误率进行了分析，发现3—7岁组和母语组的错误率不超过10%，其他组均超过了30%。进一步和母语组进行了对比发现，虽然在青春期前获得第二语言和句法合理性判断的成绩呈显著正相关，但第二语言句法获得在7岁就开始下降了，而不是青春期。[②] Patkowsk（1990）以5—50岁开始学习第二语言的成人为研究对象，他发现，在口音等级和到达年

---

① S. Oyama, "The Sensitive Period and Comprehension of Speech," Working papers on bilingualism, 1978（16）：1–17.

② 龚少英、彭聆龄：《第二语言获得关键期研究进展》，《心理科学》2004年第3期。

龄之间有显著的负相关。具体来说，15 岁之前获得第二语言的 33
名成人被试中有 29 人达到了接近母语的水平，而 15 岁以后获得第
二语言者的 34 人中只有 1 人达到了母语水平。Flege 等研究了朝鲜
语—英语学习者获得英语的年龄与英语语音、句法的关系，结果是
第二语言获得年龄和外语口音等级间的关系表现出不连续性，不连
续性的拐点出现在 6 岁，第二语言获得年龄和语法判断成绩的转折
点出现在 7 岁。① 也就是说，六七岁之前学习第二语言所取得的成
就更大。贾研究了 5—32 岁移民到美国、具有 12 种非英语母语背
景的移民，且在美国生活超过 5 年的 105 名被试。研究结果显示，
到达美国的年龄可以预测其语法水平，即年龄越早，语法水平越
高。② 这一系列的研究一方面揭示了第二语言学习的关键期，另一
方面揭示了学习第二语言的年龄越早，越有利于平衡双语人的语言
培养，也就为在少数民族聚居区儿童学前阶段开始学习国家通用语
言提供了有力的支持。

　　有些研究者虽然否认第二语言学习关键期的存在，但并没有否
认早期学习第二语言的优势，认为"不存在第二语言学习的关键
期"。他在分析了第二语言开始学习的年龄和成功掌握这种语言的
关系后，获得了三个非常重要的结论：一是年龄和第二语言学习的
效率与成功在整体上没有什么差别；二是开始学习第二语言越早的
学习者，未来达到的能力水平越高于童年以后开始学习的人；三是
7 岁之前学习第二语言的儿童，在词汇和语法上没有太大的优势，
而在语音、语调和学习第二语言的态度方面更为积极。事实上，开
始学习第二语言的年龄对未来的口音有决定性的影响，幼儿时期学
习第二语言可以达到一如母语使用者那样的口音和流利程度，然
而，年纪较大的学习者在学习第二语言多年以后，或许可以达到相

---

　　① J. E. Flege, G. H. Yeni-komshian, S. Liu, "*Age Constraints on Second Language Acqui-sition*," *Journal of Menmory and Language*, 1999 (41): 78 – 104.

　　② 崔刚：《关于语言习得关键期假说的研究》，《外语教学》2011 年第 5 期。

当流利的程度，但是在口音上就可能无法像母语使用者一样地道。①
最熟练的语言一般多是在幼儿时期和儿童时期学会的，伊宁市的调
查数据也证实了这个观点。调查显示，绝大多数的维吾尔居民都在
幼儿时期和儿童时期学会了最熟练的国家通用语言，维汉双语同样
熟练的人也主要是在这两个时期学会的。② 6 岁前是儿童学习第二
语言语音语调的敏感期，在 6 岁前开始学习第二语言，大多数儿童
可以掌握地道的正宗口音。③ 张晓兰、王化敏的研究认为，正常的
儿童在幼儿期具有惊人的第二语言学习能力。④

从上述研究中可见，尽管有的研究关注第二语言开始学习的时
间，有的关注第二语言的获得时间，有的认为有第二语学习的关键
期，有的则认为没有。对不同时期、不同母语背景、不同移民年
龄、不同语言内容研究得出了相似的结论：在学前阶段开始第二语
言的学习更具有语言发展的优势，这种优势尤其表现在语音和句法
两个方面。因此，有理由相信，在我国少数民族聚居地区，儿童在
家庭生活中已经初步具备母语能力与水平的情况下，开始国家通用
语言的学习有充分的心理科学方面的研究依据。学前阶段开始国家
通用语言的学习更有利于儿童在国家通用语言的最终发展中获得母
语般的水平，这与我国民汉兼通的培养目标是一致的。在学习的潜
力方面，相对成人来讲，儿童更有可能取得与讲母语的人相同或者
相似的潜力水平。

2. 不同年龄段第二语言学习者学习速度的差异

斯诺探查了 136 名 5—31 岁英语为母语的英语学习者（年幼儿
童、青春期儿童和成人），测量他们在自然情境中荷兰语（Dutch）

① C. E. Snow, M. Hoefnagel-Hohle, "Age Difference in the Pronunciation of Foreign Sounds," *Language and Speech*, 1977: 357−365.

② 孟红莉：《新疆伊宁市维吾尔城市居民语言能力、语言使用和语言态度调查》，《西北民族研究》2013 年第 3 期。

③ 余强：《从第二语言敏感期的特点看学前双语教育的重点》，《早期教育》2003 年第 5 期。

④ 张晓兰、王化敏：《贵州省少数民族学前教育改革的尝试》，《民族教育研究》1999 年第 1 期。

的学习，分别在 3 个月、6 个月、9 个月的时候测量了学习者的语
音、句法、模仿和翻译四项任务，结果发现，在第二语言学习初
期，成人和青春期儿童的速度快于学前阶段的儿童，但是这种优势
在 6 个月之后普遍消失。这表明年龄较大的第二语言学习者语音学
习的速度优势是短暂的，真正具有长期速度优势的是年龄较小的儿
童。克拉申等人的研究在控制语言接触时间后，不管是自然接触还
是正式的课堂学习，年龄大些的儿童习得句法和词法的速度要快
些，但是这种速度快的优势在一年以后同样消失了。一年以后，年
龄小的儿童就赶上和超过了年龄大的学习者。① 克拉申等经过大量
的纵向研究和横断研究达成了一些共识：年长者学得快，但是年幼
者学得好（older is faster，but younger is better）。

　　总之，年幼儿童学习第二语言的优势主要表现在以下两个方
面：一是在语音和语调的获得方面。如果能够在 6 岁之前，也有学
者认为是在青春期之前，能够受到外语的熏陶，就有可能获得与讲
母语的人相同的语音和语调。"儿童在 11 岁以前可以较容易地建构
起一种语音模式，而在 11 岁以后随着年龄的增长，人们对母语以
外的音位的模仿和辨识能力会逐渐退化。"② 二是在自然的语言环
境里，在长期的发展中，年幼儿童比年长儿童和成人显示出更大的
速度优势。前面所陈述的成人比儿童学得快，大孩子比小孩子学得
快的研究支持主要来自于横断研究，同时也仅仅表现在句法和语法
方面，这种优势是暂时的，在数月之后或者是相对于全部的语言能
力的发展方面，这种优势就不存在了。

　　这些研究告诉我们，民族地区学前儿童开展双语教学，而不是
母语教学，更有可能使其在国家通用语言的学习中达到更高的水
平，从而更有可能达到平衡双语人的培养目标。但需要注意的是开
始学习第二语言的年龄越小，在学习的初期越需要付出更多的努力

---

① S. Krashen，M. Long，Scarcella，R. "Age，Rate，and Eventual Attainment in Second Language Acquisition," *TESOL Quarterly*，1979（12）：573 - 582.

② 陈珺：《成人和儿童学习语言能力的比较》，《高等函授学报》2002 年第 2 期。

和耐心，学前阶段第二语言学习速度的相对较慢是暂时的，这种慢速度孕育着更大的学习潜力与可能。学前双语的学习还有助于幼儿大脑的重塑，为今后的发展奠定更坚实的物质基础。

（三）第二语言学习的过程和需要的时间

1. 第二语言习得的心理过程

埃利斯认为，无论哪种语言，无论是自然获得的还是课堂上学到的，都存在着一个自然的、几乎不变的顺序发展过程。从简单的词汇到基础的句法，简单句的结构与形态，再到主从复合句。学习的条件只会影响发展的速度与程度，不影响发展的顺序性。同样，态度、动机、学习计划和个性的不同会影响第二语言发展的速度和最终的精通水平，发展的顺序性同样不会受到影响。辛格顿的研究认为，"不同年龄的第二语言学习者表现出了相同的发展顺序"。古德也认为："双语对儿童的发展没有消极的影响，两种语言的发展和单语儿童具有相同的模式，第二语言的发展遵循着母语获得的模式。孩子们在使用母语去交流、去获取信息、去解决问题、去思考的过程中发展了语言能力，儿童也以类似的方式获得第二语言。"① 佩登·泰柏在其著作《一个儿童，两种语言》（*One Child, Two Languages*）中，揭示了不同种族的学前儿童在双语幼儿园或全英语幼儿园第二语言发展的过程，揭示了第二语言获得的过程：第一阶段是使用母语时期。许多儿童使用自己的母语与人交流。第二阶段是沉默或非语言时期。当他们发现别人听不懂自己的母语，就开始进入沉默期或者非语言阶段，这个阶段虽然不说话，但在聆听。第三阶段是简单的单词或词组阶段。逐渐使用新语言进行沟通，使用简单的词或者词组解决问题。第四阶段是自如地使用第二语言阶段。② 佩登·泰柏揭示的幼儿学习第二语言的心理过程，得到了很多学者的验证和认可，同时也为有效的学前双语教育提供了

----

① N. S. Goodz, "Parental Language Mixing in Blingual Families," *Infant Mental Health Journal*, 1994（10）：25 – 43.

② ［美］佩登·泰柏：《一个孩子，两种语言》，吴信凤、沈红玫译，南京师范大学出版社 2011 年版，第 51—95 页。

有力的支持。

2. 第二语言学习需要的时间

关于儿童第二语言学习需要多长时间的研究直接影响着双语教育系统的整体设计。第二语言学习需要的时间不能一概而论，将儿童的语言能力分为口语的发展和学术语言的发展两个层面是研究者达成的共识，不同层次的语言能力的获得所需要的时间是不同的。斯库特纳布等认为："口语能力在二三年内即可获得，而学术语言能力的获得则需要更长的时间，但是需要说明的是口语的流利不足以应付学校课程的学习，人们需要5—7年甚至更长的时间才能掌握与学术有关的第二语言能力。"吉姆·康明斯的研究认为："英语第二语言学习者需要2年时间获得与年龄相适宜的对话语言能力，需要5—7年的时间获得学术语言能力，不同年龄需要的时间不一样。"这样，对于第二语言的学习者，在他们获得了流利的会话语言之后，继续获得多年语言项目的支持就非常重要了。贝弗利调查了同一行政区（Fairfax County Virginia）相对富裕家庭的儿童发现：8岁之前移民的儿童，需要7—9年的时间，8—12岁的儿童，需要5—7年的时间，12岁以后往往可以在相对短的时间内达到。科利尔再次撰文认为，需要花费7—10年的时间，才能够达到像同年龄的单语儿童那样流利的学术语言水平。① 克莱斯莫调查了多伦多300名12岁的英语为第二语言的儿童，详细评估其英语能力、背景数据以及教师评定的等级，教师认为，大部分儿童在23—35个月以后在听、说、读三个方面达到了年级的平均水平。认为第二语言为英语的学生要达到加拿大本地出生儿童的平均水平需要5—6年的时间。托尔调查了以伦敦英语为第二语言的学生的阅读成绩与他们的在校时间。研究结论是：大约花费7年的时间，学生的测验成绩与本地人接近。我国学者马戎研究认为，当学校从小学一年级甚至学前班开始教授汉语后，那么六年后的初中学生才有一定的汉

---

① A. Beverly, Clark First-and Second-Language Acquisition in Early Childhood, ［2014 – 12 – 10］http：//www. doc88. com/p – 6741191796836. htm.

语理解与表达能力，九年后的高中学生才有比较令人满意的汉语理解与表达能力，而这样的理解和表达能力是教学过程中教师与学生进行交流的必要条件，在达到这样的条件之前，就需要设计一定的"过渡期"教学办法。[①]

无论是以年幼儿童、青春期儿童还是成人为研究对象，需要二三年时间获得第二语言的口语能力，能够使用第二语言进行交流是共识，当然需要注意，这是在全浸没式的语言环境中方能实现的。而涉及更深的、与课堂学习、学科学习密切相关的学术语言则需要7年以上的时间，这为我们设计少数民族地区双语教育系统提供了理论基础。也就是说，对国家通用语言的学习而言，在全浸没式的情况下，需要7年以上的时间才能够让少数民族聚居区的儿童获得足以应付课堂学习所需要的国家通用语言的水平，才能真正实现学习国家通用语言与掌握国家通用语言学习的目的。

（四）母语和第二语言学习时间的辩证关系

心理学的研究表明，在学前阶段母语和第二语言的学习均非常重要，前者的缺失不仅可能带来母语丧失的危险，而且在母语学习中已出现，需要进一步发展的语言认知能力对第二语言的学习也会带来积极影响；对后者的忽视会给儿童个人发展、民族文化的传承与创新甚至国家认同带来消极的影响。那么，母语和第二语言之间的关系应该如何处理？如何实现二者的合理安排就是需要仔细研究的课题了。

北美教育界的主流认识是，学习者一旦获得流利的第二语言表达能力，就应当结束双语教学，尽快进入第二语言的浸没式学习。完全浸没式学习第二语言往往会带来两个危机：一个是母语丢失的危机。强调在5岁之前学习第二语言而忽视母语的学习，往往伴随着母语的丢失。除非教养者非常小心地平衡两种语言的价值和重要

① 马戎：《从社会学的视角思考双语教育》，《云南民族大学学报》2007 年第 11 期。

性。① 在我国少数民族聚居区，则不存在上述危机存在的可能，因为在幼儿生活的家庭和社区环境中，均使用母语交流，母语的学习和发展有其天然的语言环境，在幼儿园的双语学习中，逐渐过渡为以国家通用语言为主，也不会带来母语丢失的危险。

我国民族地区双语教育的最终目的是培养民汉兼通的双语双文化人。母语的学习会在家庭中延续，在幼儿园和中小学提供可选择性学习，国家通用语言是需要长期学习的，从双语的时间安排上，随着年龄的增长，母语学习是逐渐减少的，国家通用语言学习则逐渐增加，为小学实施以汉语为主的双语教学奠定基础。

第二节　民族地区学前双语教育模式有效实施的语言学基础

在学前双语教育的语言学基础上，主要应解决两个问题：一是揭示学前阶段儿童的双语能力与其他学段相比的特殊性；二是两种语言能力之间的关系。

一　学前儿童双语能力的发展研究

（一）语言能力和双语能力

1. 语言能力

国外语言学领域对语言能力的研究始于乔姆斯基。乔姆斯基假设儿童生而具有一种语言习得装置，通过这种装置"普遍语法得以内化并成为构成理解和产生语言的语言能力。这种语言能力具有不依赖具体的语言环境而存在的普遍性"。② 所以，儿童能够在一定语言环境下习得任何语言。乔姆斯基试图在剥离语言习得过程中社

---

① A. Beverly, Clark First-and Second-Language Acquisition in Early Childhood, ［2014 – 12 – 10］http：//www. doc88. com/p – 6741191796836. html.

② 转引自刘永琴《心理模块观：认知心理学研究的一种新范式》，博士学位论文，华东师范大学，2013 年。

会文化因素作用的高度纯净的条件下，通过演绎的手段研究最抽象的语言能力。① 美国人类学家海姆斯认为，在界定语言能力时，不能抽象地描述理想的语言能力，而必须将其放到语言文化的大背景下，因为社会文化大背景影响语言的应用，影响语言交际者内在的语言能力，他首次提出了交际能力的概念。② 在他看来，交际能力无论是语言的还是其他形式的主要包括两方面的内容：语法性和可接受性。语法性即合乎语法规则；可接受性指在文化上是可行的，在一定的情景中是得体的，并实现了交际目的。伯恩斯坦关于语言能力的观点是，强调语言和认知的发展是要经受来自不同文化、不同社会团体和不同社会结构中的权利影响和话语调控的。③ 从试图剥离社会文化因素理解语言能力到在特定的文化背景中认识语言的社会属性和交际功能，语言能力的认识和社会属性是同时并举、不可分离的，语言能力不仅是一种心智行为，而且是一种文化、社会行为。无论是否脱离文化背景，听、说、读、写、语用是五种基本的语言能力，而这五种能力又可以根据两个维度进行分类：一个是输入—输出维度，另一个是口语—书面维度。

2. 双语能力

双语能力是两种语言能力的简单相加还是两种语言能力的合成呢？英国学者库克提出双语者具有的是双语语言能力（multicompetence），认为双语能力不是两种语言能力的简单相加，而是一个具有两种语法（语言能力）的头脑里的语言知识合成状态，这一合成状态（双语语言能力）同时制约着一个人的第一语言和第二语言的使用。既然双语能力是一种合成的语言状态，那么学前儿童和其他年龄阶段的学习者在学习的过程中是一致的还是有差异的呢？这与语言能力类型的研究相关。

---

① 转引自陈宏《第二语言能力结构研究回顾》，《世界汉语教学》1996 年第 2 期。
② 同上。
③ 赵杰：《论伯恩斯坦的语言能力》，《学习与探索》2011 年第 5 期。

（二）语言能力的类型以及学习的条件

1. 语言能力的类型

布特根据语言所要完成的任务与注意焦点将语言能力分为自然交际任务（natural communication tasks）和语言操作任务（linguistic manipulation tasks）。前者指学习者的注意力在于与他人交流观点、信息和认识，而后者指学习者的焦点在于进行有意识的语言层面的操作，即有元语言意识参与的任务。① 奥森根据语言的功能将语言分为社交功能（social function）和达意功能（ideational function）。前者主要通过话语（utterance）来实现，后者主要通过文本（text）来实现。唐纳森根据对语言环境的依赖性提出嵌入式思维（embedded thought）和非嵌入式思维（disembedded thought）。前者涉及在一个意义丰富的人际交往语境中，学习者利用情境、副语言等语境因素理解和使用语言，而后者关乎在语境自由的情况下对语言的处理。波林·吉本斯根据语言发生的情境将儿童的语言能力分为游戏场上的语言和教室里的语言。游戏场上的语言通常发生在面对面的情境中，对物体、视觉、姿势和身体语言具有很高的依赖性。流畅性是这种语言发展非常重要的部分，它包括能够让儿童交朋友、参与游戏、参与日常活动，从而维持和发展其社会接触，没有它，儿童就会从正常的游戏场生活中被孤立出来。教室里教师使用的语言是我们期望儿童去学习和使用的语言，包括假设、评估、参照、概括、预测、分类等有序的思维技能，与数学、科学和社会学科的学习紧密联系。吉姆·康明斯认为，教室里的语言与游戏场语言具有很大的差异，游戏场的语言与儿童在教室里学习的成功没有多大的关系。② 吉姆·康明斯将儿童的语言能力分为会话语言和学术语言，前者主要通过口语实现，对情境、身体语的依赖性较高；后者主要通过书面语言实现，对情境的依赖性较低。詹姆斯·保罗·吉将其

---

① M. Burt, H. Dulay, "Natural Sequences in Child Second Language Acquisition," *Language Learning*, 1974（24）: 37 – 53.

② J. Cummins, *Negotiating Identities : Education for Empowerment in a Diverse Society*, California Association for Bilingual Education, 1996, p. 64.

划分为初级会话和中级会话。初级会话要求在家中通过面对面的交流，表现为语言的最初社会化。中级会话要求在超越家庭的社会机构中进行，并且涉及专业词汇的获得以及与使用和情境相适应的语言。

虽然学者们对语言能力的分类不同，分类的标准也不同，语言类型名称各异，但我们还是可以从中找到诸多分类的共性：以口头交流为主要形式的会话语言和以书面语言为载体形式的学术语言。会话语言的特征是在面对面的人际交往中进行的，其主要目的是交际功能，涉及的主要是高频词汇、简单语法，交流中除了依赖语言还依赖语调、表情、手势以及其他辅助物，会话语言可以通过教授的方式直接获得，更多的可以在交流的过程中间接获得。而以书面语言为载体形式的学术语言，主要产生在课堂教学中，其主要的目的是获得各学科知识与发展认知，学习中会涉及更多的低频词汇、复杂语法、生活中难得一见的抽象表达等，主要依赖对概念、语法、语言意义的理解来获得，而且往往还需要使用精确而有序的方式表达出来，这就需要教师精心准备的教材才能实现。

2. 不同类型语言能力学习的特点

吉姆·康明斯根据语言学习的背景要求和认知要求两个维度，将语言知识分为四类，分别以 A、B、C、D 来标记。A 为日常会话。日常会话语言更多依赖语气、表情、语调和目光接触，具有情境嵌入的特点，又因日常会话主要涉及高频词汇和简单语法，所以通过日常的接触就能够获得。同时，周期短也是学习日常会话的特征。B 类语言的具体实例为说服对方，证实自己观点的正确性。这种语言也具有情境嵌入的特点，但是需要逻辑地组织会话语言，对于儿童认知的要求较高。典型的实例是辩论，虽然具有面对面的特征，但是需要逻辑的组织语言，还需要根据情境进行灵活变化，具有较高的认知挑战性。C 类语言的典型实例是从黑板上抄笔记，或者填写工作表。虽然涉及认知能力，但是很多技能，比如书写技能等已经变成自动化，对于儿童认知的要求不高，此类语言活动的特点是脱离语言情景和认知要求低。D 类语言是指学术语言，往往要求学生远离日常生活，需要更高的认知，需要儿童调动起语言资源，因其更多地涉及低频词汇和复杂语法，并且随着儿童年级的升高，对儿童脱离具体情境和认知的要求越来越高。以写作为例，儿童必须在没有反馈和交流支持的情况下持续不断地产生语言。

从上面的论述中可见，吉姆·康明斯强调语境嵌入和语境脱离的区别并非会话语言和学术语言的区别，认知水平的高与低同样也不是区分两者的唯一依据。有些语境嵌入的活动对认知的需求与语境脱离的活动要求是一样的，比如与他人展开激烈的学术讨论与写一篇文章所需要的认知过程是一样的，类似地，给密友写一封邮件比给一群人演讲涉及更多的语境嵌入。① 同时也反映了吉姆·康明斯对两种语言能力关系的认识，在课堂环境下两种语言的能力是紧密联系着的，并非像波林·吉本斯所认为的两者没有多大关系，他的互相依赖假说已经被许多实验所证明。比如弗雷德里克森认为："语境维度和认知维度并非完全分离，很多语境分离的活动比语境嵌入的活动需要更高的认知要求。在观察和分析教室里的任务、教学和学业成绩时，时常发现将认知从语境中分离出来是非常困难的。"詹姆斯·保罗·吉认为，自然的语言能力和学校的成功密切相关。为何早期的自然语言能力与后来学校的成功密切相关呢？诸如词汇，尤其是接受性词汇、词汇表，回忆和理解句子与故事的能力以及参与式对话的能力，那些导致语言能力增强的是家庭、社区、学校的语言环境。其中，儿童能与成人、年长儿童进行深入互动、体验认知挑战的谈话对儿童语言的发展尤其重要。吉姆·康明斯关于语言知识分类的核心思想如图 4 - 2 所示。

---

① J. Cummins，*Negotiating Identities：Education for Empowerment in a Diverse Society*，California Association for Bilingual Education，1996，pp. 69 - 70.

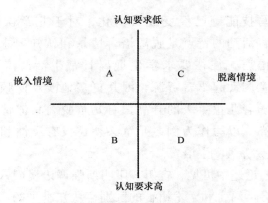

图 4 - 2　不同类型的语言知识及其特点

对于学前儿童学习的语言知识而言，会话语言是学前儿童获得的最主要的语言类型，但是不乏一些书面的符号认读与表达；上面的分析同时也让我们确信会话语言更多地涉及高频词汇、简单语法，通常在情境中、在对话中获得，但是也不反对教师在精心设计的教学情境中直接教授；大部分会话语言对认知发展的要求不高，但是不能否认会对儿童认知的发展提出新的挑战。我国学者祖力亚提·司马义自 2005 年起对乌鲁木齐市中小学开展双语教育的情况进行了实地调研，结果显示："少数民族学生要想获得学业成功，只是简单地掌握汉语对话能力，并不足以应付有相当认知要求的学术的就业环境。"①

3. 不同类型知识的安排与学习支持

不同类型语言知识的特征不同，学习内容的安排和需要的内部与外部的条件也是不同的。根据吉姆·康明斯的语言划分，教育任务安排的理想状态应该是从 A→B→D。认知挑战是学术语言获得的本质，但是内部和外部的语境支持双语儿童在活动中应对这种挑战，如果任务停留在 A，就几乎没有认知挑战，儿童无须超越已知

---

① 祖力亚提·司马义：《文化多元主义理论视角中的新疆双语教育》，《民族教育研究》2009 年第 4 期。

就可以完成任务。B 类的活动有认知挑战，也需要语境的支持，最终促进学术的发展。合作学习是典型的 B 类活动，有同伴的支持、教师的引导、语境的支持、共同参与的富有认知挑战的项目或活动。同伴指导、角色扮演、戏剧表演均可归为此类，阅读和写作在适宜的支持条件下亦可归为此类。儿童无须语境支持即可理解任务 C，对于强化某一语言点或者语言技能有帮助，但是如果教育停留在 C 上，其危险在于仅仅集中在脱离背景训练的单个技能上，这种教育注定会在提供促进学习的某些关键因素上失败，比如，考试、认知挑战、身份确认、目标语言的理解性输入等。如果教育任务过早地从 A 跳到 D，则会失去语言获得的前提条件。

在语言学习之初，语境的支持是非常重要的，语境支持包括内部和外部。内部支持是指学习情境与任务和儿童的先前经验、动机、文化相关，与兴趣相联系，使得任务在某些方面更为熟悉和容易。外部支持是指语言输入是促进还是阻碍儿童对于任务的理解，比如，语言输入的清晰性、语法的难度、语义的简冗都会影响儿童对任务的理解。吉姆·康明斯研究指出，在双语教学情境中需要引起重视的是作为儿童语言学习内部支持的内部背景经常受到忽视。①

对语言能力的研究及其进展为我们提供了学前语言活动内容以及学习不同类型的知识所需要的内外部条件，在学前阶段学习作为第二语言的国家通用语言，其语言知识和语言能力的学习是从 A→B，也就是说，学前阶段的第二语言学习要在丰富的语境支持下才能有效获得，这些都是学前双语课程开发与设计所依据的重要的语言学理论基础。

二　儿童的第一语言对第二语言的影响

在学前双语教育的心理学基础上，我们已经确信双语对于儿童心理和语言的发展是有益的，那么儿童已经初步发展的第一语言对第二语言的学习会产生什么样的影响？这种影响何以发生呢？

---

① J. Cummins, "*Negotiating Identities*：*Education for Empowerment in a Diverse Society*," California Association for Bilingual Education, 1996, p. 67.

（一）儿童的第一语言对第二语言的影响

一般而言，因为我们经常强调的是第二语言的习得，人们便容易忽视"第一语言"实则是一个"恒星"。比亚韦斯托克等人对于第二语言的学习有一个有趣的比喻，如果将第一语言的获得喻为建构新房的话，那么第二语言的学习就是房屋修理，因此，第二语言的学习从来都不是从零开始的，而是以第一语言为基础而不断修建完善的。儿童在第二语言学习的过程中，经验和观念必须熟悉和有意义，在第一语言中获得的一切经验，诸如学术技能、读写能力、形成的概念、学科知识和学习策略等都会迁移到第二语言的学习过程中。儿童在学习第二语言的时候，会借鉴他们在学习第一语言时所形成的适合的背景和经验。① 科利尔相信儿童在第一语言发展过程中所发展的技能形成了他们成功学习第二语言的基础。

具体来讲，这种影响突出表现在第一语言的熟练程度与第二语言的学习成就呈正相关上。克拉申发现，儿童在 5 岁时的第一语言水平和他 10 多岁时第二语言学习的成就大有关系。当儿童没有更多的机会使用第一语言，没有提供丰富的经验基础时，儿童在第二语言学习中将很难获得良好的语言功能，与此同时，也很难继续发展他们的第一语言。尤其是发展到成熟程度的第一语言很可能会对第二语言发展的程序、发展的速度以及最终的精通水平产生影响。② 吉姆·康明斯1979 年提出的相互依赖理论指出："第一语言的发展程度会对第二语言的获得产生相当的影响，当第一语言发展到足以应付缺少上下文背景的课堂学习时，第二语言的获得会变得相对容易。"当第一语言没有得到充分的发展或者试图用第二语言取代第一语言时，第二语言的发展可能会遭受挫折，也就是说，没有第一语言的门槛，第二语言的获得是困难的。近期，有学者对 3 岁左右的双语儿童进行了长期追踪研究，结果表明，后期第二语言浸入式双语教育和在

---

① A. Beverly，Clark First-and Second-Language Acquisition in Early Childhood，［2014 - 12 - 10］http：//www. doc88. com/p - 6741191796836. htm.

② ［美］科林·贝克：《双语与双语教育概论》，翁燕珩等译，中央民族大学出版社 2008 年版，第 113 页。

双语教育中持续发展第一语言不仅不会损害第二语言的词汇发展，而且会加速第二语言词汇的发展。[①]

在幼儿园双语教育中，要充分利用幼儿在 3 岁之前的家庭生活中已经获得的母语学习的知识、经验和能力，也就是说，双语幼儿园的国家通用语言的学习绝不是建立在零基础的从头开始的学习上，儿童在母语学习中所获得的语言学习的知识和经验有助于国家通用语言的学习，在教学中要充分利用已发展起来的母语为国家通用语言的学习奠定基础。

（二）第一语言影响第二语言的机制

第一语言的学习对第二语言的学习产生积极影响的机制是什么？目前，研究从三个方面揭示了这种机制。

1. 两种语言学习过程中的共同要素会促进正迁移的发生

两种不同的语言，虽然词汇、语法差异很大，但是思考的方法、组织的方式却有共同之处，因此，儿童在一种学习中获得了较好的读写能力，就有助于解决在另一种语言获得过程中所遇到的认知困难，读写能力不仅在同一种语言内部迁移，还可以在差异非常大的两种不同的语言中进行迁移，任何语言的阅读能力是以相同的方式获得的。普遍的语言规律意味着儿童在第一语言中能够很好地阅读，那么在第二语言中也有可能很好的阅读。当我们学习一种新的语言时，我们不仅要学习词汇、语法，还要学习概念的组织方式，思考的方法以及学习语言的方法。布卢姆认为，不同语言的学习需要不同的策略，因此，有人期望儿童在不同的情境中使用不同的语言学习策略。当前研究揭示出双语儿童在一种语言中发展起来的语言学习策略可以帮助其解决中介语的干扰。儿童使用自己在母语学习过程中所获得的能力去交流、去获取信息、去解决问题、去思考，而这些都以相似的方式在第二语言学习的过程中加以使用。即使是年幼的儿童，他们在学习第

---

① "Lexical Knowledge Development in the First and Second Languages among Language-Minority Children：The Role of Bilingual versus Monolingual Preschool Education Schwartz，" Mila；Moin，Victor；Leikin，Mark，*International Journal of Bilingual Education and Bilingualism*，V. 15，N. 5，pp. 549 – 571，2012.

二语言时会带着其在第一语言学习过程中所有的关于语言的知识。因为泰柏认为:"第二语言的学习不是一个发现语言是什么(what language is)的过程而是一个发现这种语言是什么的过程(what this language is)。"① 因此,虽然两种语言差异巨大,但是在两种语言学习过程中所存在的共同要素促进了正迁移的发生。

2. 两种语言所拥有的共同认知基础促进了正迁移的发生

"语言是一切智力发展的基础和一切知识的宝库,因为对一切事物的理解都要从它开始,通过它并回复到它那里去。"② 很多有利的证据共同证明了一点,即英语学习者在学习中取得的成就与持续使用其第一语言的教学呈正相关。大部分长期性的研究证明,学生接受多语教育的时间越长,效果就越好。两种语言的学习可以共同促进认知的发展,然后实现语言间的技能迁移。③ 金花子、黄玉花对我国朝鲜族双语教育和儿童认知发展的研究得出三类结论:一是均衡的朝鲜语—汉语双语者的认知明显优于单语者,母语能力强而汉语能力弱的不均衡双语者与单语儿童不存在认知差异。二是汉语能力强而母语弱的不均衡双语者则会给儿童的认知发展带来消极的影响,因为这类学生的汉语能真正达到汉语为母语的同年龄者水平的甚少。三是双语都差的学生的认知发展明显落后于同质的单语者。④ 很多学生发现,在第一语言中发展起来的认知能力和学业能力在第二语言学习里非常重要并会产生积极影响。在诸多的研究中,语言的学习不仅是学习语言,还有通过语言来学习,通过在语言学习中发展起来的认知能力来获得其他语言和领域的知识。

吉姆·康明斯提出的语言能力分层理论为两种语言共同的认知

---

① [美]佩登·泰柏:《一个孩子,两种语言》,吴信凤、沈红玫译,南京师范大学出版社2011年版,第12页。

② [美]佛罗斯特:《西方教育的历史和哲学基础》,吴元训等译,华夏出版社1987年版,第254—268页。

③ 《双语教育的国际发展:关于吉姆·康明斯双语教育理论与实践的圆桌对话》,俞婷译,王鉴校,《当代教育与文化》2014年第3期。

④ 金花子、黄玉花:《朝鲜族双语教育与认知发展》,《中国民族教育》2000年第6期。

基础提供了合理解释（见图4-3）。

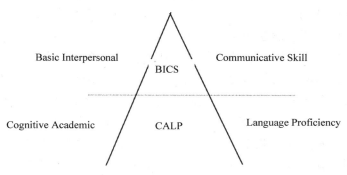

图4-3　康明斯对语言能力的类型划分

　　吉姆·康明斯将儿童的第二语言能力分为两类，更合理地讲应该是分为两层：表层是基本的人际交往能力——会话语言能力（BICS）；底层则是影响表层语言表达的认知语言能力（CALP）。前者指在面对面的人际交往情境下，往往不需要认知努力就能表现出的语言能力，如口头表达的流利程度；而后者指学习者借助语言本身而不是环境和副语言因素，把复杂和抽象的意义以口语或书面形式明晰化地表达出来的能力。这种分层的主要依据有两个：是否需要认知努力；是否有语言外语境的支持。

　　为了更为形象地说明两种语言共同的认知能力，吉姆·康明斯形象地使用了双冰山假设（见图4-4）。

图4-4　康明斯关于双语能力的双冰山假设

从表层的语言能力看，两种语言能力有所不同，但水底下是一个共同的认知语言能力，在共同认知能力中一个概念的含义可使用两种不同的语言表达出来。因此，就可以解释两种语言的学习是相互迁移的，在任何一种语言的学习中发展起来的认知语言能力，对于两种语言的学习均有促进作用。若同时学习两种语言，那么学习者学习第一语言和第二语言之间是有着很强的相关性的。但值得注意的是，相较于两种相近的语言，两种相异的语言之间也存在着某种联系，只是这种联系相对较弱。大量的研究支持了吉姆·康明斯的共同认知能力模型，其中最大、最明确的证据是托马斯和科利尔（Thomas & Collier，1997）的研究报告，报告涉及了40000名学生的学业成绩评价，评价的结果表明，充分利用学生的母语有助于第二语言的学习。① 如果不把母语作为认知工具，那么对于学习过程是有隐患的（DiCamilla，1998）。

3. 两种语言的互动促进了正迁移的发生

儿童获得的两种语言能力不是静止的，而是不断相互作用的，儿童在学习第二语言的过程中，通过联系和比较第一语言与目标语言而不断建构自己的语言知识。② 儿童在学习第二语言中所获得的相关语言知识和认知能力，会反过来促进第一语言的学习，因此，两种或多种语言之间的互动，通过比较两种或多种语言之间的异同，通过在两种语言学习过程中互通有无，有助于提高儿童对语言结构的认识，有助于提高语言意识，有助于发展语言能力。母语的学习和第二语言学习的联系和区别对第二语言的学习起着至关重要的作用。③

---

① J. Cummins, *Negotiating Identities*：*Education for Empowerment in a Diverse Society*, California Association for Bilingual Education，1996，p. 176.

② W. Beverly, Otto, *Language Development in Early Childhood Education*, Paperback-February，2013，p. 65.

③ 邓佑玲：《双语教育与文化认同》，《中央民族大学学报》2000年第1期。

第三节　民族地区学前双语教育模式有效
　　　实施的教育学基础

在学前双语教育的教育学基础上，我们主要解决两个问题：一是在学校的双语教育中关键的影响因素是什么？二是根据这些因素如何教？抑或在学前教育教学经验中总结了哪些有效的经验？

关于影响第二语言学习的关键要素，很多学者进行了研究，有代表性的是：哈默斯（J. Hamers）认为，影响双语发展的主要因素是：学习环境、父母对双语的态度、语言的社会地位、儿童生长的社会文化背景。① 比亚韦斯托克等学者达成的共识是：社会和教育、个人经验、个体的态度、个性、年龄以及动机都会影响双语学习。贝弗利收集了对语言少数民族学生实施的、设计良好的双语教育项目结果，并进行了 3—6 年的纵向研究，发现在所有的影响学业成功的变量中，有三个变量能预测第二语言的学业成功：一是尽可能长时间地利用学生的第一语言来提供学科教学语言；二是使用发现的方法去教和学；三是将双语项目作为礼物（gifted programs）为所有儿童创造一个积极的环境。② 具体到实施双语教育的教育机构内部，第二语言习得的一些重要问题可以归纳为"在什么样的条件下，谁在学习哪种语言，要达到何种程度"。因此，在学校内部，影响第二语言学习的主要因素有三个：谁在学、谁在教、在什么条件下教，这成为我们需要关注的重点。

一　有效影响第二语言学习的学习者特征

第二语言学习者自身的诸多特征会影响第二语言的学习，在这

---

① J. F. Hamers，M. H. A. Blanc，*Bilinguality and Bilingualism*，Cambridge，England：Cambridge University Press，2000.

② A. Clark Beverly，First-and Second-Language Acquisition in Early Childhood，［2014 – 10 – 11］http：//wenku. baidu. com/link？url = 6uRkYmU – Ik6ZQROUIk017vDO628pGHWTiP 4eb5YNRZ5sDGw36cbiaRgP8PQyvKrEbO5Fwg6ezEf6E9dQxNzVZd44kBFFBs3IAwDqsPrW7ue.

诸多特征中，在学前教育阶段，以下特征的影响不可忽视。

（一）年龄

第二语言学习者的特征中年龄是最有影响力的因素。它直接影响着教什么和怎么教的问题。在前面关于心理学基础、语言学基础上我们已经详细论述了学前儿童在学习第二语言时的心理优势，也论述了关于学前儿童学习语言的内容和顺序安排建议，在此不再赘述。总之，年龄越小，第二语言学习就越容易或者越容易成功。对于幼小儿童而言，一种新的语言是捕捉（caught）而不是教，是获得而不是学习，年龄越小，第二语言的学习就越具有第一语言获得的特征。

年龄虽然是一个最有影响力的因素，但我们却不能仅仅考虑年龄的因素，还有更多的因素会影响第二语言的学习，简单论述年龄对第二语言学习的影响是站不住脚的。

（二）认知能力

一般认为，认知能力主要包括智力、学习策略、交际策略和认知方式等。第二语言学习主要集中在语言能力倾向（Language Aptitude）上，主要包括语音解码能力、语法解码能力、归纳学习能力和机械学习能力。语音解码能力主要是指辨别、记忆语音的能力；语法解码能力是指辨别句法结构和语法功能的能力；归纳学习能力是指辨别语言形式和意义之间对应关系的能力；机械学习能力是指对目标语的生词、语言规则等的记忆能力。国外的研究表明，语言学习能力在第二语言学习中具有重要的作用。对于年龄较小的学前儿童而言，他们的认知能力有限，第一语言发展还不完善，所以在学习新语言的时候需要较长的时间来摸索以及应用各种学习技巧，也需要更长时间才能发现母语与第二语言的不同，在学习的过程中需要更长的非语言时期或者沉默期。可以肯定，幼小儿童比年龄较大的儿童需要更长的时间，才能整理出一套策略来突破非语言时期。

（三）学习动机

在第二语言学习的研究中，对态度和动机并没有作出严格的区分。兰伯特的社会心理学理论提出，态度和天赋在成为双语人的过程中被认为是两个重要的、相对独立的影响因素。对于同样一种语言的态度，其重要性或许不仅表现在学习这种语言上，而且表现在保持或保存这种语言以使得该语言免遭磨损上。加德纳等将动机分为融入型动机和工具型动机。前者主要指学习者学习第二语言是为了融入目标语群体或社团，希望自己能像目标语社会中的一员，并能够为该群体或者社团所接纳。后者主要是指为达到某种实用目的而产生的学习动机，希望掌握目标语以后能够给自己带来实惠，比如升学等。大部分研究者认为，融入型动机比工具型动机对第二语言的学习更有促进作用，也更能预测第二语言学习的成功。在后续研究中，加德纳深入课堂情境去探究第二语言的学习动机，认为对学习影响最重要的是自信。第二语言学习动机还可以分为外部动机和内部动机。外部动机指一些来自于学习活动以外的、对学习产生影响的因素，比如学习环境、家长、教师、奖惩等，内部动机源自于学习活动本身，是对学习本身感兴趣而产生的学习动力，主要表现为好奇心、学习兴趣和学习欲望等。虽然内在动机和外在动机都有利于第二语言的学习，但是谁的作用更大一些？在研究中发现，那些对第二语言感兴趣的儿童的学习更积极，坚持更长久，也更容易成功。

幼儿学习第二语言的动机主要来自两个方面：一是对富含第二语言的活动本身感兴趣，因此，活动设计是否适合幼儿的年龄特点和学习方式，是否能够引起幼儿对学习活动的兴趣，积极参与到学习活动中是至关重要的；二是父母对于第二语言的态度，"影响儿童第二语言学习动机的一个重要因素是父母对新语言的态度"。①有些孩子坚决回避母语或者第二语言，在需要说母语的环境中坚持不说，或者在第二语言的学习中沉默期或非语言时期过长，和父母对于两种语言的态度密切相关。调研中很多家长的反映也证实了这种观

---

① R. C. Gaardner, "*Language Attitude and Language Learning*," in E. Bouchard Ryan & H. Giles, *Attiudes towards Language Variation*, 1982, pp. 132 – 147.

点。如果幼儿园或者父母要求在幼儿园和家里说国家通用语言，或者父母刻意不使用母语都会影响幼儿对语言的态度。

因此，家长和教师对语言的态度会影响幼儿对语言的态度，这种影响不仅是明令和要求，而且使儿童体会到了反映在父母行为中的对语言的态度，并认可了这种态度，后者的影响更为深刻。

（四）个性

个性对第二语言的学习肯定有影响，但是究竟哪种个性特征更有助于第二语言的学习呢？一般学者均认为，外向性格更有利于第二语言的学习。"从内向沉默到外向开放善交际是一个连续体的两端，后者更有利于第二语言的学习。"① 原因在于性格外向的学习者能积极参与到语言学习活动中，并能在其中寻求到更多交往和练习的机会，而性格内向的儿童则不太能够参与这些语言活动。所以，外向型的儿童第二语言学习的速度往往相对较快。"儿童能够在自然的社会生活中寻找与别人相互交往的机会，如果给予儿童大量的与拥有更高语言水平的他人积极相互作用的机会，对其语言学习是有促进作用的"。也有研究揭示出外向型的儿童虽然学习速度快，但是语言的熟练程度不高。还有研究发现，外向型性格的儿童适合在自然情境中习得语言，而内向型的儿童在课堂情境中表现更好。② 性格外向的学习者在听说交际能力方面具有一定的优势，而性格内向的学习者在语法学习以及阅读方面的能力更强。

上述研究揭示的是儿童个体在第二语言学习中各自的优势，而对于以整个班级为单位实施双语教育的教育机构而言，多样性的教育方式就显得尤为重要。学前双语教育中设计多样的双语教育的情境、内容、活动方式，采取多样的方法，能有效促进不同风格的儿童在原有的水平上获得发展。

---

① ［美］佩登·泰柏：《一个孩子，两种语言》，吴信凤、沈红玫译，南京师范大学出版社 2011 年版，第 104—113 页。

② A. Clark Beverly, First-and Second-Language Acquisition in Early Childhood, ［2014 - 12 - 12］http://www.doc88.com/p - 6741191796836.htm.

二　有效促进幼儿第二语言学习的教师特征

长期的双语教育实践表明，双语教师的受教育程度、语言能力、教学能力、教学策略、价值观等会深深地影响学生学业的成功与失败。[①] 其中以下三个方面最为重要。

（一）幼儿园教师自身的双语能力

最理想的幼儿园双语教师本身应是双语双文化人，具备良好的双语能力。但现实中同时具备两种优异语言能力者且能够从事学前教育工作者寥寥，因此，第二种方案则应运而生，能够有两位来自不同母语环境或者是教学语言达到了母语水平的老师配合教学，以保证儿童接触的双语都是规范的。典型的配合者当属新加坡的双语幼儿园，"幼儿园每个年龄班都配备一位英语老师，一位华语老师，两位老师分别运用两种语言对儿童施教，并要求说英语的教师无论何时何地都说英语，说华语的教师无论何时何地都要说华语。"[②] 这样可以有效保证幼儿在幼儿园能够接触到标准、纯粹的两种语言。

（二）幼儿园教师的教学灵活性和教学策略

幼儿园教师的教学灵活性和两种语言的教学策略能够支持儿童发展其双语能力，也能够帮助儿童形成交际能力、学术能力以及管理能力。[③] 能够通过多种方式解读幼儿的身体语势和想要表达的需求与信息，能够使用简洁、明了、孩子能够懂的方式传递信息，能够与不同民族的幼儿积极互动。

（三）教师对于两种文化和双语教育的价值观

双语教师是在两种文化背景下教学的，因此，对于两种语言和

---

① A. Buggs Jone, "A Better Chance to Learn: Bilingual Bicultural Education," *United States Commission on Civil Rights*, Clearinghouse Publication, 1975, p. 93.

② 周海伦：《新加坡学前教育机构的双语教育》，《中国教育咨询报》2002 年 4 月 18 日第 7 版。

③ "Exploring Bilingual Pedagogies in Dual Language Preschool Classrooms," Mileidis Gort, Ryan W. Pontier, *Language and Education*, Vol. 27, No. 3, pp. 223 – 245, 2013.

文化的观念也会影响教学效果。以加拿大为例，对双语教师提出了五条规定，都是与此有关的，"教师具备一定的语言文学水平；教师必须了解两种文化，对两种文化持欣赏的态度；教师必须像语言传教士一样热爱双语教育，全身心地投入双语教育。"① 越南在教师招聘方面，严格考核新任教师的双语教学能力以及对民族文化、风俗习惯的掌握程度。因此，教师本身具有多元文化教育的价值观，具备中华民族多元一体的价值观对于从事学前双语教学也是非常重要的。

三 有效促进幼儿第二语言学习的教学特征

（一）语言接触和可理解性输入

语言输入是第二语言教学的关键因素，其中的两个变量尤其关键：语言接触和可理解性输入。

1. 语言接触

语言接触包括来到新语言环境之前的语言经验和来到新语言环境之后接触机会的多少。孩子在来到新语言环境之前如果有使用目标语言的经验，就可以较快地进入学习状况，也有许多孩子不经历沉默期就可以使用第二语言。来到新的语言环境之后，与新的环境接触的时间（数量）和质量对第二语言的学习均有影响。吉姆·康明斯在 1994 年提出："接触目标语言中的质量和数量在第二语言获得过程中非常有价值。来到新的环境中接触语言的时间长短和学习速度之间有重要关系，即使在同一个环境中也有接触时间的差异，有些孩子就喜欢独自玩耍，有些孩子喜欢与说着相同语言的孩子交往，有些则喜欢和说目标语言的孩子交往。"② 埃利斯提出了第二语言获得的总结性框架，认为"情境因素""语言输入"是两个核心要素。情境因素指的是谁在与谁说话、互动的环境，它可以是教室里一种正规的情境，也可以是自然的环境并由此引发的交谈话

---

① 闫露：《加拿大双语教育研究——兼论中国双语教学》，硕士学位论文，华东师范大学，2002 年。

② J. Cummins, *Bilingualism Special Education: Issue in Assessment and Pedagogy*, Clvedon England: Multilingual Matters.

题。语言输入是指用第二语言进行听和读时所接收的第二语言的输入类型。无论语言输入是否可被学习者所理解，让学习者接触更多的、高质量的目标语言是一个不可忽视的重要因素。

2. 可理解性输入

可理解性输入的概念来自克拉申，克拉申认为，接触语言是不够的，必须接触可理解性的语言，就是指学习者听到或者读到可以理解的语言材料，这些材料的难度应该稍高于学习者已经掌握的语言知识，其所表达的思想与维果茨基的最近发展区相一致。克拉申认为，尽管有时候教育者呈现的是"未知"的词汇或结构，学习者能够利用背景、非言语环境或言外语境信息以及他们关于世界的知识去理解"未知"。克拉申进一步指出，可理解性输入是决定第二语言获得成功的核心原因变量，是第二语言获得的关键性因素，在略高于学习者当前水平上使用目标语言是最关键的。克拉申的多项研究一致支持有意义的输入能够发展语言表达能力，甚至认为，提供更多的有意义的输入比增加交流机会更加有助于第二语言的学习。这种可理解性输入不仅表现在会话语言上，而且表现在学术语言的学习中，文化多元的儿童能很快学会基本的口语交流，但是掌握更复杂的语言则需要学术性的学习，更多地依赖学习环境中的可理解性输入。学术语言的学习需要大量的有意义的语言输入，当有满足他们适当需求的特定环境时，儿童就可以获得在学校成功学习所必要的语言和认知技巧。

（二）相互作用与有意义的语言输出

克拉申（1998）在进一步深入研究后指出，有意义的输出对于语言能力贡献的证据是不足的，没有直接的证据证明有意义的输出导致了语言能力的获得。学习者不愿意被强迫着去交流，坚信可理解性输入对于第二语言学习的关键性作用。有学者认为，这种看法未免有点片面，Merrill Swain 于 1985 年就语言输出的理念作出了重要的贡献。Swain 教授在评估加拿大法语浸入式学习结果时发现，儿童在听力和阅读理解方面的成绩与以法语为母语的儿童一样优秀，而在说和写的方面则远远不如母语儿童。这些现象促使 Swain

对克拉申的可理解性输入是唯一重要因素观点提出质疑。① Swain 提出了有意义的输出假设，认为"单纯的语言输入对语言学习是不够的，学习者应该有机会使用语言，语言的输出对语言的习得同样具有积极意义。有意义的输出是所有或者是大多数语言能力的原因"。具体来讲，Swain 认为，有意义的输出至少有三种功能：一是具有引发注意的功能，当学习者要说或者写时，能够注意到自己语言学习的问题；二是具有假设检测的功能，学习者对目标语言不断提出假设，并需要在使用语言时不断对这些假设进行验证和修正，如果学习者不能或者没有尝试去使用语言，他们就很难有机会检验自己对目标语的种种假设，或许试图传递意义的努力失败，并且不得不再次尝试，最终能够使与之交流的对方理解，此时学习者也获得了新的语言形式；三是反省功能，反省自己和他人的语言学习，以促进第二语言的学习。埃利斯在研究中提出了一些支持性看法，有意义的输出可以推动学习者提高第二语言的学习结果，不仅表现在及时性提高上，还可以带来长期而精确性的提高。② 近期的研究揭示出"传统的双语教学项目中使用严格分离的两种语言的教学已经证明不适用了，取而代之的是交流策略，包括匹配和协同的谈话对学前儿童双语能力的发展最为有益"。③

在学前教育阶段，有意义的输出更多地强调在幼儿与同伴、教师和成人朋友的交流过程中获得第二语言。语言学习和其他领域的学习一样，也是利用原有经验的一个过程与结果，从原有经验中学习，使其变得更可理解。儿童通过与同伴的交谈和互动形成自己的想法，他们有机会去探索超越自己个人经验的他人的想法。"这是儿童使用的探索性的语言（他所不知道的语言），他们在查询、猜

---

① 此观点引自 2007 年杨鲁新博士对 Merrill Swain 的专访，［2014 - 10 - 15］http：//www. 360doc. com/content/10/1018/06/22601_ 61902257. shtml。

② R. Ellis, X. He, "The Roles of Modified Input and Output in the Incidental Acquisition of Word Meanings," *Studies in Second language Acquisition*, 1999 (21)：285 - 301.

③ "Exploring Bilingual Pedagogies in Dual Language Preschool Classrooms," Mileidis, Gort, Ryan W. Pontier, *Language and Education*, Vol. 27, No. 3, pp. 223 - 245, 2013.

测、思考、想象，我们时而会通过语言这个窗户看见孩子们的思想。"① 学习者之间使用策略相互激励可以取得与专家引导同样的效果。学习者之间进行的对话与老师与学生间进行的指导性对话同样有效。《国家中长期教育改革和发展规划纲要》强调："幼儿的语言学习具有个别化的特点，教师与幼儿的个别交流、幼儿之间的自由交谈等，对幼儿语言发展具有特殊意义。"②

不可否认，学前儿童最初的语言发展来自直接经验，它是富有个性化的，是与当前经验相联系的，随着儿童语言理解力的增加，儿童能够使用语言符号将具体的实际情景分离开来。为了扩大语言，儿童需要更多的交流机会，儿童从说中学习，儿童需要感受到社会的认可和接纳，才能变成一个有能力的语言使用者，无论是第一语言还是第二语言的学习都需要儿童和周围环境互动才会有结果。在一个鼓励儿童进行有意义的语言互动的教室里，会帮助其学习第二语言。"对于教育者和政策的制定者而言，学生的学业失败不能仅仅被归因于语言流利的缺乏，这固然是学业困难的第二位因素，对成败影响更为关键的是教师如何与学生交流。"③ 如果在学前儿童的教室里无法提供儿童自由互动的环境以及练习第二语言的说话对象，那么儿童第二语言的学习必定会比较迟缓。

（三）班级组织与教学风格之间的最佳搭配

在相对具体地讨论了学习者的个人特征、语言的输入、语言交流与输出等因素的基础上，需要详细而具体地研究针对不同的学习者构成，需要采取不同的教学策略，从而揭示课堂语言最佳输入的构成要素。Wong Fillmore（1982）对美国幼儿园课堂上的第二语言习得进行了比较研究，发现不同的有效输入取决于不同课堂的语言

---

① A. Clark Beverly, First-and Second-Language Acquisition in Early Childhood, ［2014 - 12 - 10］http://www.doc88.com/p - 6741191796836.htm.

② 教育部基础教育司组织编写：《〈幼儿园教育指导纲要（试行）〉解读》，江苏教育出版社2002年版，第119页。

③ J. Cummins, *Negotiating Identities*：*Education for Empowerment in a Diverse Society*, California：Association for Bilingual Education, 1996, p. 77.

成分。在第二语言学习者占大多数的课堂上，教师便会采取更直接的教学形式，而不是采取更开放的、非正规的教学形式。相反，既有第二语言学习者又有当地人的班级，开放式的教学形式而不是控制性的教学形式可能会生成最佳的学习环境。这些可以解释在第二语言学习者占多数的班里，由教师控制的输入是最有效的输入这一看法。在这种班里，如果采用开放式的教学形式，学生往往会用他们的第一语言进行交谈，从而失去第二语言实践的机会。而在第二语言学习者和当地语言者混合的课堂上，更为开放的教学形式是最佳的学习环境，其中，学习者既可以接受教师的输入，又可以接受当地语言者的输入。Wong Fillmore（1982）由此表明了同龄人组成的不同班级与教学风格之间的相互作用在第二语言输入中的重要性。我国学者周欣对新疆学前双语教育进行了田野调查，结果显示，幼儿园的双语教育要根据幼儿编班的不同和教师两种语言掌握的不同或者两种语言教师配合的不同而采取不同的教育教学模式。①

中外双语教育的研究与实践均表明，学前双语教育是一个因地制宜、因人制宜、个性化的过程，在深刻认识影响学前双语教育的诸多因素之后，要能够根据当时、当地的教育构成要素，选择最适宜的搭配形式。

（四）相互尊重的人际关系

Polin 和 Weeres 对美国 1000 多所学校和幼儿园的调查结果表明，教师、儿童和管理者一致认为"人际关系是学校的灵魂"。儿童与教师的相互作用以及儿童之间的相互作用对儿童的成功比认识其他的教学方法更重要、更核心。无论是在城市还是在农村，强有力的师生关系的建立会超越经济和社会的不利因素。儿童在与教师相互作用的过程中形成了对自我的确认，他们会更倾向于努力参与教学活动和学术活动，学习的结果又会促使其进一步努力。正如儿童所说："我们学得越多，就会越想学习，就会准备对学习付出更

---

①　周欣：《新疆学前双语教育模式及教育方法之探讨》，《新疆教育学院学报》2011 年第 4 期。

多的努力。"相反，如果儿童的语言、文化和经验在教室里受到忽视，甚至被排除在教室之外，就会给儿童带来消极影响。因此，教师和儿童的相互作用，教师以一种什么样的态度对待儿童，儿童的语言、文化，不仅会影响儿童的学习，而且会影响儿童对自己身份的认知，影响儿童的个性。① "教师的态度和行为对学生的学习会产生意想不到的结果。"② 教师应在孩子进入教室之前和在此过程中对所有的孩子一视同仁，不预设任何的立场。

教室里的相互作用绝对不是中性的，教师和儿童的相互作用对学业成绩具有最大的决定性。这种相互作用通过两个方面可以观察到：一个是教与学的关系，这可以通过教师使用的用于促进阅读发展、内容知识、认知发展的策略和方法观察得到。另一个是通过协商确定身份（Negotiating Identities），通过信息的传递以让学生确定自己的身份，他们在老师的眼中很重要，他们能够成为想成为的人。③

上述研究所揭示的影响学习者第二语言学习的因素在学前教育阶段仍然是适用的，同时我们还要注意学前教育阶段儿童特殊的年龄以及与之相伴随的特殊的年龄特点和学习特点。

上述理论基础对民族地区学前双语教育模式的有效实施有如下启示。

1. 关于双语的心理学研究告诉我们，儿童双语的学习对于儿童认知发展、语言发展、心理发展以及社会性的发展均会带来积极的影响；从心理学的研究视角看，何时引入第二语言的学习效果更佳呢？研究揭示，越早引入第二语言的学习，越有可能达到母语般的水平；年幼者学习第二语言的速度在学习初期并不具优势，但是在半年或者一年之后，速度优势就可显现。这均为我国民族地区幼儿园双语教学模式的有效实施提供了科学证据。

---

① J. Cummins, *Negotiating Identities：Education for Empowerment in a Diverse Society*, California：Association for Bilingual Education, 1996, pp. 1 – 2.

② Ibid. , p. 21.

③ Ibid.

2. 双语语言学的研究揭示了双语能力不是两种语言能力的简单相加，而是一种整合的能力。首先，母语的发展水平会对第二语言的学习产生影响，吉姆·康明斯的门槛理论和双冰山理论均揭示了母语学习中已经获得的语言能力和认知能力会对第二语言的学习产生积极影响。在学前阶段的国家通用语言学习中，应该充分利用幼儿在家庭中习得的母语学习的经验和能力。其次，第二语言的学习不是一朝一夕之功，要达到足以应付课堂教学的条件，需要持续的第二语言学习。最后，在学前教育阶段主要是会话能力的发展，会话能力的发展需要丰富的语境支持，如何处理两种语言的关系？如何为幼儿会话语言能力的提高而提供适宜的环境？这类问题的解决为幼儿园双语教学模式的有效实施提供了科学依据。

3. 双语的教育学研究揭示了在学校和课堂上影响第二语言学习的一些关键因素，儿童的个性特点、可理解的输入、积极互动的输出、动机、相互尊重的人际关系以及课堂的风格是已达成共识的、决定课堂上第二语言学习效果的主要因素。这些研究成果为幼儿园设计双语教学的内容、环境和途径提供了科学依据。

第五章 藏族地区学前双语教育
模式实施的现状调查

根据我国实施学前双语教学的社会文化现实基础、国家政策的发展以及国内外学前双语教学的理论研究与实践经验，我们提出了学前双语教学要从母语出发，逐渐过渡为以国家通用语言为主的发展模式。这种模式为小学实施以汉语为主的双语教学奠定了基础，为少数民族儿童走出牧区、获得更广阔的发展空间奠定了基础，为民族语言和文化的继承与发展奠定了基础，为国家各民族交往、交流、交融奠定了最初的语言基础。那么，当前民族地区学前双语教学实施的现状如何？存在哪些亟待解决的问题？影响学前双语教育实施的最主要因素是什么？带着这些问题，笔者走进学前双语教学正在实施的实践场域，采用质和量相结合的方法来展开探究，并以本书所依据的输入—输出双语教学模型作为资料的分析框架，从四个维度对学前双语教学现状进行呈现与分析。

第一节 藏族地区学前双语教育模式实施的
环境变量研究

一 夏河县双语教学的发展历史与现状
（一）夏河县中小学双语教学的发展历史

双语现象是随着民族之间的接触与交往而出现的，不同民族的个体因交往的需要而逐渐学会了两种或多种语言，这种现象古已有之，但在此过程中受益者较少。个体交往的需要成为最主要的学习动力，依据胡德海先生对教育的分类，① 可视之为自在的双语教育。而国家以学校为依托，有计划、有系统地实施的双语教育，可视之为自为的双语教育，是国家为促进少数民族地区儿童发展而实施的一项特殊政策与行动。夏河县双语教育始于 1927 年。

夏河县 1927 年 11 月开办了学制为 4 年的拉卜楞藏民初级小学，开设的课程有藏文、国文、算数、劳作、军训。其他课程的教学使用藏语并同时开设了国文课程，形成了最初的"藏加汉"双语教学模式。1938 年，筹建了夏河师范的前身——拉卜楞实用职业学校。该职业学校于 1946 年改为省立夏河师范学校，其主要目的是"培养藏区的国民教育师资，沟通藏汉文化教学"。它所开设的课程除了师范专业科目之外，还开设了国文和藏文。② 夏河师范当年招收学生 4 个班，共 188 人，1957 年，在校学生达 252 人。为当地教育事业的发展培养了大批的双语人才，尤其是为当地基础教育实施双语教学培养了大量师资。粗具规模的以藏语为主的双语教育模式在"文化大革命"期间遭受了巨大的破坏，禁止开设民族语言课的错误决策，使得夏河县的双语教学处于停滞阶段。"文化大革命"结束后，中央在思想路线、政治路线、组织路线上的拨乱反正带来了民族教育的大发展，夏河县的双语教学也取得了前所未有的进展。其特点有以下三个方面。一是建立了从小学到高中的双语教学体系。1980 年底，根据中央提出的以"民族语文为主、公办学校为主、寄宿学校为主"的"三为主"方式调整不适应民族地区特点的学校，积极筹建寄宿制学校。同年，甘南州州委、州政府出台了《关于积极稳妥发展民族教育的决定》，确定了两个方针"以双语教学为主，以寄宿制学校为主"的办学政策。此后，夏河县农牧区小学陆续开设了藏文课，开始实施藏汉双语教学模式。1982年，夏河县建成了第一所藏族完全中学，实施以藏语为主的双语教

① 胡德海：《教育学原理》，甘肃教育出版社 1998 年版，第 203 页。

② 甘肃省夏河县志编纂委员会：《夏河县志》，甘肃文化出版社 1999 年版，第 786 页。

学，标志着从小学到中学藏汉双语教学体系的建立。二是形成了符合实际的"两个为主"的双语教育模式。甘南州州委、州政府于1980年提出了《甘南藏族自治州关于恢复和开设藏文课的试行意见》，要求"凡是有藏族学生的学校都要把藏文作为一门主课来开设"。1982年，又颁布了《甘南藏族自治州藏族中小学试行工作条例》，以法律条文的形式确定了甘南藏族地区藏汉双语教学的目标、要求和措施，使当地藏族中小学藏汉双语教育实践逐步克服了盲目性和随意性，朝着规范化、科学化的方向发展。在因地制宜、科学发展的民族教育思想的指导下，结合当地语言环境的实际情况，在20世纪八九十年代，夏河县形成了"两个为主"的双语教学模式：在汉语文基础比较好的北片农区实行以汉语为主的双语教学模式；在藏语基础比较好的南片牧区实施以藏语为主的双语教学模式。三是学前双语教育的开启与缓慢发展。1977年，夏河县第一小学（藏民小学）附设了学前班（红幼班），红幼班的开办开启了夏河县正规的学前教育。1982年，夏河县开办了拉卜楞幼儿园，"红幼班"被合并到拉卜楞幼儿园，隶属于县文教局，确立了学前教育独立办学的开端。幼儿园开办当年，有教职员工6名，招收幼儿30名。幼儿园人数不断扩大（见表5-1）。

表5-1　　　夏河县拉卜楞幼儿园在园幼儿逐年发展记录

年度	1982	1983	1984	1985	1986	1987	1988	1989
幼儿数（名）	30	63	93	103	107	147	210	203

注：这组数据来自于夏河县妇幼保健院对幼儿进行体检的记录，与幼儿园实际在园幼儿人数或许有出入，但是不影响对整体发展趋势的判断。

资料来源：甘肃省夏河县志编纂委员会：《夏河县志》，甘肃文化出版社1999年版，第786页。

2009年春季，科才乡中心幼儿园的成立拉开了乡镇办园的序幕，标志着乡镇学前教育的发展。当时，夏河县有三所幼儿园，其中拉卜楞幼儿园属教育部门主办，科才乡中心幼儿园属乡镇办园，新星艺术幼儿园属民办园。全县在园幼儿 523 名。就幼儿园教育模式而言，县城的两所幼儿园均为普通类，科才乡中心幼儿园实施以藏语为主的双语教学。乡镇中心小学附设学前班 15 个，在校幼儿 360 名。小学附设学前班的教学模式和其所附属小学的双语教学模式一致。2009 年，全县 0—6 岁幼儿有 7988 名，3—6 岁幼儿有 4370 名，三年入园率仅为 11.96%。①

（二）夏河县双语教学发展现状与挑战

历经 80 多年的曲折发展，明确确立"两个为主"的双语教学模式也已 30 多年，夏河县的双语教育取得了很大的成就，但也暴露出一些问题，可谓成绩与挑战并存，需实施继承与改革并举的措施。

1. 夏河县双语教学发展现状

县城所在地拉卜楞镇，属藏族与其他民族的混居地区，藏族人口比例是 57.6%。很多藏族居民能够使用藏汉两种语言进行交流，其教育的发展形成了两个系统（如图 5-1 所示）。

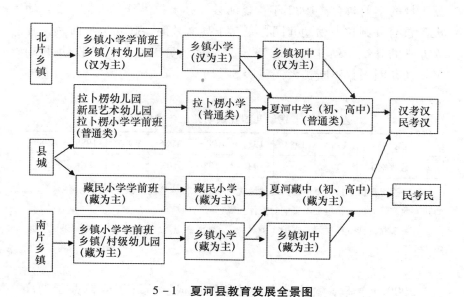

5-1 夏河县教育发展全景图

---

① 夏河县学前教育三年行动计划。

一个是由拉卜楞幼儿园、拉卜楞小学学前班、新星艺术幼儿园→拉卜楞小学→夏河中学组成的普通教育系统，此系统中的藏族学生均有较好的汉语基础，实行藏汉合班，学校使用的教材和教学语言均为汉语，藏族学生往往选择"民考汉"。另一个是由藏民小学学前班→藏民小学→夏河藏中组成的以藏语为主的双语教学系统，该系统中的学生均为藏族，学校实施以藏语为主的双语教学模式，汉语文仅作为一门课程开设，在高考时可选择"民考汉"亦可选择"民考民"。各乡镇中小学最终与县城的两个教育系统合并，进一步巩固了两个系统的封闭性。由王格尔唐镇、曲奥乡、达麦乡、唐尕昂乡、麻当乡构成的北片乡镇，汉族、回族人口比例相对较高，部分村落是藏族和其他民族混居，在藏族居民的家庭生活中有的使用汉语，有的使用藏语；在社会生活中，汉语成为主要的交流语言。因此，这些乡镇的中小学均实施以汉语为主的双语教学模式，学生在小升初以及初升高的时候，多进入夏河中学。由阿木去乎镇、桑科乡、甘加乡、扎油乡、博拉乡、吉仓乡、科才乡、牙利吉办事处等构成的南片乡镇，藏族人口高达 90% 以上。居民在家庭生活、社会生活中多使用藏语，这些乡镇的学前班和幼儿园、小学、初中均实施以藏语为主的双语教学模式，学生在升学时大多进入夏河藏中。在小学以及初中阶段实施以汉语为主的双语教学模式和普通类教学模式学校的学生基本进入夏河中学，实施以藏语为主的双语教学模式的南片各乡镇中小学的学生进入夏河藏中，实施两种教学模式的学校形成了从学前、小学到中学的两套相对独立的双语教学体系。

2. 夏河县双语教育体系面临的挑战

由于多年来实施学校双语教学，当地的语言环境已经悄然发生了巨变，高等学校的招生也经历了改革的洗礼，还有近期民族地区双语教育政策内涵也发生了微调，两条相对独立的双语教学体系暴露出一些问题，面临着一些挑战，具体来讲有以下三个方面。

（1）相对独立的两条双语教育体系的封闭性凸显，不利于两个民族学生的交往、交流、交融。两条双语教育体系在相对独立发展的过程中，其封闭性凸显，缺乏开放性、兼容性和适应性，已经给藏族学生的升学、就业和未来发展带来了障碍。两条相对封闭的教育体系也不利于藏汉学生之间的交往、交流、交融，不利于创造藏汉共居、共学、共事、共乐的社会条件，不利于我国多元一体社会格局的发展。要在传承藏语言和文化的基础上，为藏族儿童寻求更多的发展机会，为藏族文化的创新与发展创造更高的平台，为藏族和汉族的交往、交流、交融奠定更好的语言和文化基础，改革势在必行。

（2）在以藏语为主的双语教学模式的学校中学生数量庞大，给藏族学生的进一步发展带来障碍。以 2014 年为例，夏河县 37 所中小学中有 35 所实施双语教学，其中实施以藏语为主的学校居多，以藏语为主的学校中学生数量巨大（如表 5 - 2 所示）。

表 5 - 2　　　　　　　**夏河县不同教学模式学生的分布**　　　　　（名；%）

教学模式＼学段	小学	初中	高中	合计
普通类	733（10.2）	524（20.9）	633（35.0）	1890（16.4）
以汉语为主的双语教育模式	679（9.4）	92（3.7）		771（6.7）
以藏语为主的双语教育模式	5796（80.4）	1892（75.4）	1174（65.0）	8862（76.9）
合计	7208	2508	1807	11523

从表 5 - 2 可见，在各学段中，选择以藏语为主的教学模式的学生所占比例居高不下，在小学、初中和高中阶段分别占了该学段学生总数的 80.4%、75.4% 和 65.0%。以藏语为主的双语教育模式中学生数量庞大带来了很多现实问题。首先是师资问题。在以藏语为主的教学模式中从教，既要拥有学科专业知识，又要有相当高水平的藏语能力，而在现行的一些教师培养体系中，严重缺乏培养二者兼备人才的大学或者专业。因此，夏河县的藏中严重缺乏藏生物、藏地理、藏音乐、藏美术、藏化学、藏体育等专业教师，南片各中小学严重缺乏藏音乐、藏体育、藏美术等学科的专业教师。专业教师的缺乏，严重影响了教育质量。其次是学生的升学和就业问

题。吃尽十年寒窗苦，渴望一朝榜有名，以藏语为主的双语教学模式的学生数量庞大，尽管在高考选择的时候可以选择"民考民"，也可以选择"民考汉"，但是"民考民"的高校在甘肃招生的名额不增反降，降低了"民考民"学子进一步求学、发展的机会。从2011—2013年的数据来看，这三年"民考民"的学生分别是129人、187人、232人，甘肃省招生计划则分别为637人、593人、669人，"民考民"的升学人数和比例分别是129人（100%）、81人（43.3%）、101人（43.5%）。如果选择"民考汉"，问题也是显而易见的，从小学到高中一直是在以藏语为主的模式中学习的学生与普通类的学生同等竞争，劣势不证自明。再次是固守的双语教学模式不适应已经改变的语言环境。实施两种双语教学模式30多年来，当前的语言环境已经发生了深刻的变化，这种变化不仅发生在藏汉混居的拉卜楞镇和北片各乡镇，在家庭生活和社会交往中多使用藏语的南片各乡镇的语言环境也发生了变化，国家通用语言在社会交往中的使用已不鲜见。最后是固守的双语教学模式与国家的双语教育政策不相适宜。《国家中长期教育改革和发展规划纲要(2010—2020年)》明确提出要"大力推进双语教学。全面开设汉语文课程，推广国家通用语言文字，尊重和保障少数民族使用本民族语言接受教育的权利"。全面推广国家通用语言并不是排斥少数民族成员学习本民族语言，而是在获得母语以外学习一种使用范围更广的国家通用语言文字。语言生态环境的改变和国家全面开设汉语文课程，推广国家通用语言文字的政策引导与当前以藏语为主要教学语言的双语教学模式不相适应。应促进民族教育地区开始反思当前双语教育发展所存在的问题，积极应对挑战，科学发展双语教学。

（3）学前教育跨越式大发展，乡镇幼儿园如何实施学前双语教育亟待研究。2010年国家加大了学前教育的发展力度，提出了普及学前教育的发展目标，并出台了一系列政策推动学前教育的发展，并要求各省、市、自治区出台政策文件，推动当地学前教育大发展。国务院出台了《关于当前发展学前教育的若干意见》，提出各省、市、自治区均要出台学前教育发展的三年行动计划。2011

年甘肃省政府先后出台了《关于加快学前教育改革与发展的意见》和《甘肃省学前教育五年发展规划》，提出按照"广覆盖、保基本"的原则，坚持政府主导的办园体制，加强基础能力建设，扩大学前双语教育规模，推进学前教育的快速发展。夏河县制定了《夏河县学前教育三年行动计划（2011—2013）》和《夏河县学前教育发展规划（2010—2015）》，明确了发展目标，规划了行动方案。中央到地方各级政府颁布的发展学前教育的政策，为夏河县学前教育的跨越式发展提供了政策保证和积极支持，也为夏河县学前教育指明了发展方向——公办为主、双语教育为主。

在出台政策支持民族地区发展学前教育的同时，甘肃省教育厅积极倡导以研究推进少数民族地区学前教育的发展。2010 年 11 月，甘肃省教育厅民教处牵头，在甘南藏族自治州和临夏回族自治州开始实施"探索政府主导的民族地区办园体制"的研究性与发展性并举的项目。夏河县是研究性项目实施的试点县，政策与项目合力推动，学前教育获得了前所未有的大发展①（如表 5 - 3、表 5 - 4 所示）。

表 5 - 3　　　　**夏河县学前教育机构的发展（1977—2014）**

年份 \ 类型	学前班 公办	幼儿园			
		县城		乡镇中心	村级
		公办	民办	公办	公办
1977	1				
1982		1			
2010	9	1	1	1	
2013	24	1	1	2	9
2014	26	1	1	4	9

表 5 - 3 的数据显示了夏河县幼儿园和学前班数从 1977 年到

---

① 2010 年出台《夏河县学前教育发展规划（2010—2015）》，2011 年出台《夏河县学前教育三年行动计划（2011—2013）》。

2014 年部分年份的发展情况。数据显示，2010 年是学前教育发展的跨越年，学前教育获得了前所未有的大发展。

表 5 - 4　　夏河县学前师资与幼儿的发展变化（1977—2014）

年份	学前班						幼儿园					
	班级数（个）	教师数（名）			幼儿数（名）		园数（所）	教师数（名）			幼儿数（名）	
		教师总数	专任教师	民办教师	幼儿总数	民族幼儿		教师总数	专任教师	民办教师	幼儿总数	民族幼儿
1977	1				25							
1982							1	6			30	
1989											203	
2010	9				340		3				498	
2014	24	161	92	5	820	798	13	68	58	10	904	798

表 5 - 4 数据显示了夏河县的幼儿园、学前班在园幼儿人数和教师数的发展情况。综合两表的数据，无论是学前班和幼儿园的数量还是在园幼儿人数和教师人数，2010 年都是一个分水岭，2010年有学前班 9 个，幼儿园 3 所，在园幼儿 838 名。时至 2014 年，有学前班 24 个，幼儿园 13 所，在园幼儿 1724 名。在短短四年时间里，实现了学前教育跨越式的发展。

另外，从表 5 - 3 中可见，新增幼儿园和新增园位多为乡镇村级幼儿园，这又带来了新问题。多年以来，幼儿园多存在于县城以上地区，在民族地区的县城及以上地区，其语言环境、幼儿的语言水平、幼儿园的课程设置与新建的乡镇和村级幼儿园有着巨大的差异，学前双语教育仅仅指明了牧区乡镇幼儿园发展的大方向，并没有解决如何做的问题，模式具有很强的通用性，影响双语教学效果的主要原因并不在于双语教学模式本身，而在于支撑双语教学模式的内在和外在条件是否充分具备。①

———————

① 万明钢：《论我国少数民族双语教育——从政策法规体系建构到教育教学模式变革》，《教育研究》2012 年第 8 期。

解决上述问题，需要从打破相对封闭的两种双语教学模式入手，逐渐从以藏语为主的模式向以汉语为主或者民汉并进的模式过渡，而设计这条双语教学模式系统的起点在学前阶段。学前阶段要顺利实施从母语出发，逐渐过渡为以国家通用语言为主的有效实施模式，能够从起点上为小学和中学逐渐加大国家通用语言的使用比例，为两种语言的学习奠定基础，能够逐渐打破两条封闭的双语教育体系，为民汉兼通人才的培养奠定最初的基础。

二 夏河县社区语言环境的变化

语言环境是指说某种语言的人数及其在当地人口中的比例。夏河县各乡镇人口及其比例如表 5 - 5 所示。

表 5 - 5　　　　　夏河县各乡镇人口及比例（2014）　　　（人；%）

乡镇名称	乡镇总人口	藏族人口及比例	汉族人口及比例	其他民族人口及比例
拉卜楞镇	18291	10536（57.6）	4529（24.8）	3230（17.6）
王格尔唐镇	3888	2217（57.0）	862（22.2）	809（20.8）
曲奥乡	2832	1959（69.2）	498（17.6）	375（13.2）
麻当乡	5625	3890（69.2）	1637（29.1）	98（1.7）
达麦乡	3924	1749（44.6）	1833（46.7）	342（8.7）
唐尕昂乡	2882	2334（81.0）	510（17.7）	38（1.3）
阿木去乎镇	6935	6394（92.2）	119（1.7）	430（6.2）
桑科乡	8021	7939（99.0）	66（0.8）	16（0.1）
甘加乡	8040	7892（98.2）	138（1.7）	10（0.1）
扎油乡	3991	3798（95.1）	186（4.7）	7（0.2）
博拉乡	6606	6285（95.1）	194（3.0）	127（2.0）
吉仓乡	4705	4615（98.1）	84（1.8）	6（0.1）
科才乡	3651	3599（98.6）	44（1.2）	8（0.2）
亚利吉办事处	6322	6271（99.2）	32（0.5）	11（0.3）
合计	85713	69478（81.1）	10732（12.5）	5507（6.4）

资料来源：夏河县人口委 2014 年人口统计数据。

从表5-5中显示的2014年夏河县各乡镇人口及比例中可见，阿木去乎、甘加、桑科、科才等乡镇的藏族人口比例均达到了90%，且科才乡是距离县城最远的乡镇，因此，本书选择以科才乡作为个案考察语言环境的变化。

（一）走进科才乡，初识两种语言的变化

第一次来科才乡是跟随教育局检查营养餐的工作人员，他们为这次调研提供了极大的便利。首先，认识了各个乡镇中小学、幼儿园的主要负责人，为进入现场打开了方便之门；其次，对各学前班和幼儿园进行初步的考察，确定重点调研的小学和幼儿园。第一次科才乡之行可称为匆匆一瞥。确定了要在科才乡进行重点观察之后，2014年9月20日，背着装着简单物品的双肩包，步行来到夏河藏中门口，找到了前往科才乡的班车，当时的时间是中午1:30。班车两点钟才发车，我坐在车上看着上车下车、你来我往的人们，虽然乘车的人有一半没有穿藏服，但脸上的高原红、身上的奶茶香、时刻不离手的念珠，还有那我听不懂的藏语，让我深深感受到了藏乡气息，心中真的是一半惊喜一半愁。喜的是终于开启了新一轮的调研之路，愁的是听不懂藏语。记得在送我们来夏河的路上，导师开玩笑地说应该让我们坐着班车，闻着酥油茶的味道才能更快地进入现场。我第二次来科才乡就有了这样的感觉。班车在乡村公路上颠簸了3个小时，才到达了科才乡。科才乡位于夏河县的西南部，辖有赞布宁、其莫尔、科才三个行政村，共有548户，3651人，其中藏族3599人，占98.6%，汉族和其他民族52人，占1.4%。科才乡在各乡镇中是距离县城最远的乡镇，距离夏河县178公里，东南与碌曲县交界，西南接青海省河南蒙古族自治县境，北连青海省的泽库县域，北邻桑科乡。"山高沟深，谷宽滩平"是百度地图上对科才乡地理特点的描述，"群众文化水平低，教育、医疗条件落后"是县委、县政府报告对科才乡的定位。

（二）走进街道，探究语言环境及其变化

从幼儿园出发，沿着幼儿园门口的便道向南走，只需要两分钟就能走到乡镇的主街道，主街道和便道形成了一个丁字路口。主街道的两边主要有三类门面：第一类是乡镇府、藏医院、信用社等机构或单位大门；第二类是转经道的一部分；第三类就是各种商铺。仅就商铺而言，粗略计算了一下，大概有40多家，通信设备店、衣服店、玩具店、蔬菜店、杂货店、超市、饭馆等日常生活所需应有尽有。所有商铺都以吃为主，从麻辣烫、酿皮店到饭店共有23家。蔬菜店、水果店和饭馆是在调研期间光顾最多的地方，其中只有一个饭馆的老板和服务员完全听不懂汉语，但是为我提供了汉语的菜单，用手指轻轻一点就可以解决沟通的问题。我尝试着进入各种各样的店铺以买东西为由来交流沟通，经常与老师们结伴而行，如果我先开口，汉语是我们交流的主要语言；如果结伴老师先开口，藏语无疑就会成为大家的选择。其中可见两点：一是完全听不懂汉语的藏族店铺老板已经非常少了，有不少还能流利地使用汉语交流；二是藏语是交流中的第一语言，也是最自然的选择。街道是该乡镇不同类型的人群交往交流的主要场所，体现着乡镇的多样文化，体现着文化发展的趋势与方向。虽然在街道上最主要的交流语言仍然是藏语，但是，国家通用语言已经有着很大的使用范围，街道所在的语言环境已经悄悄发生着变化。

（三）街道语言变化的原因分析

街道语言的变化主要源于人口的流动、学校双语教育的实施和媒体影响。

1. 人口的流动影响了语言环境的变化

科才乡流动的人口主要有三类：第一类是年轻的本地人的流动。科才乡是夏河县实施的第一个牧民定居点建设的乡镇，也是人口最为集中的乡镇，这里最常见的家庭模式是年迈的祖父母带领着儿童居住在乡镇定居点，年轻的父母在牧场经营着牛羊。虽然大部分年轻父母仍然在牧场劳作，但还是会有一部分年轻人走出乡镇，他们回来的时候带来了外面的信息、不同的生活方式，最重要的是使用两种语言所带来的生活便利、出门随意和出路的宽广，这些都深刻影响着周围人对双语学习的态度。第二类就是商铺的经营者。近 50 家商铺的经营者有藏族人也有其他民族的人，有本地人也有外来户。从小生活在这里的孕藏吉说："在 10 年前，科才的商铺几乎都是当地人开的，但是近几年来，外地人开的商铺越来越多了。"尤其是使用着汉语的外来人口在改变街道语言结构的同时，对当地人的语言和语言态度产生了影响。第三类是挖虫草的群体。在每年四五月，大约有 50 天的时间是挖虫草最好的季节，大量的外乡人会涌进科才乡，有藏族人也有其他民族人，街道在这个时候会分外热闹，尤其会使饭馆生意兴隆，这个奔赴牧场的群体，给平静的牧场带来了喧闹，也带来了不同的语言。这类群体在乡镇的逗留是短暂的，但是他们带来的影响并不会因他们的离开而消失殆尽。

2. 学校双语教育的实施影响了语言环境

科才乡中心小学实施的是以藏语为主的双语教学，尽管每个班 40 多名学生到小学毕业时，仅有七八名学生能够达到流利地听说汉语的程度，尽管从小升初的成绩看，科才小学的藏语成绩经常在全县名列前茅，汉语文的成绩常常垫底，但是实施多年的双语教学对现实生活的影响还是巨大的。曾经接受双语教学的小学生已然长大，大部分仍旧生活在山高沟深的草原上，在生活中仍旧使用着藏语，但是我们清楚，不使用汉语和压根儿不会汉语是两回事，一个小例子就能生动地说明这个问题。我约好一个家长在信用社门前见面，由于没有找到信用社的大门，我去问有过几面之缘的超市老板娘，一个正在结账的十三四岁的小喇嘛主动跟我用汉语说："我知道，我带你去。"

问：你的汉语说得很好呀，怎么说得这么好呢？
答：我是上过学的，小学毕业了才到寺庙当阿克的。
问：你是自愿还是家里让你当阿克呢？
答：我自己想当的。
问：为什么呢？
答：一个是如果要去牧区放牧的话太辛苦了，再一个不当阿克就要结婚生孩子，把孩子养大也挺辛苦的。

问：你们平时在寺庙里是用藏语说话还是用汉语说话？

答：看情况吧，大多时候是藏语，但是玩的时候还有看电视时也经常使用汉语，很多人都会说汉语呢。

人们逐渐认识到了国家通用语言在自己日常生活和子女前途方面的影响。在多次和街道上各种类型的人聊天之后，他们对语言有两个突出的认识：一是对于孩子学习汉语的期望要高于考大学的期望。"大学考不上问题不太大，学好汉语的话，出门就不吃亏了，不然你听不懂人家说的是啥，就容易吃亏的。就是将来做个买卖，汉语也是必须要学的。"可见，考大学仅仅是人生中的一条路，而语言则是诸多条路的必备条件。二是从其他外出归来或者探亲的年轻人身上看到了孩子们学习汉语所带来的变化，从而深受启发。"念书多的娃娃就是做个生意什么的，眼界和见识都不一样，有些东西在藏语里是学不到的。"家长们均已朴素地意识到国家通用语言的学习对儿童个人发展和生存的重大影响，学校实施多年的双语教学，对当地生活和语言环境的影响已经非常深刻了。

3. 媒体影响了语言环境

家家有电视、部分家里还有联网电脑、联网手机等现代的、与外界随时保持信息联系的工具。这些媒体和工具的使用改变了语言环境。以最普遍的电视为例，虽然电视机能够接收到的频道有藏语频道，但是大量的还是汉语频道，尤其是能够接收到中央电视台和甘肃电视台的少儿频道，儿童喜欢的动画片对于儿童和成人语言的学习与发展作用非凡。在与家长和教师的访谈中，她们多次提到动画片"光头强"，就是指当前热播的动画片"熊出没"，足以说明媒体对儿童语言学习的影响。另外，大量的电脑游戏很少有藏语版本，为了能够满足玩的需要，听懂汉语也成为青少年必备的一种能力。

三 夏河县幼儿家庭语言环境

走进牧民家庭来研究家庭的语言环境和家长对于子女的语言发展期望不是一件简单的事情，其主要的困难是语言不通。于是我采取三种方式走进家庭：一是通过家长，选择懂得或者略懂汉语的家长，尝试走进她们的家庭；二是通过老师，园长还有一个由妻弟代为照管的牧场、LMJ 老师未来的婆家在当地、有个别老师的家就在当地，这些都是走进家庭的可行途径；三是通过幼儿走进其家庭，但是，这就需要幼儿园老师的陪同了。无论走进哪一类家庭，除了懂汉语的同行者或家长和我有简短的汉语对话外，藏语是家庭中最主要的交流语言，我获知信息的渠道主要是懂汉语的家长或老师的翻译。家长们朴素的话语包含着对掌握两种语言的深深渴望。

（一）深厚的民族情感——保持母语，母语是藏族人的灵魂

1. 个体认同的需要——不会藏语就不能称其为藏族人

问及"孩子必须学会藏语"这一问题时，无论是藏族人还是其他民族人的回答，用现下比较流行的一句话说就是"必需的"。

中班幼儿仁青草的妈妈：藏话不会说是不成的，（学不会）那麻烦着呢，藏话是我们的母语，不会说了就不是藏族人了。

大班幼儿家长尕藏吉：藏语是我们的母语，走到什么地方都不能够忘记的，不说（的话）就不知道自己是谁了？

小班幼儿加洋成来的妈妈是当地小学的老师，从口语和书面两个方面强调藏语的学习：藏语是一定要学的，不学是不成的。平时说的是藏语，在幼儿园里也要教藏语，如果不教了，上了小学以后再开始的话可难得很呢。

超市老板娘是一位从青海来的藏族人，嫁给了当地还俗的一位阿克，在街道上开着当地最大的一家超市：藏话不学是不可能的，生下来听的、学的都是藏话，平时说的也是藏话，娃娃们都说得好的很。藏话不学就不是藏族人了呗。

SK 幼儿园的园长是一位标准的藏族汉子，他的孩子由爷爷奶奶抚养着，说的是纯正的藏语，孩子 3 岁的时候被送到了普通类幼儿园，在中班第二学期的时候就能够达到良好的听说水平，但是他还打算在上小学的时候，把孩子送到老家九甲小学去上学，其目的就是要习得纯正的藏语，用他自己的话来说"那必须要学好呢，不学是不成的。"

家长，不管从事何种工作，无论是普通牧民还是有固定工作，对于藏语——藏族人的母语都抱有深厚的情感、明确的认识，藏语是藏族的灵魂，是藏族人内心的渴望，是必须要学会的，而且也是孩子们自然而然学会的，是一个最自然、最省力的过程。母语的学习也是发展儿童自我同一性，形成个体认同，解决"我是谁"的最重要的途径之一。从心理学上讲，儿童自我意识的发展首先解决的是个人认同。

2. 民族认同的需要——不会藏语就会带来民族认同的障碍

学不学藏语虽然可以理解为是藏族人个人的选择，可是，这种选择绝对不是一个人的事，而是一个民族共同的事，这个共同的事用心理学的术语讲就是民族认同。"民族成员在民族互动和民族交往过程中基于对自己民族身份的反观和思考而形成的对自民族和他民族的态度、信念、归属感和行为卷入及其对民族文化、民族语言和民族历史等的认同。"[1] 趋同是民族认同的实质，交往就成为形成民族认同的机制，共同的语言就成为交往的条件。

仁青草的妈妈讲了第二个不能不学藏语的理由："人家是笑话呢。"紧接着还夸张地模仿别人可能笑话的样子："哎呀，那个妈妈是把娃娃拉扯着不会说藏语，那是个不会拉扯娃娃的，母语都忘记了。"所以，她要把娃娃拉扯得像其他藏族孩子一样，首先要能够用母语来说话。

LBL 幼儿园小班幼儿家长旦知介布是一位藏汉翻译工作者，他述说自己几个不会说藏语的藏族朋友，有着深深的民族认同的苦

---

① 万明钢、王亚鹏：《藏族大学生的民族认同》，《心理学报》2004 年第 1 期。

恼。当和藏族人在一起时不会说藏语总是显得格格不入，和其他民族的人在一起，也感觉不是一起的，因为别人总觉得你是藏族人。因此，他坚定地认为，藏语一定要让藏族孩子在小的时候就学会，这是民族认同必备的条件。

说着流利汉语的尕藏吉：会说藏语作为本民族的一个最重要的象征，如果不会说藏语则成为当地人的一个笑柄。我们在兰州上学的时候，只要碰到藏族人，说的就是藏话，不说藏语就会觉得非常奇怪，就会觉得不亲。

民族认同就是指构成民族的成员对本民族的起源、历史、文化、宗教、习俗的接纳、认可、赞成和支持，并由此产生的一种独特的民族依附感、归属感和忠诚感。[①] 家长用自己朴素的语言表达着民族认同。

KC 乡小学的 DH 书记，这位在牧区工作生活了 9 年的回族老师，他的认识更为深刻：民族地方必须要有民族语言，但是不同的人掌握的程度可以不同，大部分人能够听说，能够进行日常交流，有一部分人必须达到一定的文化程度，这样，民族的语言和文化才能够得到继承和发展。

（二）飞得更高走得更远的翅膀——对国家通用语言的渴望

在学习藏语的同时或者在母语学习的基础上学习国家通用语言是不同类型家庭共同的愿望。

1. 国家通用语言的学习为远走高飞的梦想插上翅膀

KC 幼儿园中班幼儿仁青草的妈妈如约来到了幼儿园，这是一位接近中年才生了女儿的母亲，或许是与我年纪相仿的原因，在简

---

① 王希恩：《民族认同发生论》，《内蒙古社会科学》1995 年第 5 期。

单询问了我的目的之后，便打开了话匣子，而且一开口就告诉了我在很多人眼里极为隐私的信息——年龄与婚姻。

我是一个单亲妈妈，我是36岁生的仁青草，我现在40岁。孩子的父亲在她6个月的时候，就与我离婚离开了家，现在我和我妈妈一起抚养着4岁的女儿。我就守着仁青草一个孩子，不生了，把这个娃娃好好抚养长大，让她能走多远就走多远。

笔者：能走多远就走多远？

答：我想的就是藏语第一个呗，然后汉语，还要学英语，她如果像你们一样读个硕士、博士我都能供得起，外面留学也行呢。我的娃娃要和有爸爸的娃娃一模一样呗，走到外面去。

笔者：仁青草在幼儿园里怎么样？

答：好着呢，早上送，下午就接，方便得很。上了幼儿园以后不吃零食了，胆子大了，不像以前就爱哇哇地哭，回来还经常给我们唱个汉歌。说着就模仿着孩子唱了起来"我的好妈妈，下班回到家"，娃娃一唱我就高兴得很。

笔者：仁青草的普通话学得怎么样？

答：在幼儿园汉话说得好着呢，一般生活上的都能听懂，还有就是"光头强"（熊出没）、电视上的少儿频道都能听得懂，还有就是我也买一些说着汉话的玩具，玩着就会了。我妈妈经常说，这个娃这么小的年龄，汉话说得好得很，厉害得很。

笔者：汉语学得早对藏语的学习有没有影响？

答：没有影响，就是有影响也不怕，家里再给教一下就好呗，我们这里天天说的是藏话，怎么着就都学会了。

2. 走出牧区去上学，改变学习通用语言的环境

很多家长意识到了环境对语言学习的影响，在不能改变目前所居住环境的情况下，送孩子走出去上学就成为很多有条件家长的选择。

仁青草的妈妈：我的娃娃上小学的时候，我想的是到城里去上，我已经在城里买了一套小房子，等到仁青草幼儿园毕业就要到城里去上藏小。

笔者：代价挺大的呢，为什么做这样的打算？

答：娃娃在这里的幼儿园说藏语还是多呗，到了城里的话周围的朋友也说的是汉语呗，很快就学会汉语，汉语不学是不成的。

KC 幼儿园园长的大女儿在镇中心小学，小女儿在幼儿园，对目前的语言环境表现出了一些无奈。送孩子出去也是他的愿望。

KC 幼儿园园长：小的不会说汉话，个别能听懂呢，大的能听懂呢，就是不说，家里有的时候要求说的时候，害羞得很，因为没有这个环境，长大了需要说的时候自然就学会了。我也有这个打算，小学毕业了就到合作学校上学。矛盾着呢，去那边（合作学校）上学是好，就是爸爸妈妈不能总在跟前，奶奶不太好管，合作学校的汉语环境比夏河还要好一点。

中午出去吃饭的时候，在幼儿园门口碰到一个带着 2 岁左右孩子的妈妈主动和我搭话。寒暄之后，还是转到了孩子的语言学习上。

笔者：您的孩子学的是汉语还是藏语？

答：我是在农牧局工作的，这里的话，家里说的是藏语，出门说的是藏语，娃娃就学的是藏语呗。我想如果能够调到下面（夏河县）就好了，娃娃就能有个好的语言学习环境。

笔者：您说的语言学习环境指的是什么呢？

答：就是学汉话的环境呗，我们都说藏话，娃娃们的藏语是不成问题的，就是汉话，在这里学得不好呗，我是从小学开始学的，说得不好，不标准呗，娃娃是要学得早些呢。

笔者：学汉话很重要吗？

答：那重要得很，为啥（重要）我也说不清，就是要先学藏话，再学汉话，希望是汉话学得好。

送孩子出去读书虽然已成为一种教育时尚，但显然不是共性的选择，只是个别有条件家庭优越的选择，更多家长还是希望能够办好当地的教育，使更多幼儿、家庭以及社区能够受益，这是我们变革教育的本质追求。

3. 切实的愿望——改变幼儿园的双语教育环境和模式

DH书记是KC乡中心小学的书记兼语文老师：幼儿园里缺乏学习汉语的环境，有些老师是能够说两种语言的，由于民族情感深厚不太愿意说汉语，再者平时就习惯性地说藏语，这是无可非议的，但是在上课的时候不太愿意主动教孩子们汉语，这就是一个问题。另外，其本质是幼儿园对汉语的学习不够重视，因为不少老师认为，过早学习了汉语，孩子的藏语就会被替代，实际上，在走出幼儿园后的日常生活中藏语使用得比较多，在幼儿园里要创造一个学习的环境。孩子们是在玩中学，我们幼儿园的老师很多不是专业的，这些老师也不会唱、不会跳、不会玩，只会上课，上课的话主要就是使用语言，汉语多了孩子们听不懂，就会不感兴趣；藏语多了，汉语就学不会了，但是如果在游戏和活动中，玩着说着，不知不觉就学会了汉语，现在的问题是老师们不会，孩子们也就不会了。

尕藏吉：现在还是用藏语上课的多了一些，应该多给孩子们教一些绘画、游戏啥的，老师应该更多地采用游戏的方式让幼儿学习藏语和汉语，我在家里的时候也会模仿动画片里的一些情节让孩子们模仿、比赛呀。

仁青草的妈妈：幼儿园里多让娃娃们学一些，我的娃娃的汉语和藏语都学得好，是因为我有的时候会对娃娃说上几句简单的（汉语），还有就是我给她买的汉语儿童的玩具，玩具中的儿歌一经响起的时候，仁青草就会跟着唱，跟着学。大多数的家长们都不会呗，幼儿园里要多给教一点呢。

综合起来，对于当地幼儿园改革家长的期望有三个方面：第一就是学好汉语，为幼儿学习汉语创造一个更好的环境；第二就是用更适合幼儿的方式来教和学；第三就是除了语言之外，要学习更多的内容、涉及更多的领域。家长的期望正是当前我国幼儿园教育改革的期望。

四 夏河县幼儿园内部语言环境

（一）藏汉两种文字资料的极度缺乏与忽视

情景一：2014 年 10 月 10 日，AMQH 幼儿园中午入园时间，今天教室里只有一位老师，老师在教室门口附近忙着接待幼儿，无暇顾及已经进入教室的幼儿。一位幼儿从自己的兜里拿出一张撕掉一角的广告彩页，6 名幼儿围在一起热烈地用藏语讨论，我的"倾听"（之所以打了引号，是因为我听不懂他们所说，只能感受他们对文字符号的热情和表达的兴趣）没有打断他们热烈的讨论，足以见得孩子们对于文字、符号、图片等信息的兴趣与渴望（见图 5 -2）。

图 5 -2 幼儿对文字符号信息的兴趣

情景二：KC 幼儿园是夏河县开办最早的牧区双语幼儿园，书籍等文字材料的匮乏也是它的特征之一。9 月 20 日的一大清早，这是我第二次来 KC 幼儿园的第二天，老师们还没有起床，幼儿园里非常安静。大灶的师傅久西草从外面打开幼儿园的大门，与她一同进来的还有一名大班的幼儿。久西草解释说，她到幼儿园的时候，孩子们已经在那等着了，孩子们独立走进了大班教室。我有点好奇地走进了教室，那位名叫斗格加的孩子独自坐在自己的座位上，手里拿着一块黑黝黝的小磁铁。想到宿舍还有洗好的苹果，我回去拿了两个来到教室里，伸手递给斗格加，他毫不客气地拿着吃了起来，吃完之后在书包里拿出了三本作业本和一本扫盲教材。三本作业本都已经卷成卷，我试了试很难捋平了，作业本上是半页半页的藏文、数字和拼音。

图 5 - 3 幼儿书包里的成人阅读材料

斗格加打开了扫盲教材，一页一页地翻着，每翻到有图片的地方都会指着图片给我讲。他是用藏语讲的，我一点也听不懂，看到他急切地给我讲的样子，我用点头、微笑和大拇指来回应他，我也曾动了回去拿相机把这一场景拍下来的念头，但因担心会打断这美好的讲述而放弃了。整整一本书，在这个天还没大亮的早晨，斗格加用20多分钟给我讲完了，虽然听不懂，但还是能够听到他流利的表达，感受到他对文字信息的敏感与渴望。图5-3就是斗格加给我讲述的扫盲教材。扫盲教材是针对成年人编写的藏汉双语教材，从内容和形式上并不适合学前阶段的儿童学习，但是在幼儿园极度缺乏学习资料的情况下，扫盲教材中的图片也成为很多幼儿的一种学习选择。

儿童在早期通过接触图画书，获得一定的前阅读和前读写学习经验，能够逐步熟悉汉语和藏语的书面语言，为未来进入中小学正式学习两种语言文字奠定基础；同时通过对书面语言的学习，也能够帮助儿童尽快适应在正式学习阶段其他功课中所使用的以汉语为学业语言的文本，帮助藏族幼儿扫清由语言带来的对其他学科学习的不利影响；更为重要的是，阅读本身也是儿童获取知识的渠道，从小接触书面文字材料、养成阅读的习惯、发展阅读的技能能够为儿童未来的认知发展和知识积累产生直接的正面影响。国际上的研究也证实，在早期提供图画书等阅读资源，对双语儿童的未来读写发展有巨大的帮助，其长期效果和对儿童未来整体学业发展的帮助，优于简单地提供口头语言学习机会。[①]"培养幼儿对常见简单符号标记和文字符号的兴趣""引发幼儿对书籍、阅读和书写的兴趣""引导幼儿接触优秀文学作品"正是《幼儿园教育指导纲要（试行）》要求的培养幼儿语言能力的内容，也是学前双语教学应该捕捉的机会。那么，在实际的学前双语教学中的情况如何呢？笔者对夏河县所有幼儿园、学前班的图书等阅读资料进行了详尽的调查，结果如表5-6所示。

---

① 陈思：《新疆维吾尔族学前儿童汉语早期阅读干预的有效性研究》，博士学位论文，华东师范大学，2014年。

表 5 – 6　　　　　　　　　幼儿园语言阅读材料调查

题项	选项	完全不符合	不太符合	不确定	比较符合	完全符合
1. 教室里有供幼儿阅读的藏语图书与资料	频率	82	8	0	0	0
	百分比（%）	91.1	8.9	0	0	0
2. 教室里有供幼儿阅读的汉语图书与资料	频率	12	4	1	14	14
	百分比（%）	26.7	8.9	2.2	31.1	31.1

从表 5 – 6 可知，对于教室里有供幼儿阅读的藏文、汉文阅读资料的调查，比较符合和完全符合二者的比例之和分别是 0 和 62.2%。

进一步以城镇和乡镇村为两个维度，对拥有汉族图书资料的情况进行了差异检验，结果如表 5 – 7 所示。

表 5 – 7　　　　　　　　幼儿阅读的汉语图书与资料的地区差异

题项		教室里有供幼儿阅读的汉语的图书与资料					合计	卡方值	显著性水平
选项		完全符合	不太符合	不确定	比较符合	完全符合			
地区	城镇	6	4	2	10	22	44	9.697 *	0.046
	乡镇村	18	4	0	18	6	46		
合计		24	8	2	28	28	90		

说明：* 表示 $p < 0.05$，差异显著。

经综合调查和观察，发现幼儿园阅读材料的使用总体上呈现出以下四个特点：一是从书籍所使用的语言看，所有书籍都是通用语言，几乎没有藏语的相关书籍，幼儿园无论城市还是乡镇均缺少藏语的图书与材料。不言而喻，使用国家通用语言出版的书籍肯定远远多于藏语书籍材料，但并不是说没有藏语言或者双语的适宜书籍，根据笔者对夏河县各书店和文化传播公司的调查，适合于幼儿阅读的藏汉双语和藏语书籍不下百种，幼儿园里很少提供藏语材料，这反映出幼儿园对幼儿母语学习以听、说、写为重点，忽视幼儿早期阅读能力培养的特点。二是城乡幼儿园拥有的汉语图书和材料具有显著的差异，城市幼儿园基本上均具有一定数量的汉语图书，而乡村幼儿园则很少有图书。三是从开放与封存来看，仅有两所幼儿园在开放的书架上摆放着可供幼儿阅读的一些读物（图5-4），拥有图书不多的幼儿园的书籍整齐地码放在书柜中，让幼儿触摸不及（图5-4）。四是从幼儿对于现有的阅读材料的使用来看，两个月的幼儿园田野考察，没有一次早期阅读活动的组织和实施，也没有在其他任何时间引导幼儿阅读图书，也未见一次幼儿主动阅读书架上的材料，书架以及书架上的材料被束之高阁（见图5-5、图5-7）。文字材料的缺少、码放整齐的书捆和束之高阁的书架与孩子们热切地对语言材料的渴望不相协调。

图5-4 图书近在咫尺都很少使用

图5-5 码放整齐从未使用过的图书

图5-6 垃圾堆里的完好书架

图5-7 书架被高高放置，成为摆设

（二）只有汉语文老师在课堂上说汉语的幼儿园语言环境

儿童的语言是在个体与环境的相互作用中，尤其是在与人们的语言交流中获得和发展的。① 语言能力是在运用的过程中发展起来的，发展幼儿语言的关键是创设一个能使他们想说、敢说、喜欢说、有机会说并得到积极应答的环境。② 我们接着考察幼儿园里的对话环境。首先，教师之间主要使用藏语交流。在南片幼儿园，小学教师主要的交流语言是藏语，即使是在实施普通教育的 LBL 幼儿园，藏族老师在日常的交流中仍然使用藏语。对这种氛围，我在重点考察的四所幼儿园蹲点的时候有着深切的体验。在备课、交流、吃饭的各个场景里，教师们使用的语言都是藏语，有时候由于我的在场，个别老师偶尔也会提议使用汉语，但是几句话之后，他们不自觉地仍然会使用藏语。其次，幼儿之间的交流使用藏语。幼儿之间的交流，无论是 SYA 的混龄、KC 的小中大班、SK 的学前班、AMQH 的大班，孩子们在日常交往中使用的语言都是藏语。再次，师幼之间只有在汉语文课上使用汉语进行交流。教师和幼儿在平时交流中只有在汉语文课和个别的环节上使用汉语，这些个别环节主要是早操的儿歌和口令，上课过程中组织教学的常规口令，其他时间的交流基本上使用藏语，老师与幼儿最主要的汉语交流场景就是汉语言课堂。因此，从口语交流的环境上看，只在语言课堂上使用汉语，不能有效达到孩子们学习两种语言的目标。最后，汉语言课的时间有限。以 KC 幼儿园为例，一周小班汉语言课只有 1 次，中大班各 3 次，每次活动 30 分钟，这些有限的时间远远不能满足幼儿学习第二语言的需求。

五　夏河县幼儿园双语教学与社区、家庭之间的联系

无论哪个教育阶段、哪个地区和民族，家庭和学校之间的交流

---

① 周兢：《幼儿园语言教育活动设计与组织》，人民教育出版社 1996 年版，第 2 页。

② 教育部基础教育司组织编写：《〈幼儿园教育指导纲要（试行）〉解读》，江苏教育出版社 2002 年版，第 32 页。

和联合是教育取得成效的重要影响因素，布朗芬布伦纳称之为中间环境。

（一）家庭和幼儿园之间的联系比较薄弱

调查显示，幼儿园和家庭之间的联系在牧区幼儿园显得比较薄弱。家长和幼儿园教师之间的联系主要集中在两个主题上：一个是接送幼儿（如图5-8、图5-9所示）。

图5-8　观看：家园联系的　　图5-9　门外等候：家庭与幼儿
　　　　　主要方式　　　　　　　　　　　　园两个世界

图5-8是KC幼儿园早上送幼儿来园的情境，与城市幼儿园不同的是，教师没有在幼儿园门口或教室门口接待幼儿，家长将幼儿送至幼儿园门口或直接送到教室门口。没有急事的家长等到孩子做完早操才回去，看着幼儿做早操成为很多家长的一种享受，也是了解幼儿园教育的一个窗口。图5-9是SK幼儿园接孩子的情境，高墙和大门将幼儿家长阻隔在幼儿园之外，门外等候显示了幼儿园和家庭是两个世界。白云生处有人家，草原深处有人家，大山深处有人家，这是教育局局长对夏河县居民居住特点的概括，位于乡镇定居点的幼儿园能方便地满足定居点农牧民的需求，而定居点以外的家长送幼儿入园则路途遥远，困难重重。

另一个是作业。很多家长要求幼儿园给孩子们布置作业，通过检查孩子的作业、查看教师的批改来了解孩子的学习情况。下面的两个小片段是这种交流的真切反映。

情景一：深秋晚上的9点，天已经黑透了，在我们要插门的时候，却响起了敲门声，打开门一看是一位大班幼儿的爷爷来找同宿舍的 LMJ 老师，说孙子要做作业了，发现没有听清楚老师布置的作业，爷爷居然骑着摩托车深夜来问作业。

图 5 - 10　妈妈要求老师给孩子布置作业

情景二：小班幼儿洋金卓玛的妈妈要求老师给孩子布置一点作业，老师一再解释说，小班的孩子不需要做作业，妈妈坚持要让老师写一点东西，一再解释说自己不认得字，自己不会教，如果老师不给她写，她不知道让孩子做什么。图 5 - 10 中小班老师应家长的一再要求，在幼儿的作业本上写着作业。

在普通地区常见的家长会、家园联系卡、家长开放日等多种形式整合家庭教育资源的做法，在牧区的幼儿园里不见踪影。JGT 幼儿园的 ZN 老师想开个家长会的想法三年未曾实施，其原因是语言，她不会藏语，家长听不懂汉语。"家庭是幼儿园重要的合作伙伴，争取家长的理解、支持和主动参与，并积极支持、帮助家长提高教育能力"是《幼儿园教育指导纲要（试行）》对幼儿园教育组织和实施的要求，这些要求在所调查的幼儿园里严重缺失。

（二）幼儿园和社区之间的联系比较脆弱

社区对乡镇办园有着积极的支持，夏河县第一所乡镇幼儿园的开办就来自社区的大力支持。2008 年，KC 乡政府要率先解决养老和幼儿教育问题，所以产生了修建 KC 幼儿园的动议，资金基本来自乡镇府管辖的公共牧场的收入，幼儿园开办之后的运转资金实行的是 1 + 1 + 1 模式，就是中心小学、牧场、家长每天各出资一元，用于幼儿园的运转。幼儿园在这样的运作模式下艰难地生存与发展着。时至 2014 年，教育局开始给予幼儿园专门的经费支持，社区牧场准备收回每天 1 元钱的支持，但可以给幼儿园添置设备——多层床，这样可以将原来寝室腾出来当教室，将原来的大班额的班级分成两个班，以提高教育质量。我在积极给幼儿园联系设备的过程中，脑子里不断回放的是瑞吉欧学校的设立，它们也是在家长、社区共同的努力下建造发展起来的，成为享誉世界的幼儿教育机构。我们地处偏远、贫穷地方的民族乡也积极打造着自己富有特色的双语幼儿园。那么其他的乡镇或村级幼儿园的情况如何呢？在调查中发现，社区支持幼儿园发展的情况仅 KC 幼儿园一例，其他乡镇没有公共牧场，很少能够得到物质或者其他资源的支持。

（三）幼儿园和小学之间的联系有待加强

"幼儿园教育要与小学教育相互衔接"，这是新《幼儿园教育指导纲要》提出的要求，也是实践的需求。幼儿园和小学有着千丝万缕的联系，尤其是在夏河县更为突出。首先从管理和教育经费拨付上，除了拉卜楞幼儿园独立之外，各乡镇、村级幼儿园都由当地的中心小学统一管理；其次从双语教育的模式上与当地的小学保持一致，在南片地区均实施以藏语为主的学前双语教育模式；最后幼儿园在课程设置、活动组织等方面具有独立性。

对夏河县双语教育环境进行纵向和横向的分析之后，可得出以下结论。

1. 无论是纯牧区还是民汉混居地区，语言环境已经发生了很大的变化，已经从纯粹的藏语环境转变成或者正在转变成双语环境。

2. 学前双语教学和小学双语教学存在不能顺利衔接的问题，需要从整体上设计和调整基础教育阶段的双语教学模式。

3. 牧区家长和幼儿园教师均认为，牧区幼儿园缺乏有效学习国家通用语言的环境和机会，在混居区缺乏幼儿学习母语可选择的机会和环境。

4. 家长普遍重视两种语言的学习，牧区尤其重视国家通用语言的学习，在农区和混居区的家长则担忧幼儿母语的学习。

5. 幼儿园教育和家庭、社区之间的联系比较薄弱，有待加强与改善。

第二节　民族地区学前双语教育模式实施的输入变量研究

一　民族地区学前双语教师研究

教师是一切教育系统中的关键因素，自然在双语教育中也不例外。一个双语教育系统不仅需要一定数量的训练有素的老师，而且要求他们中的一部分人能以另一种语言教学。[①] 因此，对于双语教育系统中的教师我们要从数量、专业性、语言能力等多个方面来考察。

（一）学前双语教师数量不足

夏河县从 2011 年开始，通过小学教师转岗和事业单位招考等方式扩大幼儿教师数量，2011—2013 年分别新增幼儿教师 17 人、16 人、6 人，全县幼儿园教师达到 68 人，其中专任教师 58 人，小学附设学前班、幼儿班教师总数达到 93 人，其中专任教师 34 人，幼儿教师总数为 161 人，其中专任教师总数 92 人。教师总数是逐年增加的，但逐年增加的教师数量并不能够满足幼儿教育发展的需要，据预测，2014 年全县幼儿教师缺编人数高达 122 人。[②]

[①] ［加］M. F. 麦凯、［西］M. 西格恩：《双语教育概论》，严正、柳秀峰译，光明日报出版社 1989 年版，第 140 页。

[②] 夏河县教育局《学前教育发展监测》和 2013 年《关于夏河县学前教育发展现状的调研报告》。

另外，师幼比是学前教育考量教师数量是否合适的重要标准，根据教师总数和专任教师总数可以得到 2013 年两个师幼比（见表 5－8）。

表 5－8　　　　　　　　2013 年夏河县学前教育师幼比

总体教师师幼比		专任教师总体师幼比	
1:10.7		1:18.7	
幼儿园师幼比	附设学前班师幼比	幼儿园师幼比	附设学前班师幼比
1:13.2	1:8.8	1:15.6	1:24

从表 5－8 的数据可见，与国家要求的合理的师幼比 1:7 相对照，总体的师幼比相对比较合理，但是，在这貌似相对合理的数字背后，有着严重的不合理，这种不合理尤其反映在小学附设学前班上。以 BL 中心小学学前班为例，学前班的教师安排、课程安排的形式与小学其他年级一般无二，共开设汉语文、藏语文、数学科学、艺术音乐、画画、体育六门课程，每门课安排不同的老师，除了班主任老师之外，其他老师都是上课来、下课走，如此才带来了附设学前班的师幼比为 1:8.8，而专任老师的师幼比则达到 1:24，是最需要迫切改善的师幼比，其实质是迫切需要改善学前班的教育方式。

（二）学前教育教师的专业比例低

以 2013 年教育局对学前教育教师的统计数据可知，幼教专业毕业的幼儿教师（含中专、大专、本科）29 人，占专任教师总数的 31.5%。其中，独立的幼儿园专业教师比例达到了 38.2%，而小学附设的学前班和幼儿班的专业教师比率仅为专任教师的 8.8%，总体教师的 3.2%。中小学转岗幼儿教师 27 人，占专任教师总数的 29.3%。获得幼儿教师资格证书的教师 23 人，占专任教师总数的 25.0%。从幼教专业学习经历、专任教师比例、获得幼儿教师资格证的比例来讲，都是非常低的（具体见表 5－9 所示）。

表5－9　　　　夏河县幼儿园教师与幼儿人数及分布（2013）　　　（人）

学前教育机构	幼儿人数				教师数（占教师总数的%）		
	总人数	大班	中班	小班	总数	专任教师数	学前专业教师数
独立幼儿园	904	434	265	205	68	58（85.3）	26（38.2）
附设学前班	820	268	28	76	93	34（36.6）	3（8.8）
合计	1724	702	293	281	161	92（57.1）	29（31.5）

资料来源：夏河县教育局教育股。

学前教育由于其教育对象特殊的发展阶段和学习特点，其课程设置、活动组织以及教育过程都具有区别于其他学段的独特性，与中小学采取的学科教学不同。在学前教育阶段实施综合性教学，要求幼儿教师对每一个学科领域都有一定的基础知识背景；要求幼儿教师掌握幼儿发展和幼儿教育的专业性知识；还要具备环境创设、游戏设计、教育教学活动组织等专业能力。职前学前师资的培养，无论中专、大专还是本科，虽然程度有差异，但都会围绕上述三个方面培养幼儿教师的专业能力。大部分幼儿教师专业教育背景缺失，低的专业化水平严重影响了学前班和幼儿园的教育质量。

（三）专任幼儿教师的稳定性差

非学前教育专业的教师如果经过相对长时间的摸索和探索，并非不能胜任学前阶段的教育教学工作，问题是附设在小学的学前班和幼儿园教师的安排往往具有以下两个特征：一个是滚动型；二是照顾型。前者是指教师的安排往往是从学前班开始带到六年级，然后再来一个轮回；后者是指一些需要特殊照顾的教师带学前班，其理由是学前班课程内容简单，不参加学校考核，所以成为一些需要特殊照顾的教师的好去处。

JGT幼儿园的ZN老师：我们的教师是轮转的，我今年担任三年级的班主任，教学前班的汉语文，明年就要担任学前班的班主任，教一年级的汉语文。

ZX学前班的藏数学老师：我以前都是带高年级数学的，很有经验，去年因为生病了，所以领导照顾我教学前班的数学，这个数学简单，把小学一年级的一部分拿下来给孩子们教一教，还是挺轻松的。

BL 小学学前班的班主任：我是藏语文的老师，去年休产假，这个学期才来上班，我的孩子小，领导照顾我带学前班，学前班不用备课，也不纳入考核，所以轻松一些。

带 JJ 小学学前班的实习老师：我来实习本来是教小学一年级藏语文课的，后来学前班的藏语文没有老师，我就到学前班实习了。非常庆幸，非常开心，因为在其他年级实习基本上是听课，上不了几节课的，在学前班我能够天天上课，我还能自己确定上课的内容。

所以，尽管表 5 - 9 显示的学前班和幼儿班的专任老师每年数量没有大的变化，但教师每年都发生着变化。等到新一届幼儿班、学前班的时候，自然有其他老师来带学前班，显示出学前班教师的不稳定性。每年的轮换教师更倾向于将学前班和小学各年级相同对待。

（四）幼儿教师的专业能力需要加强

与幼儿全面发展要求相匹配，幼儿教师的专业能力主要包括教师的专业信念、教师的专业知识技能和幼儿教师的实践能力三个方面。

1. 幼儿教师教学信念普遍不足

幼儿教师的态度、信念、信心反映了幼儿教师对幼儿园工作意义的认识，能有效预测幼儿教师工作的积极性、主动性、探究性。JGL 老师毕业于武威市的职业技术学院学前教育班，对学前教育的热爱和信念，让她在支教的时候脱颖而出，至今还有老师不断提起她。在对这位老师的访谈中，我感受最深的是她坚定的专业信念。

这里（牧区）没有城市的物质环境和学习机会，家长几乎不会汉语，孩子们的学习更多依靠幼儿园，这里是最需要教师的，我不断告诉自己，我是最优秀的，我要尽自己最大的能力把孩子们教好，我觉得我有一种同情心和责任心，很多孩子的爸爸妈妈都在牧场，我就在生活上多照顾，情感上多交流。所以，如果非要让我总结的话，就是每天都坚持，坚持学、坚持教、坚持检查、坚持想办法、坚持和孩子们一起。

然而，与 JGL 老师交谈在访谈中却仅此一例，与她的表现不同的是，专业信念的缺乏是笔者感受到的更普遍的现象，在调查中听到的更多的话语是"幼儿园就随便教一教""没有教材"或"教材不好用""难教得很""有些娃娃笨得很"，反映出教师教学信念、信心的不足。

2. 幼儿园教师的语言能力较强

访谈了牧区幼儿园的 18 位教师以及曾经在牧区支教过的四位老师（具体情况见表 5 - 10）。

表 5 - 10 　　　　　　　幼儿教师的语言能力访谈结果

牧区幼儿园教师	藏族 16 人	在 16 位教师中，有两位教师在民汉混居区长大，几乎是同时获得汉语和藏语的，两种语言水平相当。有 13 位教师是从小学习藏语，后来在上学过程中学会了汉语，藏语和汉语的听、说、读、写达到了流利使用的水平，其中藏语的使用水平要高于汉语；还有 1 位教师从小学习汉语，但家庭中的爷爷奶奶使用藏语，到牧区工作以后学习藏语，藏语听力好于表达，不能随意表达
	汉族两人	在两位汉族教师中，一位是通过招考来到夏河的外地人，在牧区从教三年，藏语既听不懂也说不了。另一位是夏河本地人，没有藏语学习的经历，初中毕业后在外地上学五年，藏语是在牧区从教以后开始学习的，能够简单地听与说，听的能力略好于说
曾经或正在支教的教师	藏族两人	一位能够听、说、读、写藏语和汉语。另一位能够听、说藏语，但是不能阅读与书写
	汉族两人	一位是在夏河县长大的汉族人，藏语的听、说、读、写均不会。另一位有着 1/4 藏族血统，能够听懂，不会表达和使用

从表 5 – 10 可以看出，第一，大部分幼儿教师具备两种语言的能力，尤其是藏族老师不仅具备使用藏语的能力，还具备流利地使用国家通用语言进行交流的能力。第二，每一位老师都具备流利地使用某一种语言的能力。第三，纯粹的汉语教学在某种条件下是可行的，但是在牧区自身大班额、以集体教学为主的情况下，不具有一定的听、说藏语的能力，将对教学效果带来很大的影响。一些汉语老师也正在积极地学习教学中所需要的简单藏语，芳芳教师是典型的城市长大的汉族女孩，经常将上课可能需要解释藏语的语音，用拼音或者汉字的形式写在教学材料的某个地方。

（五）幼儿教师对幼儿学习两种语言的认同研究

1. 幼儿教师对幼儿学习藏语的认同研究

幼儿教师关于在幼儿园里是否需要继续学习藏语的认同度见表 5 – 11 所示。

表 5 – 11　　　　　　　　**幼儿教师对幼儿学习藏语的认同度**

选项	完全不同意	不太同意	不确定	比较同意	完全同意
频率	4	8	20	20	36
百分比（%）	4.6	9.1	22.7	22.7	40.9

从整体上看，有 63.6% 的教师选择了比较同意或者完全同意，而有 13.7% 的老师选择了不太同意或者完全不同意，还有 22.7% 的老师选择了不确定，整体上表现出教师对幼儿学习母语具有较高的认同度。笔者又进一步检验了认同度的民族、专业、地区之间是否存在差异，结果见表 5 – 12、表 5 – 13、表 5 – 14 所示。

表 5 - 12 　　　　　　　　　　幼儿学习藏语认同度的民族差异

题项		如果藏族幼儿不会讲藏语你会认为很不应该					合计	卡方值	显著性检验
选项		完全不同意	不太同意	不确定	比较同意	完全同意			
民族	藏族	2	0	14	18	30	64	12.591 *	.013
	汉族	2	8	6	2	8	26		
合计		4	8	20	20	38	90		

说明：＊表示 p < 0.05，差异显著。

表 5 - 12 的数据显示，藏族幼儿教师和汉族幼儿教师对于幼儿是否会讲藏语的认识存在显著的差异，藏族老师更认可藏族幼儿应该会说藏语。

表 5 - 13 　　　　　　　　　　幼儿学习藏语认同度的专业差异

题项		如果藏族幼儿不会讲藏语你会认为很不该					合计	卡方值	显著性检验
选项		完全不同意	不太同意	不确定	比较同意	完全同意			
专业类别	学前教育	2	6	4	4	10	26	5.404 *	.248
	非学前教育	2	2	16	16	28	64		
合计		4	8	20	20	38	90		

说明：＊表示 p > 0.05，无显著差异。

表 5 - 13 的数据显示，是否学习学前教育专业对于民族地区幼儿是否会讲母语的认识不存在显著的差异。

表 5 - 14　　　　　　幼儿学习藏语认同度的地区差异

题项		藏族幼儿不会讲藏语你会认为很不应该					合计	卡方值	显著性检验
选项		完全不同意	不太同意	不确定	比较同意	完全同意			
地区	城镇	4	8	14	12	6	44	16.881 *	.002
	乡镇村	0	0	6	8	32	46		
合计		4	8	20	20	38	90		

说明：＊表示 p＜0.05，差异显著。

表 5 - 14 的数据显示，对藏族幼儿是否会讲藏语存在着显著的地区差异，乡镇和村级幼儿园教师认为，幼儿不会讲藏语不应该。

数据结果与访谈结果相一致。从访谈中可知，很多藏族教师具有强烈的民族情感，认为藏族人一定要学好藏语，而学好藏语口语在学前阶段尤其重要。因为藏语中有很多的语音在成年以后很难发出，在成年以后很难学会纯正的藏语，这和心理学、语言学的研究结果具有一致性。就地区而言，乡镇和村一级的幼儿园、学前班的教师对幼儿园里学习、使用藏语有更高的认可度，这与幼儿语言的具体发展状况和当地的语言环境密切相关。由于放牧的生产生活方式，乡镇和村一级的幼儿更多的是由祖辈抚养，在家庭生活中极少有能够接触汉语的环境，因而极少幼儿具有听说国家通用语言的能力，县城则有很大的不同，很多幼儿在其生活环境中就经常能够接触到国家通用语言，具备一定的听、说能力。

2. 幼儿教师对幼儿学习汉语的认同度

幼儿教师对幼儿学习汉语的认同度如何呢？这可以从两个方面来确定幼儿教师对汉语学习的认同度：其一，学前是不是学习汉语的最佳时期；其二，幼儿阶段学习汉语对幼儿的藏语学习是否有消极影响（结果见表 5 - 15）。

表5－15　　　　　　幼儿教师对于幼儿学习汉语的认同度

题项	选项	完全不同意	不太同意	不确定	比较同意	完全同意
1. 幼儿阶段是学习汉语的最佳时期	频率	6	16	10	30	28
	百分比（%）	6.7	17.8	11.1	33.3	31.1
2. 幼儿阶段学习汉语对藏语有不良影响	频率	24	22	12	8	2
	百分比（%）	35.3	32.4	17.6	11.8	2.9

从表5－15可知，幼儿教师对于幼儿阶段学习汉语有相对较高的认同度，有66.4%的教师认为，幼儿阶段是学习语言的最好时期，有67.7%的幼儿教师认为，幼儿阶段学习汉语对于藏族幼儿继续学习藏语没有不良的影响。进一步对幼儿学习汉语认同度进行民族、地区、专业间的差异检验，对"幼儿时期是学习汉语的最佳时期"的认识仅存在显著的地区差异，其他均不存在显著差异，结果见表5－16所示。

表5－16　　　　对幼儿期是学习汉语最佳期认识的地区差异

题项		幼儿时期是儿童学习汉语的最佳时期					合计	卡方值	显著性检验
选项		完全不同意	不太同意	不确定	比较同意	完全同意			
地区	城镇	6	6	2	10	20	44	9.521*	.049
	乡镇村	0	10	8	20	8	46		
合计		6	16	10	30	28	90		

说明：＊表示 p<0.05，差异显著。

表5－16中的数据显示，乡镇的幼儿教师更认可幼儿时期是学习国家通用语言的最佳时期。进一步对此结果进行访谈，可知在城

镇将汉语作为主要教学语言的幼儿园，在很大程度上对于幼儿的藏语学习造成了一定的影响，尤其是如果家庭不鼓励幼儿学习藏语，很多幼儿不愿意学习藏语，很多藏族老师担心幼儿会错失学习藏语的关键时期。

就幼儿教师对藏语的情感做了调查，结果见表5－17所示。

表5－17 **藏语保护愿望的民族差异**

题项	您有强烈地保护藏语的愿望					合计	卡方值	显著性检验
选项	完全不同意	不太同意	不确定	比较同意	完全同意			
地区 藏族	2	14	2	12	34	64	9.600*	.048
地区 汉族	4	8	4	6	2	24		
合计	6	22	6	18	36	88		

说明：* 表示 $p < 0.05$，差异显著。

从表5－17中可见，71.9%的藏族幼儿教师认为自己对母语感情很深，有33.3%的汉族老师认为对藏语感情很深，有保护藏语的愿望。这和访谈结果与日常经验是一致的。但是对藏族老师中仅有71.9%的比例认为具有很深的藏族情感，与相关人员进行了访谈，可能的原因与样本有关，因为部分藏族老师，其藏族身份仅仅是户口上的，实际民族并非藏族。ZMJ是幼儿园的老师，是一位民族情感非常深厚的年轻藏族老师，也是一位准妈妈，她认为，语言是民族的灵魂，没有语言就没有民族，没有语言的民族就成了空的民族，所以幼儿园的娃娃首先要好好学藏语。

3. 幼儿教师教学过程中教学语言的使用

对幼儿教师在教育教学中主要使用的语言进行调查得知，在幼儿园教育教学活动中教师所使用的语言具有显著的地区差异。在幼儿园教育教学活动中，教师主要使用哪种语言呢？结果见表5－18所示。

表5-18　　　　幼儿教师教育教学活动中使用汉语的调查结果

题项＼选项		完全不符合	不太符合	不确定	比较符合	完全符合
1. 您使用汉语组织教育活动？	频率	26	14	4	12	34
	百分比（%）	28.9	15.6	4.4	13.3	37.8
2. 您使用藏语组织教育活动？	频率	42	14	4	8	22
	百分比（%）	46.7	15.6	4.4	8.9	24.4
3. 您会根据实际情况灵活使用藏汉两种语言？	频率	14	16	4	32	24
	百分比（%）	15.5	17.8	4.4	35.6	26.7

　　表5-18的调查结果表明，幼儿教师在教育教学活动中经常使用汉语进行教学的比率达到了51.1%，经常使用藏语进行教学的比率达到了33.3%，而能根据实际情况灵活使用两种语言的比例达到了62.3%。那么是否存在地区、民族的差异呢？差异检验的结果见表5-19、表5-20、表5-21所示。

表5-19　　　　幼儿教师教育教学活动中使用汉语的地区差异

题项		您主要使用汉语组织教育教学活动					合计	卡方值	显著性检验
选项		完全不符合	不太符合	不确定	比较符合	完全符合			
地区	城镇	2	4	2	6	30	44	20.522**	.000
	乡镇村	24	10	2	6	4	46		
合计		26	14	4	12	34	90		

　　说明：**表示p<0.01，差异极显著。

　　表5-19中数据显示，城镇幼儿园和学前班教师使用国家通用语言作为主要的教学用语，而乡镇和村级幼儿园、学前班教师主要使用的教学语言是藏语，二者的差异非常显著。

表 5 - 20　　　　幼儿教师教育教学活动中使用汉语的民族差异

题项	您主要使用汉族组织教育教学活动					合计	卡方值	显著性检验
选项	完全不符合	不太符合	不确定	比较符合	完全符合			
民族 藏族	26	12	4	10	12	64	17.873**	.001
民族 汉族	0	2	0	2	22	26		
合计	26	14	4	12	34	90		

说明：＊＊表示 p＜0.01，差异极显著。

　　表 5 - 20 数据显示，藏族教师倾向于使用藏语作为主要的教学语言，而汉族老师倾向于将国家通用语言作为主要的教学语言。

表 5 - 21　　　　幼儿教师能灵活使用藏汉两种语言的民族差异

题项	您会根据实际情况灵活使用藏汉两种语言					合计	卡方值	显著性检验
选项	完全不符合	不太符合	不确定	比较符合	完全符合			
民族 藏族	4	6	2	30	22	64	17.459**	.002
民族 汉族	10	10	2	2	2	26		
合计	14	16	4	32	24	90		

说明：＊＊表示 p＜0.01，差异极显著。

　　表 5 - 21 数据显示，藏族幼儿老师能够更为灵活地使用两种语言，而汉族老师则很少能够灵活使用两种教学语言。

　　这与访谈、观察的结果相吻合，在城镇幼儿园，教学语言以使用国家通用语言为主，而在乡镇、村幼儿园以藏语作为主要的教学语言。其原因主要与幼儿园的要求、幼儿教师自己的语言能力以及幼儿的语言能力密切相关。如前所述，城镇幼儿园要求以国家通用语言为主要教学语言，而乡镇、村落幼儿园由于幼儿汉语言能力有限、以藏族老师为主、为数不多的汉语言老师藏语能力有限，因此，在教育教学活动中出现了藏族老师以使用藏语为主，汉族老师以使用汉语为主，藏族老师相对而言能够灵活使用两种语言，而汉族老师的藏语能力和藏语使用能力相对欠缺的情况。

（六）幼儿教师培训及其影响

为提高职后教师的教学能力和水平，国家启动了幼儿教师培训工程。学前教育阶段的国家培训启动于 2011 年，对于学前教育阶段非专业教师比例较高的现实，培训能在一定程度上改善幼儿教师专业化水平较低的现状。笔者从培训机会、培训效果和培训影响三个方面进行了分析。

1. 培训机会的不均等、不对等

以 KC 幼儿园为例，幼儿园有九位在编教师，自 2009 年建园以来，教师参与各种类型的培训 16 次，人均 1.6 次，而在这九位老师中，有五位老师参加了三次培训，有两位老师参加了两次培训，其余的两位老师从未参加任何培训，而这两位从未参与培训的老师恰恰是小学转岗教师。在访谈中也证实了这一点，JXC 老师说道："到幼儿园是比小学要轻松一些，难的就是不会教，我从来没有出去学习和培训过。"当问及原因的时候，年龄较大和家庭情况不允许是非常重要的制约因素。

以 JGT 幼儿园为例，该幼儿园在编教师有三位，其中只有 ZN 教师参加了幼儿园教师培训："我工作三年了，就参加了一次培训，那次是中心学校的园长打电话说有一个培训让我参加，我那次参加的是民族地区幼儿园园长的培训。"园长培训的目标、课程设置与幼儿园转岗教师的需要不匹配。这种培训机会不均等和不对等的现象在幼儿园培训中比较多见。

2. 培训给教师和幼儿园带来的影响

国家实施幼儿园教师培训的目的有两个主要方面：一个是提高受培训者自身的教育教学能力，另一个是将培训的效果扩大，影响幼儿园其他教师。这两个目的是否达到了呢？

ZN 老师在谈到培训的时候，提到培训中学到的一些新的东西很想在自己的班里实施，后来发现"有心无力"。

笔者:"有心无力"是什么意思呢?

ZN 老师:有心无力指的就是做不到吧。首先是我想要做一点改变,其他老师都不做,就好像有点格格不入,有点多管闲事。想对其他老师说一说,也不好说。其次是语言,就我一个汉语老师,用汉语说的话有些老师不一定能听明白。最后是我凭什么说呀,人家凭什么听我的呢?

笔者:幼儿园会让你们汇报学习的结果吗?

ZN 老师:我在培训的时候,也想着可能回去要回报,所以,笔记记得特别好,还把讲课老师们的课件都收集了,结果回来之后,没有人管,我想对老师们说一说学了些啥,也没有人听,哎,白学了。

KC 幼儿园的 ZN 老师,在工作之初就被派往西南大学参加幼儿园园长培训,所以在培训过程中,她态度非常端正,做了详细的培训笔记,还做了准备汇报的 ppt,结果,回来向园长汇报完之后,得到的只是"好吧"这一个词的评价,用 ZN 老师的话来讲,"哎,白学了"。

希望通过培训受益的不仅是某一个老师或者园长,还希望将这些理念和行为带到自己的工作岗位上,带到自己所在的幼儿园里,最终在幼儿园教育教学行动中产生静悄悄的革命,正如佐藤学所倡导的:"学校不可能因为一次演讲而发生改变,要改变一所学校,需要不断开展校内教研活动,让教师们敞开教室的大门,进行相互的评论,除此以外,别无他法。"① 另外,尽管每次培训之前都有关于培训需求的调查,然而对幼儿教师的培训仅仅是从类型上进行区分的,缺乏从层次和水平上的区分,因此,培训效果并未达到最佳。

二 民族地区幼儿语言发展

(一)牧区幼儿入园前语言发展的基本情况

笔者调查了夏河县幼儿园和小学附设学前班和幼儿班,幼儿具

---

① [日]佐藤学:《静悄悄的革命——创造活动的、合作的、反思的综合学习课程》,李季湄译,长春出版社 2003 年版,第 59—60 页。

体情况见表 5 - 22 所示。

表 5 - 22　　　　　　　　　　　幼儿基本情况

学校类别	学校名称	幼儿总人数	大班人数	中班人数	小班人数	少数民族幼儿人数
幼儿园	拉卜楞镇幼儿园	387	164	156	67	218
	科才乡中心幼儿园	157	66	61	30	157
	阿木去乎乡中心幼儿园	60	30	30		60
	桑科乡中心幼儿园	60	60			60
	桦林乡幼儿园	40	20	20		40
	洒乙昂幼儿园	25		25		25
	阿木去乎镇吉昂幼儿园	33	33			33
	阿木去乎镇格个昂幼儿园	32	32			32
	下扎油幼儿园	30	30			30
	加尕滩幼儿园	27	27			27
	尼玛龙双语幼儿园	21	12		9	21
	牙利吉牧区双语幼儿园	28	28			28
	甘加作海幼儿园	14	14			14
	小计	914	516	292	106	745
学前班	九甲小学	133	133			133
	拉卜楞小学	90	90			33
	拉卜楞藏民小学	145	145			142
	达麦乡中心小学	36	36			21
	达麦乡簧茨滩小学	26	13	13		14
	扎油中心小学	47	47			47
	夏河县牙利吉寄宿制小学	34	34			34
	小计	511	498	13		424
	总计	1425	1014	305	106	1169

　　资料来源：2013 年教育局学前教育监测数据，并补充了 2014 年新增园和班级人数。

　　其中科才乡中心幼儿园、阿木去乎乡中心幼儿园、桑科乡中心幼儿园、洒乙昂幼儿园、加尕滩幼儿园作为主要研究对象，前三所是乡镇中心幼儿园，后两所属于村级幼儿园，在南片地区具有代表性。这五所幼儿园共有幼儿337名，其中四个大班，一个中班、一个小班，一个混龄班。除了个别回族和汉族幼儿之外，其余幼儿的第一语言均为藏语，也就是说，孩子们无论是两岁半入园还是五岁入园，基本上没有国家通用语言的学习经历，而且幼儿在牧区接触通用语言的人际环境有限。在北片和混居区主要是以桦林乡幼儿园和拉卜楞幼儿园作为主要的研究对象，这两所幼儿园共有幼儿234名，其中五个大班、五个中班、三个小班。

（二）农区和混居区幼儿的语言发展

很多农区幼儿的家庭中既有说藏语的家人，也有说汉语的家人，现在的发展趋势是祖辈亲人讲藏语而父辈亲人讲汉语，在这种家庭中幼儿倾向于使用汉语。从家庭外的社会交往环境来看，在农区和混居区使用汉语作为主要交流语言的情况越来越多，很多藏族成人均能使用两种语言。从学校来看，农区的中小学从采用青海协编教材逐渐向人教社普通教材过渡，逐渐提高了学习内容的量和难度，这从侧面反映出儿童国家通用语言能力的不断提高。

三 小结

1. 学前双语教师的数量不足、质量不高、专业率低、稳定性差是当前学前双语教师方面存在的主要问题，需要从源头和培训两方面予以解决。

2. 藏族幼儿教师的双语能力普遍较强，但是经常使用藏语为主要的教育教学语言，汉族幼儿教师的藏语能力普遍欠缺，在教育教学中主要使用汉语作为教学语言。

3. 藏族幼儿教师民族情感深厚，有强烈地保护藏语的愿望，在幼儿学习藏语的认同度上，存在显著的民族差异和地区差异，也就是藏族幼儿教师和乡镇村级幼儿教师对幼儿学习藏语的认同度更高。

4. 幼儿双语教师的民族配置和幼儿园内部的合理安排存在不足，具体表现为藏族教师过多而汉族和其他民族教师配置不足，幼儿园内部对具有双语能力的藏族老师的教学语言没有明确的规定。

5. 牧区幼儿的母语学习情况良好，而向国家通用语言学习的过渡较慢，有待合理设计。农区和混居区幼儿汉语学习良好，母语学习需要提供可选择的机会与环境。

第三节　民族地区学前双语教育模式实施的加工变量研究

一　民族地区学前双语教育目标分析

双语教育目标体现了教育对象的语言发展水平和质量，也是双语教育模式建立的出发点，更是双语教育内容选择、实施与评价的依据和标准，双语教育目标对整个双语教育起着指引和规定的作用。学前双语教育的目标定位是影响民族地区学前双语教育模式最重要的因素之一。在实践中，有关学前双语教育各层级的关键人员对学前双语教学的认识和定位是怎样的呢？

笔者就幼儿教师对双语教育发展幼儿的语言能力、文化继承、兴趣培养三个方面进行了调查，调查结果如表 5 - 23 所示。

表 5 - 23　　　　　　　　　　学前双语教育目标调查

题项	选项	完全不同意	不太同意	不确定	比较同意	完全同意
1. 学习藏汉两种语言	频率	0	12	4	16	58
	百分比（%）	0	13.3	4.4	17.8	64.4
2. 继承藏汉两种文化	频率	0	4	12	28	46
	百分比（%）	0	4.4	13.3	31.1	51.1
3. 培养学习两种语言的兴趣	频率	0	2	6	26	56
	百分比（%）	0	2.2	6.7	28.9	62.2

表 5 - 23 的数据揭示出将两种语言的学习和两种文化的继承作为学前双语教育目标的比例均为 82.2%。进一步分析是否存在民族、

地区、专业差异，结果发现，关于幼儿园双语教育目标是培养幼儿学习两种语言存在着显著的地区差异，而在学前双语教育是培养幼儿继承两种文化方面则不存在地区、专业以及民族的差异。也就是说，在不同地区的幼儿教师均认可对两种文化的继承与发展，而在两种语言的获得方面，乡镇、村幼儿教师认可将两种语言的学习作为目标，而城镇幼儿教师则更加强调幼儿园教育对幼儿国家通用语言的学习，将藏语的学习与发展更多地寄希望于家庭（见表5-24、表5-25）。

表5-24　　　　　**学前双语教育语言发展目标的地区差异**

题项		幼儿园双语教育的最终目的是培养幼儿学会藏汉两种语言					合计	卡方值	显著性检验
选项		完全不同意	不太同意	不确定	比较同意	完全同意			
地区	城镇	0	12	4	4	24	44	10.845*	.013
	乡镇村	0	0	0	12	34	46		
合计		0	12	4	16	58	90		

说明：＊表示 p＜0.05，差异显著。

　　表5-24中的数据显示，对学前双语教育的目标是发展幼儿学会藏汉两种语言存在地区差异，城区的幼儿教师更认可将汉语学习作为幼儿园语言教育的目标，而乡镇和村级幼儿园教师认可将两种语言发展均作为目标的比例更高，二者存在显著的差异。

表5-25　　　　　**学前双语教学文化发展目标的地区差异**

题项		幼儿园双语教育的最终目的是培养幼儿继承藏汉两种文化					合计	卡方值	显著性检验
选项		完全不同意	不太同意	不确定	比较同意	完全同意			
民族	藏族	0	2	8	20	34	64	.580*	.901
	汉族	0	2	4	8	12	26		
合计		0	4	12	28	46	90		

说明：＊表示 p＞0.05，无显著差异。

　　表 5 – 25 的数据表明，认可幼儿园双语教育的最终目的是培养幼儿继承藏汉两种文化达到了高度的一致，不存在地区和民族的差异性。

　　这种差异在幼儿园访谈中得到了印证。在与拉卜楞幼儿园园长的访谈中，园长一再强调幼儿园进行了本土资源的开发和园本课程建设，并且在当年所进行的青年教师技能大赛中积极鼓励教师开发本土资源作为所选取的教学材料的适当补充，但是，在幼儿园语言教育目标的设定中则坚决避免将藏语言的发展作为幼儿园教育的目标之一。在教学参考资料的选择上采用汉语材料，在教学语言上倡导使用汉语，只是强调在刚刚入园的小班，如果需要的话，藏族老师可以使用藏语。但是，幼儿园对两种语言的定位引发了很多家长的担忧，因为幼儿园里不讲藏语，要求幼儿在社会交往中也使用普通话，在入园不久，很多幼儿在行为上表现出不愿意使用藏语的倾向。根据吉姆·康明斯的赋权理论，幼儿或许感受到了两种语言的差别。

　　在访谈中，对与学前教育密切相关人员就学前双语目标进行了调查，其代表性的结果如表 5 – 26 所示。

表 5 – 26　　不同类型调查对象对学前双语教育目标的认识

	对学前双语教育目标的认识
管理者	H 局长：幼儿园双语教育就是让娃娃们会说就成了。藏语不是问题，家里边如果说就能学会，幼儿园要重点学习汉语。
园长	ZWJ 园长：双语教育就是两个方面：一个是不能忘记自己民族的语言，这个在家里就能学好藏语；再一个就是希望在幼儿园学习好汉语。 SJC 园长：两种语言都要学呢，在幼儿园不能只学一种，学不好藏语将来在牧区工作就不行，学不好普通话就走不出藏区。娃娃的教育不能只走一条路。 DH 书记：幼儿园双语教育第一重在发展幼儿汉语的听说能力；第二就是教一些基本的语言知识，比方拼音，少数简单的汉字，教学应该抓一下；第三就是兴趣，喜欢学习藏语、学习汉语比啥都重要，尤其是在以藏语为主的环境中，如何让娃娃对汉语感兴趣就更重要了。 BDC 校长：藏汉的交流语言，还有达到对藏汉文化内容的掌握。

续表

	对学前双语教育目标的认识
教师	**ZM 老师**：我们牧区的孩子，能够有 80% 的孩子稍微说上一点普通话，就可以了，藏语的话不成问题，家里日常生活中说的都是藏语。 **JXC**：我是藏语文老师，藏语除了能听和说之外，还要学会 30 个字母、四个音调、自己的藏文名字。 **ZMJ**：牧区的孩子学会母语是重要的，汉语稍微能够听懂和会说一些就行了。因为在学习母语阶段，多了就担心汉语学不好，母语也学不好。
家长	**尕藏吉**：拼音当然要学，汉语拼音和藏语字母达到能够读就行了，这个也重要。另外，在幼儿园里，孩子们的交流能力要加强，要抓得紧，要达到能够听能够说。 **旦知介布**：藏语大班毕业能够学会 30 个字母，能听能说能读能够学会拼读就好。关于汉语能够听懂，会说简单的就行了。 **卓玛草**：双语要平衡地发展。幼儿园里两种语言都要学，都要有。

不同层次和类型的相关人员对学前双语教育目标的认识，体现出如下共识：

1. 均重视国家通用语言会话能力的培养与发展，在观念上注重功能性方法，在"说"的过程中就学会了。

2. 在语言发展目标上相对轻视语言学习兴趣的培养，尽管在调查表上重视语言学习兴趣的比例不低，但是在访谈中只有 DH 书记在两次访谈中都不断强调语言兴趣的重要性。

3. 读、写的语言目标仅仅重视藏汉两种语言的拼音、字母的认读、简单汉字的认读，而对于早期阅读目标则非常忽视。

4. 书写目标仅仅重视汉字、拼音、字母的书写，不能正确认识幼儿前书写、前阅读能力的培养和发展。

5. 无论县城还是乡镇村级，各类调查对象均重视对藏族文化的了解、继承和发展。

6. 在教学过程中，双语发展目标定位模糊不清，对于母语能力和国家通用语言在学前阶段到底应达到一个什么样的水平，各层级相关人士在认识方面差异较大。尤其需要提出的是管理层对学前双语教育的轻视，认为只要有教材就万事大吉，照着教材进行活动就万事大吉，这是对学前教育科学性的低估。还有幼儿教师普遍存在着对幼儿两种语言应该发展到什么程度的认识比较模糊。这需要在研究的基础上，参照学前教育的相关法规给予科学引导。

二 民族地区学前双语教学内容分析

（一）双语教学内容远离幼儿的生活与经验

在两种语文课上应教什么内容？在多所学校的学前班访谈中，内容出奇的一致，大都涉及三个方面的内容：学校常规、藏语字母和汉语拼音。

BL 小学学前班的汉语老师："学校没有给我们订学前班的教材。学校主要让我们在第一学期的时候给孩子们教一下常规、礼仪、礼貌这些，我自己给他们加了拼音。"在黑板上可以看到老师写的复韵母 ai ei ui。

ZZ 小学学前班的汉语文老师是一位刚刚毕业两年的男教师。

问：咱们学前班汉语文使用什么教材呢？

答：没有教材。

问：那主要教些什么内容？

答：学校要求教常规，我觉得，常规这个基本的东西重要得很，学前班就是要让孩子们知道到学校里干啥来了，有哪些规矩必须遵守。再一个内容就是汉语拼音和简单汉字。

问：您刚才说的那些最基本的东西指的是什么呢？

答：就是卫生习惯、上课的纪律、同学交往等。

问：你是怎么教的？

答：主要是讲，要不断地给他们讲才行。

JGT 幼儿园 ZN 老师：我们没有教材啥的，给幼儿园的娃娃也就教一下拼音、简单汉字，能教写、读，但是不可能说。

KC 幼儿园的 ZM 老师：我是这么打算的，中班第一学期教一下常见物品的名称，第二学期教拼音，大班的时候就要教写拼音和认读一些简单的汉字。

KC 幼儿园的 ZMC 老师：我就是教藏语的 30 个字母，这是我给娃娃们做的藏文字母的卡片，中班的时候会认读，大班的时候会写，大班还要教他们四个声调，会拼读，会写自己的藏文名字。

在调查的所有幼儿园和学前班的教室里都学习着相似的内容——汉语拼音和藏文字母，图 5 – 11 是选取的几个典型的黑板内容，这些内容在各级各类学前教育机构中比比皆是。在不同的幼儿园和学前班黑板上的 30 个藏文字母、不同的汉语拼音也清楚地诉说着教师们认为最重要的语言教育内容。

图 5 – 11　不同类型幼儿园的黑板，写着共同的学习内容

有着 30 年幼儿园教学经验的 S 园长评价了幼儿园和学前班所使用的教材和这些教育内容，其核心词是"不实惠"。

S 园长：现在幼儿园使用的很多教材都不实惠，我们有些老师死板地使用教材，经常是按照教材的内容上课。我们当年没有教材，是自己编的，按照季节、节日、年龄编的，我觉得那种更实惠一些。

笔者：您说的实惠是什么意思呢？

S园长：比如像土豆、樱桃、青稞、油菜等这些我们这里经常种的植物，怎么发芽、怎么长大、怎么开花、怎么结果，我们领着孩子们在幼儿园的墙边上、在花盆里种，领着孩子们看它们的苗长什么样子，花开的什么样子，果实结的什么样子，就是让孩子们看得到，同时孩子们也积极参与到这些活动中，这些知识才是他们真正获得的知识。

笔者：你们编写的这些活动非常贴近儿童的生活，与现在所倡导的教育观念十分相符，那你们怎么编写的呢？

S园长：我们没有正规的教案，三个年龄段的老师相互商量着上，比如认识青稞，小班浅一点，中班深一点，大班再深一点，这就是要连续呢。

笔者：您编的实惠的教材还有哪些内容呢？

S园长：藏族的一些故事，我们当时用藏语讲，能翻译过来的用汉语讲，现在给孩子们讲的故事多是汉语的，民族故事少得很；还有就是节日，藏族人的节日多，每个节日都有活动，我们领着孩子们过节，现在关于节日的活动也有，但主要是让看一看，讲一讲；还有就是认识藏族的服装，现在穿藏服的娃娃们少，我们当时经常穿，穿着各种服装让娃娃们认识；再就是认识藏族特有的动物比如牦牛、藏獒、羊；我们抓得紧的还有就是季节，立秋立冬立夏我们抓得紧；还有就是领着娃娃们玩游戏、踢毽子、打沙包、大象拔河、滚铁环等，现在一个是地方小，一个是考虑到孩子的安全问题。像跑、跳、翻这些游戏都少多了，说起来也是非常可惜的。

从S园长的访谈中，我们可以提取出其核心意思：经验、活动、建构。从内容的选择上基于幼儿已有的经验，选择有助于幼儿获得经验的内容；从经验的获得上选择能够让幼儿感兴趣的活动，有助于建构经验的做中学的方法，更符合幼儿学习的特点与方式。反观当前幼儿园教育有诸多远离幼儿生活经验的内容，尤其是针对城市背景、汉族背景而编制的内容存在很多不适合的地方。

（二）学前双语教学内容缺失民族文化

语言与文化是相互依存的，在任何一种第二语言教学活动中，施教者忽视对所教语言中民族文化因素的阐释，不考虑学习者的社会文化背景和民族文化观念，教学是无法取得应有成效的。[①] 因此，笔者对学前双语教学内容是否应该保持民族文化，在实际教学中是否适时补充相关内容进行了调查，结果如表5－27所示。

表5－27　　　　双语教学内容中保持民族文化的调查结果

题项	选项	完全不同意	不太同意	不确定	基本同意	完全同意
1. 幼儿园开展双语教学在课程内容上应该尽量保持民族文化	频率	2	10	26	32	20
	百分比（%）	2.2	11.1	28.9	35.6	22.2
2. 您能根据幼儿的实际需要适时补充藏族文化内容	频率	0	16	24	38	12
	百分比（%）	0	17.8	26.7	42.2	13.3

从表5－27中可见，在幼儿园教学内容要保持民族文化的调查中，有57.8%的幼儿教师确定应该保持藏族文化内容，有28.9%的表示不确定，有13.3%的不同意或者不太同意保持藏族文化的内容；在实际的教育教学工作中，关于是否会选择一些藏族文化内容作为教学内容的调查结果是：幼儿教师中有55.5%的表示基本符合或完全符合，有26.7%的表示不确定，有17.8%的表示不太符合。这个调查结果与上文关于双语教育目标的调查是相吻合的。因为很多教师对于学前双语教学的目标具有不确定性和模糊性，导致很多教师对于教育内容的选择具有很大的不确定性。

但同时还存在两个疑问：一是大部分教师同意并且在教育教学中能够将民族文化作为幼儿园的活动内容，是否存在民族、地区、

---

① 王魁京：《语言和文化的关系与第二语言的教学》，《北京师范大学学报》1993年第2期。

年龄、专业等方面的差异呢？二是该选项中不确定的比例相对较高，除了与目标调查相吻合之外，还有什么原因呢？尤其是在教育教学活动中符合还是不符合的问题上，为何有如此高的不确定性。（结果见表5-28、表5-29所示）。

表5-28 幼儿园双语教学内容的民族差异

题项		幼儿园开展双语教学在课程上应该尽量保持民族传统文化					合计	卡方值	显著性检验
选项		完全不同意	不太同意	不确定	比较同意	完全同意			
民族	藏族	2	2	18	24	18	64	8.641*	.071
	汉族	0	8	8	8	2	26		
合计		2	10	26	32	20	90		

说明：* p<0.05，差异显著。

表5-28的数据显示，检验的结果是仅仅在应该尽量保持民族文化上存在0.1水平上的显著差异。也就是说，藏族教师更愿意在教育教学内容中选择一定的民族文化方面的内容。

表5-29 幼儿园双语教学内容实施的地区差异

题项		您能根据幼儿的实际需要适时补充藏族文化内容					合计	卡方值	显著性检验
选项		完全不同意	不太同意	不确定	比较同意	完全同意			
地区	城镇	0	12	4	18	10	44	0.035*	.018
	乡镇村	0	4	20	20	2	46		
合计		0	16	24	38	12	90		

说明：* 表示 p<0.05，差异显著。

表5-29的数据说明，在适时补充藏族文化内容方面存在显著的地区差异，也就是乡镇和村级幼儿教师更认可教学中能适时补充相关的藏族文化内容，而其他维度均不存在显著性差异。

究其原因，还与教学材料和教师集体备课关系重大。县城 LBL 幼儿园选择了稳定的教材，尽管部分老师对教材的适宜性存在质疑，但园长倡导的另外两条策略却有效地弥补了教材不完全适宜的不足。一是集体超前备课，即各年龄班的活动相对统一，这些相对统一的活动要在年龄班教研组长的带领下提早一周确定，并报园教研主任签字认可；二是民族文化开发特色课程，幼儿园自 2010 年开始陆陆续续开发一些民族文化课程，作为选定教学参考资料的有效补充。乡镇村级幼儿园基本上没有选定相对稳定的教学参考资料，或者选定的参考资料认可度很低，教师根据实际情况自己安排教学内容。但是，从已经开发的一些民族特色课程来看，内容具有非常大的局限性。以 2014 年为例，六个活动均围绕拉卜楞寺、桑科草原、甘加羊三个方面展开，课程开发缺乏相互的联系和系统规划，这不是某一个教师可以做得到的，需要在更高层级教育部门的领导下合作完成。

在学前双语教育中缺失藏族文化的内容，不仅是幼儿园教育者的共同感受，家长对此也意见较多。

旦知介布：对于幼儿园和中小学教育来讲，汉语教学已经成为一种模式，无论在民族地区还是在汉族地区都发展得相对较好，不用担心。在藏语方面，还是缺少很多藏民族本来的传统文化。我们小的时候使用过的一些很好的玩具、学唱的一些儿歌，已经没有多少人关注了，更不用说引入幼儿园里作为教育内容了。我自己是做藏语言和文字工作的，对这些可能更加清楚和敏感一些。我也愿意向老师们提供这样的一些东西，这些都是对幼儿尤其是我们藏族幼儿很好的内容，如果不关注的话慢慢就没有了。

旦知吉是一位中班幼儿的家长，是一位藏物理专业毕业的大专生，她在发给我的信息中这样说道：

作为想把藏族文化传递下去的藏族人，我们都很想自己的孩子从学前开始实施双语教学，这种双语教学要创造选择性学习藏语的环境，有愿意学习藏语的可以有机会学习，不愿意学习藏语的也不强求。满足我们这些希望孩子学好藏语又学好汉语的家长的需要，让孩子在掌握本民族优秀文化的同时学习汉语，学习更广泛的文化，提高孩子的综合素质，还能够增进民族之间的交流，促进社会的和谐稳定。我还有一个认识是教材方面的，即藏语教材一定要以藏族学生的实际生活为主要内容，要更多地渗透进藏族的文化。

这是密切关注儿童教育内容，且受教育水平较高的家长的一些共识。在访谈中，很多家长表示，如果幼儿园需要什么内容，他们可以提供力所能及的帮助，尤其是几位从事藏语言、藏文化工作的家长表现出了参与的热情。

（三）双语教学内容选择缺乏有效的依据

实施双语教学的必要条件之一是保证教学中心能够容易得到适当的教科书和标准相同而语言不同的教材。[①] 这种要求看似容易满足，实际上并不尽然。普遍缺乏适宜的教学材料是幼儿园和学前班比较普遍的现象。在调研中获知，夏河县普遍使用的教材有三类：一是青海省编写的小雪莲教材，俗称协编教材。协编教材主要针对幼儿园大班和学前班两个年龄段编写，包括《藏语》《汉语》《计算》三门基础课程，各分为四册。目前还没有针对小班和中班的教学材料。二是甘肃民族高等师范学院开发的一套教学参考用书与幼儿用书，主要有大班教学材料。其编写的依据是新《幼儿园教育指导纲要》所划分的五大领域，呈现形式是藏汉、双语，即同一内容使用藏汉两种语言呈现。三是甘肃省快乐资源包教学材料，有三个年龄班六册教学材料。这套材料是以汉语言呈现的，是针对普通类幼儿园开发的教材，目前在县城的幼儿园使用。因此，没有适宜的

---

① ［加］M. F. 麦凯、［西］M. 西格恩：《双语教育概论》，严正、柳秀峰译，光明日报出版社 1989 年版，第 149 页。

教学材料是幼儿园实施双语教学的又一障碍。

笔者：现在幼儿园实施双语教学最主要的问题是什么？

AXJ 园长：我们幼儿园现在最大的问题有两个。其中最大的一个是教材问题，就是没有一个适合自己幼儿园实际情况的教材，有些教材在某些地方是可取的。所以，打算下个学期让同一个年龄班的三个老师不要分开备课，而是三个人共同备课，这样逐渐形成幼儿园的园本课程。

笔者：对于教材您刚才所说的是未来的打算，那么当前是怎么做的呢？

AXJ 园长：以前都不备课，这个学期要求备课，要求教务主任签字，但是，还是各备各的，相互之间不联系，小班、中班、大班不联系，同一个班的老师联系得也少。

笔者：你要求他们联系吗？或者有什么制度要求他们吗？

AXJ 园长：目前还没有，这个学期就要求备课，其他的慢慢来。

其实，幼儿园的课程均可被称为园本课程。[1] 我国现阶段学前教育的课程是根据国家颁布的新《幼儿园教育指导纲要》和地方教育部门的指导意见以及幼儿园的具体情况选择性实施的，因此，没有一套教材完全适合某一幼儿园，所有出版发行的教学材料都可作为参考用书，幼儿园要根据实际需要进行选择和改编。而选择、改编、开发幼儿园课程绝对不是某一位教师所能完成的，也不是每个教师仅凭一己之力能够解决的，是需要教师合作才能完成的。现在幼儿园的问题是要么找到一套完全适合自己幼儿园的教材，要么随意、单独选择不利于幼儿的科学性、整合性的教学内容。

（四）双语教学内容选择的随意性

很多幼儿园和学前班没订教材抑或没有合适的教材，那么教师

---

① 李季湄：《"园本课程"小议》，《幼儿教育》2002 年第 9 期。

在双语教育过程中是如何选择教育内容的呢?

下面是笔者在 KC 幼儿园的一次集体访谈。

笔者:教学内容是如何选择的?

ZM 老师:我们幼儿园没有固定使用的教材,我是这样想的,我带的是中班的汉语文、社会、户外游戏,汉语文是我的主课,现在教了一些儿歌,然后把一些日常用语,比如苹果、电视、植物、动物等的名称给规范一下,中班第二学期就教拼音,大班教一点简单的汉语歌、简单的汉字,也没有确切使用的教材,这样教应该有效果。

笔者:你们的教学内容是根据什么选择的?

ZMJ 老师:幼儿园有一本儿歌书,我们就选用那上面的一些儿歌,我也会在网上下载一些配有音乐的、直接让幼儿能够听的儿歌,这是我在中班的时候教的东西。现在到了大班,我要给孩子们教点东西,明年就上小学了,要教点实际的、有用的。

笔者:你说的实际的、有用的是什么意思呢?

ZMJ 老师:就是和小学能够挂钩的,能够衔接上的。这个也主要是家长的要求,因为很多家长要看有没有给孩子布置作业,布置的作业有没有批改。所以,到了大班的时候就会给孩子们布置拼音和汉字的书写作业。

笔者:国家颁布的《幼儿园教育指导纲要》和《3—6 岁儿童学习与发展指南》这两个文件你们知道吗?

ZMJ 老师:那个不太清楚。

这是与 BL 小学的学前班汉语文老师的对话。

笔者:那请您给我介绍一下您的藏语文课主要安排什么内容?怎么选的呢?

BL 老师:我主要根据娃娃们的实际情况安排内容,这个学期主要是站队、老师问好、上课起立这些礼貌行为。我觉得这些内容有点少，我现在主要教娃娃们对话，好好地先教说话呗。第二学期再教些拼音啥的。

笔者：能举例说说您教的让孩子们说话的内容？

BL 老师：就随便根据娃娃的实际情况确定，用手机在网上搜一搜，网上也会说怎么教。我就试着教一下。我的汉语和藏语都挺好的，在课堂教学中经常翻译使用。

笔者：国家颁布的《幼儿园教育指导纲要》和《3—6 岁儿童学习与发展指南》这两个文件你们知道吗？

BL 老师：那个我不知道呀。

笔者：那对这个学期整体的安排和计划是怎样的？

BL 老师：这个没有具体的安排，我就是需要的时候，在网上搜一搜。

笔者：具体的活动方案或者教案能让我看看吗？

BL 老师：学前班没有教案，内容简单得很，教一教就行了。

这是 JGT 幼儿园老师的访谈结果。

笔者：ZN 老师主要带什么课？

ZN 老师：幼儿班的汉语文、三年级的英语和数学这三门课。幼儿班的班主任也是我。

笔者：幼儿班汉语文都上什么内容？

ZN 老师：就随便教一下最简单的字母呀什么的，我自己简单教一下就可以。

笔者：国家颁布的《幼儿园教育指导纲要》和《3—6 岁儿童学习与发展指南》这两个文件你们知道吗？

ZN 老师：那个好像在培训的时候提过，好像是你给我们的培训内容，但是回来后我再没有看过，也没有用过。

从访谈中可见，老师们选择双语教学内容的依据有三个：一个是小学的教学内容，小学一年级将要学习汉语拼音和藏文字母，所以，在学前班和幼儿园时学习这些内容能够为小学阶段的学习奠定基础；二是根据自己的感觉和经验，选择认为适合幼儿的学习材料；三是能找到什么就上什么，没有学年、学期计划，反映出学前双语教学内容选择的随意性。而对于目前指导我国学前教育发展的两个重要的指导性文件来说，参加过培训的教师基本上都知道，没有参加培训的教师甚至没有听说过，但无论是否参与过培训，这两个文件在幼儿园教育教学中的作用微乎其微，因此才会出现在缺乏教学材料、在对教学参考资料不满意的情况下、在不知道该怎么做的时候随意选择教学内容。

（五）多样语言教学内容的缺失

幼儿园语言教育活动的类型主要有以下五类：谈话、讲述、早期阅读、文学作品、听说游戏，每一种语言活动对幼儿语言能力的发展都有独特的价值。综合五类活动能够从不同角度为幼儿创设比较丰富的语言学习情境，让幼儿在活动中与语言和非语言信息互动操作，共同促进幼儿听、说、读、写能力的全面发展。幼儿园语言教育活动形式的多样性是 20 世纪 90 年代以来我国幼儿园语言教育研究与实践的一个发展趋向。① 那么在学前双语教学实践中的情况如何呢？因为大部分调研的幼儿园或幼儿班没有教案，所以只分析个别幼儿园的教案可能会有失偏颇，分析从课堂观察中收集到的不同幼儿园、学前班的语言活动类型，可能更为客观、可靠。收集到的汉语言活动是 17 次，其中八次是拼音教学、六次是故事教学、两次是唱儿歌、一次是玩游戏，而没有讲述、谈话和听说游戏这三种语言活动类型。大量的汉语言活动集中在文学作品和拼音上，而对于幼儿全语言能力发展的谈话、讲述、早期阅读和听说游戏则严重缺失，这样势必会对幼儿国家通用语言能力的发展造成影响。

---

① 教育部基础教育司组织编写：《〈幼儿园教育指导纲要（试行）〉解读》，江苏教育出版社 2002 年版，第 121 页。

三 民族地区学前双语教学的途径与方法分析

（一）以上课为主的学前双语教学

笔者对学前双语教学的主要途径进行了调查，结果见表 5 - 30 所示。

表 5 - 30 **学前双语教学途径调查结果（Ⅰ）**

题项 \ 选项		完全不符合	不太符合	不确定	基本符合	完全符合
1. 您所在幼儿园开展双语教学的主要途径是课堂教学	频次	0	9	7	16	13
	百分比（%）	0	20.0	15.6	35.6	28.8
2. 您主要采用讲授法进行语言活动	频次	2	9	7	17	10
	百分比（%）	4.4	20.0	15.6	37.8	22.2

从表 5 - 30 可知，64.5% 的幼儿教师将课堂教学作为最主要的双语教学途径，60.0% 的幼儿教师把讲授法作为最主要的双语教学方式。总体上反映出将语言的学习作为语言知识的积累过程，而不是语言功能的获得过程，也就是说，重视语言的学习而不是通过语言来学习。

一日生活是幼儿在幼儿园一天的全部经历，是幼儿生命充实与展现的历程，是"个体在参与、体验与创造中，利用环境自我更新的历程"。① 从活动的视角来看，一日生活是幼儿源自自身生命成长的需要所展开的一切活动。从课程的视角来看，幼儿园一日生活是反映幼儿园课程最直接、最全面的途径，也就成为研究幼儿园课程必不可少的内容之一。对不同类型的学前教育机构的一日活动安

---

① ［美］约翰·杜威：《民主主义与教育》，王承绪译，人民教育出版社 1990 年版。

排进行考察是最能直接反映该机构的教学理念与实际的。夏河县的
学前教育主要由两个部分构成：一部分附设在小学的学前班。由于
没有独立的园址、没有独立的管理者、没有单独安排作息时间和活
动的可能，学前班的一日生活与小学课程安排趋于一致，表 5 – 31
是典型的小学附设学前班的一日活动安排。

表 5 – 31　　　　　　　　　　**ZM 小学的课表**

	周一	周二	周三	周四	周五
1	自习	自习	自习	自习	自习
2	数学	数学	数学	数学	数学
3	语文	语文	语文	语文	语文
4	藏文	藏文	藏文	藏文	藏文
午休					
5	科学	健康	健康	藏文	健康
6	健康	班会	美术	音乐	社会

在表 5 – 31 中，学前班的第一节课是自习，自习时间其实就是
幼儿来校时间，此时其他年级已经上课，考虑到幼儿来校时间早晚
不齐，所以，自习由班主任老师随意安排内容。从访谈中可知，自
习时间基本上也是教师吃早饭时间、聊天时间，一般不会安排其他
的活动。毫无疑问，双语教育的实施主要途径就是上课。

另一部分是独立的幼儿园。虽然有些幼儿园从行政和财务关系
上归小学管理，但是在三个方面能够独立——独立的园舍、独立的
园长与教师、独立作息时间和活动安排。因此，这类幼儿园一日生
活的安排更加符合幼儿教育的基本规律。表 5 – 32 是 KC 幼儿园的
一日活动安排。

表 5 - 32 **KC 幼儿园的一日生活安排**

时间	环节	两种语言的学习与教育
8:50 - 9:10	入园。老师无须在幼儿园门口迎接,是家长送到幼儿园门口或者教室	除非家长主动交流,此阶段几乎没有教师主动与家长、幼儿交流
9:10 - 9:25	早操。跑步 + 两节动物模拟操	早操时的跑步口令是汉语;两节动物模拟操是汉语儿歌配动作
9:25 - 9:40	早餐 + 动画片	早餐是教育局统一配发的营养早餐,通常是牛奶加花卷。汉语动画片是大家公认的在缺乏国家通用语言的环境中,有利于幼儿学习国家通用语言的重要而有效的途径之一。此时教师通常是在办公室用餐、备课
9:40 - 10:20		
10:20 - 10:50	第一节课	每一个活动规定 30 分钟。上课、下课都是根据统一的铃声。下课后老师们会汇集到幼儿园唯一的一间办公室里,听到上课的铃声响起,老师们才会三三两两走出办公室,走向教室 午睡由每个班的值班教师负责,狭窄的小床、窄小的被子经常是两名幼儿共用 起床后,不提供午点,一整天没有提供饮用水
10:50 - 11:20	第二节课	
11:20 - 11:50	第三节课	
12:00 - 12:30	午餐	
12:30 - 14:30	午睡	
14:30 - 15:10	起床	
15:10 - 15:50	第四节课	
16:00 - 16:30	第五节课	
16:30	离园	在幼儿园空地,幼儿以班为单位整队离园

以夏河县开办最早的乡镇幼儿园为例。它们的学前双语教育的途径是什么呢? 幼儿园分为小、中、大三个年龄班,从观察和访谈中可知,早操环节利用汉语教授口令和儿歌,早操跑步仅有 "一二一" 的汉语口令,动物模拟操则是 2010 年来支教的老师教给老师和孩子们的,自此四年如一日,再没有丝毫的改变。而上课是主要的双语教育实施途径,小班的汉语文课主要使用汉语言,其他所有的活动都使用藏语言;中班和大班在汉语文课和故事课上使用汉语言,其他活动使用藏语言。幼儿园也是根据铃声来上课和下课的,在下课时间所有的老师都会齐聚园长办公室,上课铃声响起的时

候，老师们才会走出办公室，到教室上课，在此期间，幼儿均处于无人看管的状态。与幼儿园的安排不同，学前班的作息时间尽可能和小学一致，只是在上学和放学时间上略有不同。2012 年对甘南地区幼儿园双语教学的情况进行了预调查，结果显示：双语教育的主要途径是以上语言课为主。这种单一模式并不是甘南藏族地区学前双语教育所特有的。不少调查显示，以母语授课为主、加授汉语或汉语授课加授母语，上课是最主要的双语教学途径。[①]

从理论上讲，幼儿的学习是广义的学习，幼儿园以游戏为主导活动，将幼儿学习渗透到一日生活中是我国当前学前教育的共识，学前双语教学概莫能外。因此，需要进一步调查一日生活和游戏中双语教学的实施情况，结果如表 5 – 33 所示。

表 5 – 33　　　　　学前双语教学途径调查结果（Ⅱ）

题项 ＼ 选项		完全不符合	不太符合	不确定	基本符合	完全符合
1. 游戏也是开展幼儿园双语教学的重要途径	频次	1	1	8	16	19
	百分比（%）	2.2	2.2	17.8	35.6	42.2
2. 游戏法是您经常采用的进行双语教学的途径	频次	4	14	12	8	7
	百分比（%）	8.9	31.1	26.7	17.8	15.6
3. 幼儿园的双语教学应该渗透到幼儿的一日生活中	频次	0	3	2	15	25
	百分比（%）	0	6.7	4.4	33.3	55.6
4. 您能够将双语教学的内容渗透到幼儿的一日生活中	频次	7	9	11	15	2
	百分比（%）	15.9	20.5	25.0	34.1	4.5

认可双语教育应该渗透到一日生活中，应该采用游戏方法者的比例分别为 88.9% 和 77.8%，而在实际的活动组织与实施中能够

---

① 张梅：《新疆少数民族双语教育模式及其语言使用问题》，《民族教育研究》2009 年第 4 期；周欣：《新疆学前双语教育模式及教育方法之探讨》，《新疆教育学院学报》2011 年第 4 期。

经常做到的则为 38.6% 和 33.4% 。在访谈中，教师提出采用以上课为主要的双语教学途径的原因有三：第一就是班额。第二是没有合适的参考资料，调查显示，没有适宜的教学参考资料是制约多样化学前双语教学活动的重要影响因素。第三是教师缺乏积极尝试的精神和行动，在调查中很多教师依据突发动议或者长期形成的惯性来进行双语教育活动。这个现象和中小学的教育惯性相一致。① 因此，教师缺乏科学的学前教学的基本理念和基本的学前教学能力可能是最根本的影响因素。

调查和相关研究均揭示出班额是影响所采用的教育教学途径的重要因素，因此，需对班额大小和所采取的教学方式进行检验。国家关于学前教育的文件规定，25—35 人是适宜的班级规模，而实际上 40 人是很多幼儿园的常见规模，因此，以 40 人为界分为适宜班额和大班额两个类型。差异检验的结果见表 5 – 34、表 5 – 35、表 5 – 36、表 5 – 37 所示。

表 5 – 34　　　　　幼儿园教师双语教学主要途径的班额差异

题项		幼儿园开展双语教学的主要途径是课堂教学					合计	卡方值	显著性检验
选项		完全不同意	不太同意	不确定	比较同意	完全同意			
班额分类	≤40 人	6	12	24	6	0	48	40.461 **	.001
	>40 人	0	2	8	20	12	42		
合计		16	14	32	26	12	90		

说明：∗∗ 表示 p<0.01，差异非常显著。

表 5 – 34 的数据结果显示，班额大小与采用集体课堂教学有显著差异。

---

① 王鉴：《"惯性教学"反思——课堂视角中的素质教育》，《宁夏大学学报》2001年第 1 期。

表 5 - 35　　　　　幼儿园教师双语教学主要方法的班额差异

题项		您所在幼儿园主要采用讲授法进行语言活动					合计	卡方值	显著性检验
选项		完全不符合	不太符合	不确定	比较符合	完全符合			
班额分类	≤40人	4	6	12	20	6	48	.539*	.074
	>40人	0	12	2	14	14	42		
合计		4	18	14	34	20	90		

说明：＊表示 p＜0.05，差异显著。

表 5 - 35 数据显示，班额大小与教师采用讲授为主的方法存在 0.1 水平上的显著差异。

表 5 - 36　　　　幼儿园教师在一日生活中渗透双语教育的班额差异

题项		幼儿园的双语教育应该渗透到一日生活中					合计	卡方值	显著性检验
选项		完全不符合	不太符合	不确定	比较符合	完全符合			
班额分类	≤40人	0	6	0	18	24	48	.159*	.188
	>40人	0	0	4	12	26	42		
合计		0	6	4	30	50	90		

说明：＊表示 p＞0.05，无显著差异。

表 5 - 36 数据显示，班额大小与双语教学渗透到一日生活中的认识不存在显著差异。

表 5 - 37　　　　　幼儿园教师利用游戏进行双语教育的班额差异

题项		游戏法是您经常采用的进行双语教学的途径					合计	卡方值	显著性检验
选项		完全不符合	不太符合	不确定	比较符合	完全符合			
班额分类	≤40人	2	14	14	10	8	48	.784*	.775
	>40人	6	14	10	6	6	42		
合计		8	28	24	16	14	90		

说明：＊表示 p＞0.05，无显著差异。

表 5－37 显示,班额大小与是否采用游戏法作为双语教学途径没有显著差异,无论班额大小,教师都很少采用游戏作为主要的双语教学途径。

也就是说,大班额是影响将集体课堂教学作为最主要的双语教育途径的显著影响因素。但是同时显示,并没有因为班额的减小而将游戏活动和一日生活作为主要的双语教学途径,还有其他因素影响着将课堂作为最主要的途径。

（二）活动材料的缺失与缺位

提到牧区幼儿园,很容易让人联想到材料的不足,的确,与很多幼儿园相比较,这里幼儿园的材料非常欠缺,这就是我想说的第一个关键词——缺失。除了材料不足之外,还需要提出的是材料在活动中的缺位,与缺失不同,缺位主要指的是不能充分而有效地利用活动材料的现象。在所考察的幼儿园中,缺位现象比缺失现象更为严重且普遍。

在 JGT 幼儿园,大班的教室与其他年级的唯一区别就是桌椅的高度更加符合幼儿的身高,剩余的就是墙徒四壁,桌面空空。当时的第一感觉就是没有采用适合幼儿的学习方式来教学,难道是因为没有活动材料?在与教师的深入交流中发现,材料的确是这所幼儿园所欠缺的,但更为严重的是活动材料的闲置与浪费。一边是墙壁空空、桌面光光的幼儿园大班教室,隔壁却是堆积着体育器械、未开封的玩教具的仓库,这种情况在其他的幼儿园也比比皆是（见图 5－12）。在 KC 幼儿园的教室里,从物资设备上看,现代化的气息非常浓厚,电脑、投影、钢琴、VCD、音响、录音机一应俱全,细看之下,却有厚厚的一层灰尘蒙在上面（见图 5－13）。果不其然,在对该幼儿园连续 16 天的调研中,电脑从未打开、钢琴声从未响起、投影从未拉下,这到底是由什么样的原因造成的呢?

下面是笔者与 JGT 幼儿园 ZN 老师的访谈结果。

笔者:看看教室的布置,幼儿班就只是在上课吗?

ZN 老师:主要就是上课,和一年级没有什么区别,其实,幼儿园里有玩具、动植物模型、蔬菜宝宝、小木马、小皮球呀什么的，都没有打开，都在库房里。

笔者：这些材料是幼儿园购买的吗？

ZN 老师：幼儿园是 2011 年 6 月由原来的村小改建的，这些玩具就是在幼儿园成立的时候，教育局送来了一些，还有一些是单位捐赠的。

笔者：为什么不拿出来用呢？

ZN 老师：我有的时候是想拿出来让孩子们玩的。有两个原因不能拿出来用：一个是有些老师不愿意，再一个我觉得这些娃娃一节课就会把玩具给拆掉了（拆掉是当地方言，其意思是指损坏）。

图 5-12　JGT 幼儿园空空的教室里只有适合于书写的桌面和隔壁仓库未开封的玩教具堆

下面是笔者在 KC 幼儿园的访谈结果。

笔者：这些设备好齐全呀，县城的幼儿园里都没有吧。

LMJ 老师：就是的，我们的钢琴拉来已经两年了，电脑配得早了。

笔者：经常用吗？

LMJ 老师：我不会用钢琴，我不是学学前教育专业的，我在县城幼儿园里跟班培训的时候，那里有两个老师弹得特别好。

笔者：其他老师呢，她们会用吗？

图 5-13 KC 幼儿园从未落下的投影和从未响起的钢琴

LMJ 老师：我们这里有四个学前教育专业毕业的，她们应该会，但是也从来没有用过。

笔者：投影、电脑这些好像也没有打开过哦？

LMJ 老师：就是，麻烦得很，再一个没有网络，谁也不想用。

（三）以重复、训练为主的双语教学方法

以课堂为主、讲授为主的语言教学很容易落入重复训练的泥潭，访谈的结果印证了这一结果。

与 JJ 小学学前班汉语文老师的访谈：

笔者：你是怎么教常规和拼音的？

ZN：使用汉语说一遍，再使用藏语解释一遍，这样就比较好。还有就是要一遍一遍，不断重复才行。

问：有没有采用活动、游戏来让孩子学习这些常规和拼音的时候？

答：没有，主要是讲，一遍一遍地讲，然后让孩子们写，一个拼音写几行。

KC 幼儿园 **ZMJ** 是学前专业毕业的老师，她描述了自己的汉语言课：

我们这个地方走到哪里都是讲藏语，汉语如果一个字一个字地教给他们，他们就会有点兴趣，因为只有这样，他们才会懂，懂了才会有兴趣。记得我刚来的时候，带的是小班，我给他们讲故事，孩子们老睡觉，因为听不懂。所以，后来就一个字一个字地解释给他们，他们懂了，再让他们背。我刚来的时候，想给他们教好多好多的儿歌，后来觉得不切实际，于是改为"你好，再见"等日常用语，花朵、颜色等生活中看得见的概念。我们也知道，他们感兴趣的是积木，可以动手的一些活动，对藏歌什么的也感兴趣，就是对汉语不感兴趣。

其实，ZMJ 老师已经意识到了幼儿的学习兴趣在于关注那些符合他们学习规律和特点的活动与内容，动手操作的活动在很多时候可以避免因语言不通而带来的困难和尴尬。但是，在实际的教学中却没有从幼儿感兴趣的活动、适合幼儿的内容出发，而是被上课这种传统的形式所制约，产生出以上课、讲解、解释、背诵、重复为特征的双语教学活动特点。对此，在牧区有着近 30 年教学管理经验的 BDC 校长有着自己的看法，这种看法如果能够落实到幼儿园教师的行动中，将会有力地改善学前双语教学的质量。

BDC 校长：就我来说，三个方面最重要，第一个就是要多看动画片。动画片是个好东西，形象地把想要说的并配合动作说出来了，娃娃们就都懂了；第二个就是模拟，比如这个《问好歌》，你要模拟一种场景，让娃娃们知道什么时候说，怎么说，娃娃们也就会了；第三个就是搞活动，这个搞活动的时候，娃娃们要说话，就必须说了呗，这个时候说的往往就是娃娃们能够弄懂的。但是，现在我们的幼儿园活动搞不起来的原因，一是我们的老师自己也不会做个游戏，搞个活动；二是老师们主动意识差，不会想方设法地把活动搞起来；三是场地不允许，在一个小教室里，60 多个娃娃，怎么搞活动呢！

四 民族地区学前双语教学管理与评价分析

（一）教育管理部门重视学前教育规模，无暇顾及学前双语教育质量

夏河县学前教育处于跨越式发展的起步阶段，县政府、县教育局从 2010 年到 2013 年先后出台五个三年行动计划的配套文件，从未来发展方向、确立政府主导的办园体制、发展学前教育的行动纲领、新建改建幼儿园项目、完善机制落实责任等方面促进学前教育发展。文件的主要内容在于扩大学前教育发展的规模，致力于入园率的提高，三年入园率从 2010 年的 11.96% 提高到了 2013 年的 42.87%。发展学前教育的主要动力来自国家、甘肃省对民族地区发展学前教育的要求，而自身的动力不足。从学前教育发展经费的投入就可见一斑，2011—2014 年，夏河县改建九所幼儿园，新建三所幼儿园，投入经费 1135.1 万元，其中，国家投入经费 1003.1 万元，省政府投入 50 万元，县政府投入 85 万元。国家经费主要用于新建幼儿园，省政府投入和县政府投入的经费主要用于改建、维修幼儿园的设施设备。① 因此，现在所有的行动指向是幼儿园数量的增加，幼儿园学位的增加，还没有指向幼儿园质量的有效保证和提升。

忽视幼儿教育的研究性与专业性。在与乡政府和教育局主管领导的访谈中，不难看出他们对学前教育专业性的定位不准，当然，这也从另一个侧面反映了对学前教育专业性的忽视。

县政府主管秘书：幼儿园是个管娃娃吃喝拉撒的地方，愿意去的人少得很，尤其是还在乡里头，我们有门路的娃娃们都到别的单位上去了，幼儿园老师的地位还是比较低的。

教育局主管科长：幼儿园里的双语教学吗？那还是比较容易的，我们教育局都给幼儿园订了教材了，有民族师院的，有青海的，老师们照着给娃娃们上的话，问题就不大。

---

① 2014 年 5 月 28 日填写的"甘肃省学前教育发展状况监测统计表"。

　　政府和教育管理部门对学前教育的忽视，对学前双语教育专业性和科学性的忽视，缺失了学前双语教学有效实施的外在条件。

　　（二）幼儿园制度的缺位，对教师的双语教学过程及结果缺乏监控

　　前面所揭示的教师双语教学目标的模糊、内容选择的随意、以上课为主的途径以及以背诵为主的方法和幼儿园的管理不无关系。以KC 幼儿园为例，园长办公室的墙壁上张贴着园长职责、保教主任职责、班主任职责、教师职责、保育员职责、教师职业道德规范、环境卫生制度、卫生保健制度、安全制度、保育制度、政治学习制度、疾病预防制度 12 个幼儿园和教师管理制度，但是，在实际执行的过程中能很好落实的是环境卫生制度、签到制度、安全制度三个制度，而对教育教学影响更为内在的备课制度、教案检查制度、材料投放制度、教研制度、保教主任职责等仍然处于缺位状态。园长对于幼儿园和教师的管理停留在迟到罚款、请假罚款等刚性纪律管理的层面，还缺乏激发幼儿教师专业发展、提高教育教学质量的深层激励。再以SK 幼儿园为例，SK 中心小学的校长告诉笔者：

　　当时我有两个幼儿园园长人选，另外一个其实更适合做幼教，但是现在的园长更适合让幼儿园生存下去，因为经费是一个幼儿园生存和发展最根本的条件，所以我在选择园长的时候第一考虑的就是能否通过合理的途径争取到更多的幼儿园发展资金，改善幼儿园的教育教学环境。对于如何搞好教育教学则是推迟考虑的事情，现在主要依靠的是县城幼儿园支教老师进行全面的指导，支教老师走了以后怎么办，还没有考虑清楚。

　　无论从已经建立五六年的幼儿园还是新建幼儿园来看，都存在第一个共同问题，即幼儿园管理制度的缺位。

五　小结

　　综上所述，夏河县学前双语教学的实施存在着学前教育质量低

下和双语教学实施困难这样的双重困境。

1. 牧区幼儿园实施以藏语为主的学前双语教学模式，小、中、大班均以藏语为主，不能尽快过渡到两种语言平衡或以国家通用语言为主的模式。农区和混居区幼儿园实施以汉语为主的学前双语教学模式，只将藏语言作为一门独立的课程开设，不符合幼儿教育发展的特点和规律，或者完全回避部分幼儿学习藏语的需求，忽视了母语学习的选择机会与可能。

2. 教育管理层忽视学前双语教学模式的研究，轻视其实施的科学性、专业性以及实施中所存在的困难与问题，更没有给予合理、科学的指导与帮助。

3. 幼儿园内部停留在刚性管理阶段，没有建立、落实围绕双语教学的幼儿园管理制度。

4. 学前双语教育的目标定位模糊、片面。

5. 学前双语教育的内容远离幼儿的经验，缺失民族文化；教师对内容的选择具有随意性；语言教育内容不全面，不能满足幼儿听、说、读、写等双语能力全面发展的需求。

6. 幼儿教师对于如何实施学前双语教学存在认识上的模糊性和行为上的不确定性。学前双语教育方法侧重于单一重复，功能性方法严重缺失，既不符合幼儿学习语言的特点和规律，又无助于实用语言能力的形成与发展。

7. 幼儿语言的评价停留在单个语言发展的评价上，忽视双语能力的发展评价。

第四节 藏族地区学前双语教育模式实施的输出变量研究

一 牧区幼儿国家通用语言能力的发展

目前夏河县基本普及了学前一年教育，除了县镇的两所幼儿园和一所小学的附设学前班之外，其他均实施双语教学，本书关注的是牧区学前双语教育模式实施的结果。下面是教师对幼儿语言发展的评价。

在 KC 幼儿园和 KC 中心小学访谈和上课的经历，让我深刻体验到了幼儿园双语教学的效果。

在幼儿小班，以藏语作为教学语言，对国家通用语言的学习则通过开设汉语文课。在上汉语文课的时候，不能使用纯粹的汉语教学，必须辅以藏语解释，否则幼儿是不会懂的，进而会失去上课的兴趣。小班教学的主要内容是日常的交往语言和生活中常见事物的名称。到中班，其他科目使用藏语作为教学语言，汉语文课仍然是最主要的学习国家通用语言的途径，除了汉语文课之外还增加了故事课，由于幼儿还听不懂汉语，故事课讲的多为藏语故事。拼音和藏文字母是中班两种语文课的重要学习内容。到了大班，汉语文课、藏语文课将把读、认一些汉语拼音、藏文字母、幼儿藏文、汉文名字、简单汉字的认读作为主要的教学内容。

经过三年的双语教学，幼儿国家通用语言的发展情况怎么样呢？就此问题笔者先后两次访问了 KC 中心小学一年级的汉语文课教师 DH 书记。这两次的访谈结果比较一致，认为最严重的问题是一年级儿童使用普通话进行交流的情况甚少，基本上听不懂日常语言。为了让笔者有一个真切的体验，DH 老师邀请我给他班上的孩子上一节课。在犹豫之后，作为一种体验式的研究我还是答应了 DH 老师的邀请，上课的内容是字母"zh ch sh"。

从 8 月 18 日开学到 9 月 24 日笔者上课，孩子们入学已经一月有余。上课后我的感受有四：一是孩子们的书写非常整齐和干净，全班 32 名学生，只有两名学生的书写有点橡皮擦过的痕迹，其他学生的均干净整齐。二是拼读功夫很扎实，仅仅出示了 sh→e 之后，孩子们就能够拼读出 she；我想，这和幼儿园以拼音为主要教学内容不无关系。三是孩子们的精神面貌非常好，坐姿端正、声音洪亮、吐字清晰是大部分孩子的课堂表现特点。四是孩子们难以理解日常的通用语言。上课过程中有三个发笑片段的情景足以说明这一点。

情景一：我想先让学生以日常生活入手体验"zh ch sh"，设计了三个含有"zh ch sh"的句子,其中之一是:"你们想知(zhi)道我是(shi)谁(shui)吗?——新老师(shi)。"问题提出后只有两位学生能够回答"老师",其他孩子沉默,沉默的原因是没有听懂我所说的话。

情景二:在教学当中,当孩子们会读 zh 之后,我要求孩子们"把这个字母写一行",同时伸出了一个手指头。结果有六位学生写了三行,有五位学生写了一个,还有两位学生将 zh ch sh r 都写了一行。我猜测,写了一个的学生只看到了我伸出的一个手指头,认为表示的是一,写了三行的学生可能是老师平时在课堂练习中就要求写三行。

情景三:最不理想的是学习后的听写检查环节。"今天我们复习了'z c s',新学习了'zh ch sh',现在我想看看大家是不是学会了,请合上书本(加手势),听到老师念什么(加手势),就在本子上写出来(加手势)。"此时教室里有点混乱,混乱是因为孩子们没有听懂我的要求。z 和 zh 是我首先念出来的,发现答案有"z zh s r",多半孩子写的是 s。听写的效果要比抄写、跟读的效果差很多。在和 DH 老师交流之后才知道,教师平时没有听写,很多孩子没有听清我的要求或没有听清我读的字母。这从另一个侧面反映出儿童听的能力低下。

JGT 幼儿园的 ZN 老师对学前双语教学结果的评价是:

我们的幼儿园在村子上,幼儿的家里人都不会说汉语,我们的大班相当于学前班,教一些拼音啥的,这里的孩子到三年级的时候听说汉语的能力都不太好,不能听说日常的一些用语,更不用说在幼儿园里了,幼儿根本听不懂,也不会说,但是汉语拼音都会读,都会写。

SYA 幼儿园园长这样评价幼儿园的双语教学结果:

我们这里的孩子5岁就会到小学上学前班，我们是复式教学（其实是混龄，幼儿是2.5岁到5岁不等，教师受到了中小学复式教学的影响，在学前阶段的术语是混龄班），上课主要使用藏语，汉语教的是一些儿歌、诗歌的背诵，送到学前班之前基本上不具备听说汉语的能力。

SK幼儿园的园长这样评价双语教学的效果：

SK幼儿园的孩子基本生活在纯牧区，孩子们听不懂汉语，也不能使用汉语表达。这些娃娃们都只会说藏语，汉语根本不会。经过一年的学前教育，还是不会，可能到了三年级的时候，一部分孩子才会有一定的听说能力。

对此笔者也是深有体会的。平时在幼儿园时，我和另外一位汉语支教老师碰到幼儿就会主动和他们打招呼，打招呼的结果往往是这样的：你好→你好，再见→再见，谢谢小朋友→谢谢小朋友，小朋友再见→小朋友再见。幼儿的回答也是镜面模仿式的，我问什么就会回答什么，正如我教什么就会模仿什么一样。还有在SK幼儿园尝试进行的一次纯粹的汉语活动探索之前，园长再三询问我们是否需要藏语老师做翻译，因为娃娃们听不懂。

二 牧区幼儿关于国家通用语言学习兴趣与主动性的发展

对牧区幼儿园幼儿学习国家通用语言的兴趣和主动性，主要从两个方面进行考察：一个是日常生活的观察，观察幼儿在日常生活中是否会主动使用国家通用语言；另一个是访谈，访谈对象不仅涉及幼儿园、学前班的幼儿，而且涉及家长和更高年级的学生。

在为期两个月的田野调查中，牧区幼儿园的幼儿主动使用国家通用语言的仅有一例。

那是初秋的早晨，幼儿们陆陆续续在家长的陪同下入园，大班的三名女孩在教师宿舍前面的空地上主动齐唱着三首儿歌并配以动物模拟操，历时5分32秒，其中背对着我们的女孩自始至终都能够唱出早操歌，做好三种操。右手边面对着我们的女孩能够将大部分的儿歌唱出，早操动作也均能完成。另一位扎辫子的女孩最初能够和这两名幼儿一同边唱边跳，但是汉语儿童歌不能完全唱出，在这个自发活动开始后的3分32秒时离开，跑向了大型的玩具器械（见图5-14）。

图5-14 幼儿主动唱汉语儿歌的瞬间

幼儿学习国家通用语言的主要途径是汉语言课，内容是背诵儿歌、童谣，在生活与其他方面的学习中几乎不使用国家通用语言，没有学习、使用国家通用语言的环境，这不仅影响了幼儿学习的结果，而且影响了幼儿学习的兴趣。总之，幼儿学习国家通用语言的兴趣和主动性有待改善。

三 混居区幼儿藏语能力与学习兴趣的发展

混居区藏族幼儿的藏语能力发展和兴趣如何呢？笔者也主要通过访谈与观察获得。

问：孩子两种语言学习情况怎么样？

旦知介布：我的孩子才上小班，回家就不好好说藏语了。这孩子从小是跟着我的爸爸妈妈在牧区生活，才上幼儿园一个多月，汉语进步快得很，我还是担心藏语不好好学了。

德吉卓玛：孩子的汉语是学得好，藏语就不行了，家里说藏语主要是口语，而书面语言啥的，有些家长就不知道了。问题是上什么小学，送到藏小的话，汉语就不知道了；送到拉卜楞小学的话，根本就不学藏语，母语就丢了，所以很为难。

卓玛：全汉语的幼儿园环境对很多藏族孩子来说根本听不懂，在幼儿园阶段就开始以汉语为主的话，孩子语言学习的坡度太大了，担心会对孩子的发展产生不好的影响。

任青卓玛：我的孩子在中班，还可以吧，主要是家里强调要说藏语，我在家里说的都是藏语，经常跟他讲要说藏语，母语不能忘掉。我觉得我的做法也值得推广，就是家里说藏语，幼儿园里教汉语，两种语言都说得还不错。

问：为什么不好好说了呢？

旦知介布：我觉得是态度，幼儿园里如果有什么像大学里的选修课，不禁止说藏语，孩子对学习藏语的态度就会好一点。

问：您刚才说语言环境差指的是什么呢？

任青卓玛：幼儿园要求孩子只讲汉语，还要求家长在家里也要讲汉语，否则我们自己的小孩和别人的孩子就有差距了，所以，我们有的时候在家里也讲汉语，现在，我们如果在家里讲藏语的话，孩子会使用汉语来对话，所以说环境就差了。社会在进步，老师这样要求，我们又想让孩子学好藏语，矛盾得很。

问：您觉得幼儿园的孩子学习双语应达到一种什么程度？

旦知介布：把自己的母语学好，把普通话也要学好，我们现在的环境真得不好，连乡长和书记都说不好普通话，我们每一个人怎么可以做得到。所以，我的想法是有些人一定要把藏语学好，大部分人生活在民族地区，让新生一代了解一下藏语也不是全无好处，藏族的孩子将来长大，有可能去牧区生活和工作，藏语不会的话那多不方便，汉语当然是一定要会的，两全其美的话就最好。

任青卓玛：我们小学毕业的时候，连一句通顺的汉语都不会说，主要是藏语会了以后，如果有使用汉语的环境，在这个环境中自然而然就学会了。但是藏语就不一样了，必须小的时候学会，长大了学起来就难了。所以，幼儿园里还是要教一下藏语的。

可见，即使在藏汉混居的地区，家长们希望能够有选择的机会和环境，从孩子长远发展的角度看，还是希望能够学好国家通用语言，因为这是走出牧区，走向更广阔天地必备的语言条件。

四 小结

1. 牧区幼儿园的幼儿藏语学习得较好，而国家通用语言的水平非常低下，尤其表现在口语能力和阅读能力方面，需要国家政策和研究的大力支持与帮助。

2. 在民汉混居地区，幼儿汉语学习得较好，家长期望能够提供可选择的环境和机会，满足部分家长和幼儿的学习需要。

3. 牧区幼儿学习国家通用语言的积极性差，兴趣不高，需要从学前双语教学方法和途径方面予以改善。

第六章 民族地区学前双语教育
有效实施的实践探索

第一节 民族地区学前双语教学的
课堂志研究

一 牧区幼儿游戏活动的课堂志研究

A老师是典型的藏族女孩，2010年毕业于甘肃民族师范学院藏语文专业，由于在夏河县城长大，在合作市区求学的经历使其拥有了使用两种语言的能力。2010年12月，她参加考试，获得了幼儿教师的岗位，2011年被园长派往县城幼儿园跟班培训一个月。对于这一个月的学习，A老师最深刻的体验是累。2013年曾被派往上海参加少数民族地区骨干教师培训，她最深刻的体验是太高级了，我们根本做不到。笔者在调研期间曾四次前往KC幼儿园，在持续16天的调研中，这是仅有的一次结构游戏。为了便于分析，本次活动实录以时间为主要线索。

在所有的课堂志案例中，对于幼儿的行为记录，如果知道姓名，就以简写的姓名进行记录，如果不知道姓名，男孩均记录为扎西，女孩记录为卓玛，以进行性别的区分。

（一）活动实录——KC幼儿园大班建构游戏

00:00

A老师：小眼睛。（汉语）

幼儿齐声：看老师。（汉语）

00:34

A老师：安静一点。（藏语）

A老师："门前大桥下"预备开始。（汉语）

幼儿齐声：门前大桥下，游来一群鸭，快来快来数一数，二四六七八，咕嘎咕嘎游来好多鸭，数不清到底多少鸭，数不清到底多少鸭。（汉语）

A老师："一只哈巴狗"预备开始。（汉语）

幼儿齐声：一只哈巴狗，坐在大门口，眼睛黑黝黝，想吃肉骨头。一只哈巴狗，坐在大门口，尾巴摇一摇，朝我点点头。（汉语）

A老师：起了一首藏语的儿歌。（藏语）

A老师：起了第二首藏族儿歌，孩子们开始齐声大声唱着。（藏语）

A老师："爸爸妈妈去上班"预备开始。（汉语）

幼儿齐唱：爸爸妈妈去上班，我上幼儿园，我不哭也不闹，问声老师好。（汉语）

A老师："新年好呀"开始。（汉语）

幼儿齐声：新年好呀，新年好呀，祝贺大家新年好，我们唱歌我们跳舞，祝贺大家新年好。（汉语）

04:27

A老师：好，就到这里。A老师没有继续给出指令，在教室的最前面走了两个来回。（藏语）

04:47

A老师：小嘴巴。（汉语）

幼儿齐声：闭起来。（汉语）

A老师：手背后。（汉语）

幼儿齐声：背背后。（汉语）

04:55

A老师：现在开始玩玩具，不许相互抢，不许打架，听见了吗？（藏语）

幼儿齐声：听到了。（藏语）

A老师：也不许吵闹，知道吗？（藏语）

幼儿齐声：知道了。（藏语）

◆常规口令之后，A老师没有继续给出指令，而是在教室里巡视了一圈，没有指令的教室里开始混乱起来。

◆有多一半的孩子一起唱着儿歌，在第三组中有一半的幼儿没有唱。

◆仅有1/3的幼儿唱着这首儿歌，即使是老师认为比较好的第一组的幼儿，也只有近一半的孩子能够从头至尾唱出儿歌。

◆幼儿开始齐唱，所有幼儿中大约有10名幼儿在唱着儿歌，其他有说话的，有静坐的。A老师在拥挤的走道里帮孩子调整着座位。

◆这是唱读声音最大的一首儿歌，我想可能是孩子们都非常熟悉。

◆看到A老师没有指令，幼儿又开始乱了起来。从下面教室里儿童座位图可以看到，幼儿之间紧紧挨着，间隔很小。

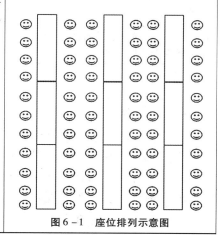

图6-1 座位排列示意图

A 老师：看到客人老师了吧，要安静地好好玩，听清楚了吗？（藏语） 幼儿齐声：听清楚了。（藏语） 05:20 A 老师开始发放积木。（藏语） A 教师：安静一点，不要吵，谁搭好一个完整的玩具，就举手。（藏语）	◆需要说明的是，幼儿园里总共有四包积木。A 老师的分配方案是每一组一包，打开玩具袋分别在每个桌子中间倒出 1/3 积木。拿起第四包积木后，A 老师环视每个桌子，根据每个桌子上玩具数量的多少，进行了补充。 ◆玩具倒在桌子上后，幼儿的第一反应是"抢"，尽可能快、尽可能多地把积木揽到自己面前，有的甚至用双手盖住了自己揽过来的积木。虽然 A 老师用藏语不断强调"不要拿走全部""放在中间玩""放在桌子中间""不要抢""不要一个人独占""要放到中间玩，不要一个人玩"。但是这些规则已经丝毫没有效果了。 ◆在建构过程中，幼儿发现，自己刚刚抢来的积木有木制非嵌套的、有塑料中空嵌套的、有塑料凹凸嵌套的，幼儿们根据自己的需要开始了第二轮的交换或者抢夺。坐在第一组第一个座位上的宫保就把所有的木制积木拿来，搭了一个火箭让我看。
25:02 A 教师：拿起第二组第一个座位上孩子的飞机向全班幼儿展示："看见没有，看到了吗，你们看到这个了吗？你们可以坐上飞机去旅行。"（藏语） 25:17 A 教师：一二三，看前面，看看前面扎西做的，他拼了一个火车，要让你们坐上车走起来，看到没有，做得好不好？（汉语） 28:00 A 教师：今天的积木就玩到这里，下课了，把玩具收到袋子里。（藏语）	◆孩子们都操作着自己手里的积木，没有几个孩子抬头看 A 老师，也没有几个孩子听 A 老师说话，A 老师两次试图提供的学习范例都被幼儿忽视了。 ◆在短短近 20 分钟的建构活动中，只有 10 名左右的幼儿搭建出了能看出物体外形的建构物，使用积木最多的是 14 块；有五六名幼儿仅仅拿着 1—3 块积木在手中玩耍，多为女孩；其余的幼儿拥有的积木数量多为五六块，建构物也多为半成品。

（二）活动分析

第一，材料不足，建构活动走样，建构活动目标无法达成。以玩积木为代表的建构活动，其核心的目标有两个：认知目标和技能目标。就认知目标而言，儿童通过建构材料的操作能够获得皮亚杰所提出的物理经验和数理逻辑经验。前者比如物体名称、颜色、形状、大小等，后者指在解决如何搭得高，如何搭得长等活动中所蕴含的物体之间的关系经验。技能目标则是通过建构发展幼儿的动手操作能力，比如平铺、搭高、围合、架空、模式等。建构活动需要相对充足的建构材料，上面的实录足以透露出建构材料的不足，在建构材料不足的情况下，建构活动已经不自觉地变为抢夺等消极的社会交往活动，其建构活动的目标自然无法达成。关于教师对材料的认识和建构游戏本身的认识，笔者在活动结束后与教师进行了访谈。

笔者：A 老师，您理解的建构游戏是什么呢？

A 老师：就是搭积木吧。

笔者：A 老师，幼儿园的材料建构就提供这些吗？

A 老师：幼儿园里只有这四包积木，还是两种，你看，一种是木头的，一种是塑料的，孩子们玩的时候容易抢，不听话。

笔者：孩子们容易抢是他们不听话，还是材料少？

A 老师：你这样一问，我觉得好像是材料少的原因。

笔者：那是否有办法补充材料？

A 老师：那是园长的事情，我们没有办法。

笔者：有没有想过是否可以使用日常物体、仓库里的体育用品、废旧材料呢？

A 老师：那多麻烦呀。

首先，从建构材料来讲，即使在条件很好的幼儿园里，建构材料也有三类：一类是购买的木制、塑料、泡沫等多种积木，这正如这次结构游戏中所使用的积木；二类是自然材料，比如沙、泥、水、雪等也是非常好的建构材料，这些材料在乡镇和村级幼儿园是随处可取的，却受到了老师们的忽视；三类是废旧物品，比如包装盒等均可以成为建构的材料，幼儿园里不缺的就是包装盒，每天都有十几个牛奶箱空出来，这些只会作为燃料来使用，作为垃圾来处理，从未有老师将它作为建构的材料来使用。

其次从游戏的组织来看，教师对这个游戏活动的认识在很大程度上可以反映出游戏在幼儿园实践中的困境。游戏是幼儿园的基本活动，而游戏有多种类型，每种类型游戏的实施过程和要求也是有差异的，这些都需要对教师进行培训，才能使之有更好的认识和意识。

第二，沿用惯性思维组织活动套路，不能体现建构活动的本质。在该幼儿园调研期间，笔者发现，大部分教师组织活动的做法是活动初期使用儿歌，一则可以起到维持纪律的作用，二则可以调动起幼儿学习的积极性，三则可以起到复习儿歌的作用。而实际上幼儿对于建构活动的兴趣大大超越了前者，再加上教师往往是上课铃声响起进教室门，下课铃声响起结束活动，所以导致了建构活动时间不足。研究表明，30 分钟以及以上时间，更能够保障幼儿建构活动的开展，在短短 20 分钟的建构活动中，幼儿不能够有充足的时间构思、完成作品。结果是只有 10 名幼儿能够构建出简单的物品，教师在活动即将结束时试图展示两位幼儿的作品这一目的也未实现。足以看出，教师在使用中小学上课的惯性模式组织游戏活动，不能体现建构活动的优势，不能实现建构活动的价值。在活动后的访谈中，也证实了 A 老师的这种认识，所有的活动都使用这种上课模式。

第三，教师的双语教学意识不足。除了活动初期 A 老师使用汉语儿歌和汉语常规指令维持纪律之外，其他所有的教学语言都是使用藏语，无数的研究表明，当有具体形象的物质条件作为支持的时候，儿童更容易获得第二语言。为何 A 老师不能很好地利用这种优势，促进幼儿两种语言的学习呢？在活动之后的访谈中笔者发现，原来是对双语教学的认识不足和各司其职的角色定位起着作用，而教师的这种定位和幼儿园园长的管理观念密切相关。

笔者：你的汉语说得这么好，好像上课的时候很少使用？

A 老师：哦，藏族人嘛，使用藏语最方便了。

笔者：你有没有觉得在这类有具体形象支持的活动中，学习汉语更便利？

A 老师：好像是吧，但汉语主要是在汉语文课上来教的，我不是教汉语文的。

笔者：如果你在课上在可能的时候使用汉语，你觉得怎么样？

A 老师：那，不太好吧，我的主课是藏数学。

笔者：幼儿语言的学习应该渗透在生活和各领域活动中，恐怕不是汉语言课所能独立完成的。

A 老师：园长要求每个老师做好自己的事情。

后来在与园长的访谈中，园长对学前阶段幼儿学好两种语言持相对消极的态度，将语言的学习更多地归结为生活中没有使用国家通用语言的大环境，忽视在幼儿园里创设让幼儿学习两种语言的环境。

二 牧区幼儿园集体活动课堂志研究

（一）牧区幼儿园大班的数学活动——10 以内加法

幼儿园：KC 乡镇中心幼儿园

活动时间：10:20—10:50

10:20 的铃声响起的时候，坐在办公室的 B 老师叫上我来到了大班的教室，我的到来引起了孩子们的骚动和议论，尽管在这之前和孩子们一起做过游戏，但时隔一周，他们对我又陌生了许多。我坐在了第一个走道的最后面，不时有孩子回过头来看我，小声地说着我听不到也听不懂的藏语。此时的 B 老师在教室的前面，背对着我们，手中整理着什么东西。（用时 3 分钟）

B 老师转身之后开始整顿纪律。

B 老师：小嘴巴。（汉语）

幼儿齐声：闭起来。（汉语）

B 老师：手背后。（汉语）

幼儿齐声：背背后。（汉语）

B 老师开始巡回将部分没有摆正的孩子的凳子摆正，期间有两

个孩子到最前面教师用的柜子上取放东西。（用时 2 分钟）

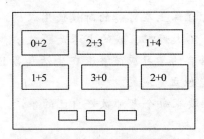

图 6 - 2　B 老师出的数学题

　　B 老师回到教室的最前面，开始在小黑板上写数学题目，孩子
们在自由活动，有的甚至在走道上窜来窜去。B 老师使用 3 分钟在
小黑板上写好了如图 6 - 2 所示的题目，使用 1 分半钟的时间带领
孩子们看黑板上的六道题目，然后告诉孩子们可以算了。孩子们纷
纷伸出自己的手指，有的是用嘴唇碰触的方法——数着伸出的手
指，有的则使用伸出手指再——收回的方法数。（用时 1 分 10 秒）

　　第一道题目：请靠窗的一名幼儿上前写出答案，得出答案后则
使用画方框的方式来表示。幼儿从上去到做出题目用时 30 秒，此
时其他幼儿大多能集中注意力，看着黑板上做题的幼儿。做完题后
老师要求幼儿讲出是如何做出的，幼儿左手伸出两个手指，右手握
拳，告诉老师是这样加出来的。

　　第二道题目：幼儿用时 1 分半钟，期间只有 10 名左右的幼儿
能够集中注意力，看着前面算题的幼儿，我周围的幼儿开始不断地
朝我笑，给我做鬼脸，有的仰在椅子背上，有的和左右或者前后的
幼儿开始说话，期间教师组织过一次纪律，但没有什么效果。

　　第三道题目：幼儿用时 30 秒，很快走上前来画了五个方框，
很快又走了下去，老师还没有来得及询问是怎么做出来的。

　　第四道题目：老师问：谁愿意上来做？有 20 名左右的幼儿高
高举起手。老师又说："你们推荐一名幼儿来做。"很多幼儿喊旦
正道吉的名字。旦正道吉来到了小黑板前，左手伸出一个手指，右

手伸出五个手指，共用时 2 分钟。期间，其他所有幼儿都各行其是，有唱歌的、聊天的、左右摇晃的，也有乖乖坐在椅子上的。

第五道题目：孩子们一致推荐尕吉来做。尕吉很快写出了正确答案。

第六道题目更简单，大家推荐嘉木措来做，嘉木措扭扭捏捏地来到了小黑板前面。左手伸出两个手指头比画着，没有答案，回头笑着看自己座位附近的几个同伴，没有得到回应，此时又有六个第一组和第二组的孩子跑到了嘉木措前面，有说答案者，有起哄者，最终历时 3 分钟，嘉木措画出了两个方框，得出了正确答案。剩余的 6 分钟时间都在吵闹中度过。对老师的活动进行分析，其结果如表 6-1 所示。

表 6-1　　　　　　　**对 B 老师数学活动的分析**

活动类型	具体活动	活动用时	活动类型的时间比例（%）
准备与过渡活动	从办公室到教室	1 分	15
	老师进教室等待	2 分	
	老师整理书桌	1 分	
	老师与幼儿交换材料	30 秒	
数学活动	老师在小黑板上写题目	3 分	50
	老师领幼儿看题	1 分 30 秒	
	老师要求幼儿计算	2 分 30 秒	
	不同的幼儿板演	8 分	
维持纪律活动	老师维持纪律	1 分	15
	老师摆放桌椅	1 分 30 秒	
	老师巡回	2 分	
混乱	老师等待下课，幼儿秩序混乱	6 分	20

首先，这次数学活动真正与幼儿数学密切相关的时间为 14 分

钟，其中幼儿参与的时间是 11 分钟，占所有时间的 33%，大量的时间被用于教师准备材料和幼儿秩序的混乱，在时间的利用上显示出了低效。其次，从活动的内容上看，幼儿数学活动的过程缺乏可操作材料的支持，而活动的结果则强调使用形象的方式表达，将数学操作变成了机械的训练，而在表达上则低估了幼儿的数学发展能力。在课后的访谈中，笔者询问教师为什么这样设计的时候，老师说："我想降低幼儿的学习难度。"其实，难度在于数字加减的过程，并非仅仅限于用形象的方框来表达思考的结果。老师在一定程度上缺乏数学领域的学科知识和数学领域的教学知识。在很多人看来，学前阶段数学教育的内容很简单，是众所周知的知识，实际上，简单的知识并不简单，简单也并不意味着人人都获得了正确、科学的简单知识，因此，对幼儿教师相关领域知识的教育还是不可或缺的，这也是当前的培训所忽视的。

（二）牧区幼儿园大班的藏语文活动

SK 幼儿园是 2014 年才开始招生的幼儿园，招生计划决定招收一个学前班和一个大班。当该幼儿园开始运行时却发现师资是一个巨大的障碍，所以决定将两个班合为一个班，并申请了两名专业为藏语文的实习老师作为主力。在调研期间，实习老师给学前班和幼儿园上课甚至带班的现象比较多，因此，也有必要将其作为一个案例进行分析。C 老师是民族师范学院四年级的大学生，所学专业是藏语文，本来想到小学实习，却被派到了幼儿园，有两个原因让她感受非常不情愿。一个原因是"娃娃小，不听话，吵得很"，另一个是幼儿园的老师不像个老师，"还要给娃娃们煮鸡蛋、热牛奶，麻烦得很"。

1. 活动实录——SK 幼儿园藏文字母学习

当我走进教室的时候，老师正领着幼儿读字母。藏文的 30 个字母，五个一组，共写了三行，整齐而紧密地排列在教室最前面的小黑板上。教师用教鞭——指着藏文字母挨个领读。字母存在于黑板上已经很长时间。距离笔者第一次来 SK 幼儿园已经有 10 天的时间了，而字母一直存在于黑板上，之后这些字母继续存在着，笔者第四次去的时候，因为要用黑板，这些字母才被擦掉。

00：00－17：33

这个时段教师教学行为主要有三类：读、释、管。

读。读又分两种：一种是领读字母，领着所有儿童大声唱读着所有的字母，一遍又一遍，不厌其烦。另一种是点名要求单个幼儿认读，这段时间叫了三名不同的幼儿认读，三名幼儿均能读出教师所指字母。在老师领读这段时间里有名坐在我身边的幼儿低头睡着了，还发出了微微的鼾声，引得他前面的一个女孩回头把他推醒了，醒来的幼儿看着我，有点不好意思地低头笑着。

释。释就是在需要的时候，教师会给幼儿组词解释字母的意思。比如，sa 组词 sama（食物），解释是吃的东西；xia 组词 xiadou（帽子）；ca（磕）是磕长头的磕；ca 的另一个词是 cage（盐）。这段时间总共解释了 9 个字母。

管。管就是维持纪律。端坐静听唱读这种集体学习行为要求纪律作为保障。因此，在此期间，维持纪律就成为一种必然的行为。"往这儿看""往前看""好好看前面""安静点""手放在背后，坐直""好好看""听见了没有，坐好""好好学，学好了就出去玩""后面有听课老师""不听话，要打你的"，等等，此类维持纪律的行为在该时段出现 14 次，也就是说，每一分钟都需要维持纪律。

17：33—23：30

这一时段教师的行为是发作业本。老师抱着一摞作业本，在教室里穿梭着将作业本发给每一名幼儿，然后发铅笔，发现铅笔尖有问题还会帮幼儿削好铅笔。

23：30—62：30

写。写是这个时段教师的核心行为。教师从她身边的第一个孩子开始，逐个手把手地教孩子们写两个藏文字母，对每一行的第一个字母手把手地写，每一个字母要写三到四行。与写相伴随的是孩子们的等待，为了等到老师给自己手把手地教写字母，有的幼儿等了 40 分钟也没有等到老师，只好由已经写完的同伴来教。图 6－3

的图片尽显幼儿的等和写。尽管是手把手地教，但对于需要按照一定的顺序、方向书写的字母，也只有 10 名左右的幼儿能够正确、干净地书写，这些孩子又作为小老师手把手地教一点儿都不会的幼儿。他们模仿着教师手把手教的样子，却不知对方压根儿看不到需要学习的内容。笔者探身看旁边一名幼儿的书写，幼儿涨红了脸，双手盖住了自己的作业本。

图 6-3　幼儿在藏语文课上等待与互助

2. 活动评析

第一，端坐高唱，长久等待。如果需要提取几个关键词的话，端坐高唱，长久等待是比较贴切的。在长达 17 分钟的时间里，教师主要通过齐声高唱的方式，逐一反复领读 30 个字母。在长达 40 分钟的时间里，幼儿等待着教师来手把手地教自己写两个字母。下面是活动后与教师的访谈。

笔者：手把手地教需要很长时间，在黑板上集体示范怎么样？
C 老师：很多的娃娃根本不会，只有少数几个能写上。
笔者：能不能用其他的方法教？
C 老师：那不知道，我们也不会教，字母就是会读会写还有知道组词就行了。
笔者：我们昨天尝试的语言活动月亮船，你觉得上得好不好？
C 老师：老师有点那个（夸张），我们不会做，做不好，不像是上课。
笔者：你觉得幼儿园里的课怎么上？

C 老师：说不上，不知道。

第二，双语环境严重缺失。一所幼儿园，一个班，五位老师（一位园长、两位实习老师、一位小学转岗老师、一位支教老师），除了支教老师是汉族之外，其他四位老师均为藏族，在一日生活的各个环节均使用藏语。支教老师由于有长期在牧区工作的经历，能听懂藏语，能使用藏语进行日常交流，所以，整个幼儿园的环境就是纯藏语环境。四位藏族老师都有能够使用汉语进行交流的能力，却从不主动使用汉语。在教育教学中，他们消极适应幼儿当前的语言能力和水平，适应大环境中使用藏语的要求，缺乏创设双语教育环境的意识。

笔者：你的汉语不错，平时好像不怎么说？

C 老师：藏族人嘛，就要说藏语呢，就跟你要说汉语一样，不然人家笑话呢。

笔者：那上课的时候，经常使用汉语吗？

C 老师：我的汉语不好，从没有说过，害怕给教错了。

笔者：打招呼、问好这些平常使用的语言呢？

C 老师：不教，不知道教啥，教了也听不懂。

经常看到支教的老师碰到孩子们大声说着："小朋友好"，幼儿经常回应的仍然是"小朋友好"。这表明幼儿通用语言仍然处在个别词汇的镜面模仿学习阶段。

（三）牧区村级幼儿园的户外综合活动

SYA 幼儿园是典型的牧区村级幼儿园，距离县城大约 5 公里。从县城驱车向东出城不久，就拐到了右边的一条乡村小道上，在村子中央的一座普通的农家小院门口停了下来。正在疑惑之间，从门缝里传来了孩子们的声音，原来这就是 SYA 幼儿园。两个水泥柱子，一扇朱漆铁皮大门，走进院子，迎面有三间房屋，中间一间较大，看来是幼儿的教室，右边是教师办公室，左边是杂物间，院落地面由水泥方砖铺就，院墙是由水泥砖与红砖相间砌成的。院落干干净净，干净的没有一件幼儿玩耍的器械。

这所幼儿园原来是一个村小，最初是三年制，后来是二年制，再后来变成学前班，在 2012 年的时候，经教育局批准变成了幼儿园。现有孩子 25 名，其中 2—3 岁幼儿 9 名，3—4 岁幼儿 14 名，4—5 岁 2 名，全部是藏族，是一个典型的混龄班。教师有 4 名，其中两名是带编教师，两名是教育局的聘任教师，也均为藏族。从访谈中可见，四位老师均具有良好的藏汉两种语言能力。从师幼比来讲，这应该是非常合理的比例 1：6。11 月 22 日，拉卜楞寺举行祈福法会，很多幼儿跟随家长参加法会，今天到园的幼儿仅有 14 名。

由于幼儿园孩子年龄较小，很多时候组织活动需要一个主要负责教师，还需一位辅助教师。今天的活动由 D 老师组织，老师甲、老师乙辅助。

1. 活动实录——混龄班户外综合活动

00：00 D 老师手中拿铃鼓摇着：排队喽，看谁站得好，别站着发呆呀，排队喽。（藏语） D 老师：益西草，不要背书包，怎么又背上了呢？把书包放下来！（藏语） 教师甲将自己的双手向前平举：向前看齐（汉语）。 D 老师：做得好，拍着手掌说做得好。（藏语） 教师甲边强调纪律边——拉着孩子们排好队：嘴里别念叨，好好做，安静。（藏语） 01：20 D 老师：好，嗯，好的，我们现在要跑圈了，记得吗？（藏语） 幼儿齐声：知道啦。（藏语） D 老师：我们要跑圈了。（藏语） 幼儿：嗯。（藏语） D 老师放慢了脚步：一个一个排好，别弄错了，老师走得慢，对吗？（藏语） 教师甲：尕藏吉不要发呆。（藏语）	这个时段的活动主要是站队、围圈活动，前一年在幼儿园的孩子能迅速作出反应，而刚刚入园的幼儿则需要教师手把手地教。在三位老师的共同努力下，幼儿按照个头高矮排好队。 不要说话，手放平。教师数次用藏语强调："不要说话，手放平。" D 老师喊着口号、拍着铃鼓在最前面做示范动作，仍然不能引起后面几位年龄较小幼儿的注意，教师甲和教师乙一个一个拉着他们的手，让他们跟着前面的幼儿站成了一个圆圈。

教师乙：不要挤在一起，分开一点。哎，要围成圈，不要手拉手，记得吗？（藏语）

03:20

D老师：站直喽，站好自己的位子，现在好了，看老师的这个，你看，老师的手里有什么呢？（藏语）

幼儿：玩具。（藏语）

D老师：跟着老师拍的节奏转圈走，就这样，我慢的时候，你们就慢，我快的时候，你们也快，懂了吗？来，站这里。（藏语）

D老师：大家手这样做，往这边转，全部往这边转，哦，先不要走，听老师的铃声，现在老师要走了，听好了。（藏语）

04:56

D老师："一望二三里"预备起。（汉语）

幼儿齐声："一望二三里，沿村四五家，门前六七树，八九十支花。"（汉语）

D老师又将古诗逐句教了一遍。（汉语）

05:40

D老师做着形象的动作，逐句教幼儿儿歌：小鸟小鸟，喜欢洗澡，张开嘴巴，梳梳羽毛；小狗小狗，喜欢洗澡，搓搓腰背，打个滚儿；小猫小猫，喜欢洗澡；伸出舌头，舔舔手脚。（汉语）

07:20

D老师：拿出手机，找到下载好的"新年好"歌曲，放开让幼儿听了一遍。（汉语）。

D老师和教师甲各站在圆圈的一边，和幼儿一起边跳边唱"新年好"。（藏语）

D老师请一位擅长舞蹈的女孩和她一起站在圆圈中间给大家做动作唱一遍。（汉语）。

D老师：旦正央杰，你愿意表演吗？（汉语）。

D老师高举着自己的手给幼儿做示范并问：谁愿意表演呢？

教师甲：你们两个最大的来吧。

刚才排队时站在最前面的两名幼儿略带羞涩地走在圆圈中间，回头看着D老师，老师主动走到他们身边一起唱起来。

D老师：谁？

一位3岁的孩子举手，大方地独自走到圆圈中间，开始跳唱了起来。（藏语）

D老师带领幼儿行走的节奏是"8个四二拍，16个四四拍"，在刚开始的时候，只有四个孩子可以跟上老师的节奏，三圈过后，还有四五名3岁以下的幼儿对于老师的节奏不管不顾，仍然按照自己的节奏走着。

3岁以下的幼儿只是随着拍手，4岁左右的幼儿能声音响亮地说唱着古诗。

能跟随老师学习的仍然是几个大一点的幼儿，2岁多的幼儿只是拍手。

所有幼儿都能跟随老师做出一些洗澡、张嘴、打滚等动作。

用藏语来唱的时候，孩子们唱歌的声音更大了。

女孩虽然不会唱歌，但是跳舞的动作比老师更加有藏族舞蹈的韵味。

旦正央杰看似刚刚3岁，看着老师使劲点了点头，大方地走到圆圈中间，和老师一起跳得很起劲。

虽然只会唱前两句歌词，这位男孩还是完整地做完了动作，并鞠躬致意。

旦正道吉年龄最小，不会唱也不会跳，举着右手在圆圈中间转了两个圈，笑着跑回了自己的位置。

图6-4　表演的旦正道吉

没有一名幼儿能够说出老师教的这句话，但是所有的幼儿都能跟随老师的动作，模仿着

D 老师：请旦正道吉。（藏语） D 老师请年龄大的一组，年龄小的一组分别表演了一遍，最后将脚步动作作为重点给幼儿强化了几遍。（藏语） 18：02 D 老师拿起已经准备好的树叶，领着孩子表演秋天树叶飘落的样子。教师用藏语给幼儿解释一遍，然后举着树枝，模拟着树叶从树上飘落下来随风摇摆的样子：树叶慢慢地从树上飘落下来了，轻轻地落在地上。（汉语） 22：02 D 老师："我爱我的幼儿园"预备起。（汉语） 幼儿齐唱：我爱我的幼儿园，幼儿园里朋友多，又唱歌来又跳舞，大家一起真快乐！ 活动结束。（汉语）	摇摇摆摆飘落下来的树叶。 教师乙抓着一名幼儿的手，体验树叶落下来的感觉并使用藏语给幼儿解释。

2. 活动评析

第一，学习与展示结合，活动内容繁多。22 分钟的活动，感觉更像是一个学习成果汇报会。将整个活动过程、活动顺序与内容进行分解之后，得到了表 6 - 2 中的内容。从表 6 - 2 中不难看出，这次活动共涉及语言、健康、艺术三个领域，八个活动，其中最主要的是用藏语学唱歌曲"新年好"。

表 6 - 2　　　　　　　　　　活动顺序与内容

活动内容	时间段	用时
站队	00：00—01：20	1 分 20 秒
站圆圈	01：20—02：20	1 分
讲解、示范并带领幼儿按节奏跑步	02：20—04：56	2 分 36 秒
古诗：一望二三里	04：56—05：40	44 秒
儿歌：动物爱洗澡	05：40—07：20	1 分 40 秒
歌曲：新年好	07：20—18：02	10 分 42 秒
诗：树叶飘落	18：02—22：02	4 分
儿歌：我爱我的幼儿园	22：02—22：20	18 秒

第二，以藏语为主组织教学，以汉语为主学习内容。这是个典型的混龄编班幼儿园，只有一个班一个教室，根据教师介绍，该幼儿园实施的是复式教学。其实主要针对年龄较大的孩子来设计活动，年龄较小的幼儿能跟着活动就行，对于学习结果并不做过多的要求。但是从这个活动的内容来看，无论是儿歌、古诗还是现代儿童诗，年龄略大的孩子基本能表达出来，有两个孩子表现得尤其突出。在活动结束之后，笔者尝试着走向这几个在语言活动中出色的孩子，并且用初学的蹩脚的藏语问："你好！""几岁了？""真棒！"幼儿期待着我用藏语与其再次互动时，我却表达不出来了，便转而使用汉语来交流，"刚才唱得真棒！是什么时候学会的？"孩子们的表情从热切渐渐变成了有点失望，也有含笑看着我的，却没有再次的互动。在对自己的藏语表达能力失望的同时，也深切地体验到孩子的国家通用语言学习仅仅停留在了背诵上，背诵这些不知道什么意思的儿歌、诗歌。与教师的课后访谈进一步证实了孩子们学习的内容、形式以及结果。

问：平时的教学语言主要是藏语还是汉语？

D 老师：主要是藏语，使用汉语孩子们听不懂。

问：孩子们从幼儿园毕业的时候，语言能够达到什么水平？

D 老师：藏语好着呢，汉语的话，几乎听不懂说不出。

问：那你们一般会给孩子教些什么呢？

D 老师：我是汉语文的老师，我一般就在网上找一些符合我们自己的歌呀、诗呀之类的给娃娃们教一下。

问：符合自己的是什么意思？

老师甲：我们牧区的娃娃，有些内容教不了。比如鸭子，其他地区的幼儿都能教，但我们这个地方没有鸭子，再加上没有投影、没有图片，我自己又不会画，就教不了，就算教了也不会。教一些娃娃们见过的就好，但是又没有适合的教材。

问：你们一般怎么教呢？

D 老师：对于能够翻译成藏语的一些内容，我就先用藏语来教，就比如今天的"新年好"，然后等孩子们学会了再用汉语来教，对于一些不太好翻译成藏语的诗、童谣，就边做动作边教给他们。从总体效果来讲，学得比较吃力，尤其是年龄较小的孩子，藏语都讲不好，学习起来难度大。普通幼儿园里两个课时的内容，我们需要六个课时。

第三，以健康为主的一日活动安排。从该幼儿园的一日活动安排上看，每天的上午和下午都只有一个室内集体教学活动，其余时间都是户外活动。这样安排看似非常符合当前幼儿教育的一些核心理念，比如重视健康活动、以游戏为基本活动形式、重视户外活动等，从访谈中可知，这样安排的初衷并不是教师对健康的重视，而是对其他领域教学内容不知如何安排的无奈之举。表6-3是SYA幼儿园的一日活动安排，在与园长的对话中清晰可见这种无奈。

表6-3　　　　　　　SYA幼儿园一日活动安排

	周一	周二	周三	周四	周五
8:30-9:00	入园				
9:00-9:50	户外晨练活动				
9:50-10:20	汉语言	数学	藏语言	拼音	数学
11:10-11:30	户外游戏活动				
10:30-11:00	户外活动、离园				
11:00-2:30	午休				
2:30-3:00	社会	艺术	健康	科学	礼仪
3:00-4:00	户外活动				
4:30-4:40	幼儿离园				

问：幼儿园的一日生活安排是以游戏为基本活动的？

园长：我们这里最大的问题就是没有教材。这里以前是个村小，2012年教育局批准办幼儿园，但教育局没有专门的经费给我们，也没有配教材，我们就只能给大一点的娃娃上一年级的课程，对小一点的我托认识的人找了一些其他幼儿园使用的教材。

园长从隔壁的教室拿来了幼儿园的教材：学前班拼音、幼小衔接数学、幼小衔接社会、中班语言、小班社会，还有两本礼仪教育教材。我想，这也就是一日活动安排中礼仪活动的来源。

问：幼儿园只有一间教室，怎么上课呢？

教师甲：我们采取的是复式教学，有的时候就混着上了，主要针对大一些的孩子（教），小一点的能学就学，不太要求。

问：户外活动和游戏的内容常有哪些呢？

园长：你看看我们的院子里，空空的，什么都没有，户外活动经常是孩子们自己玩，有的时候老师领着玩一玩。

新《纲要》提出："幼儿园的空间、设施、活动材料和常规要求等应有利于引发、支持幼儿的游戏和各种探索活动，有利于引发、支持幼儿与周围环境之间积极的相互作用。"图6－5是SYA幼儿园院子的主体。

图6－5　在空空的院子里进行徒手户外活动

空荡荡的院子里没任何可操作的器械和玩具，通常在早上和下午的一节集体活动之前、之后，幼儿的活动基本上是在院子里自由站立、打闹、晒太阳。如果中大型的活动器械需要购买，那么诸如沙包、毽子等教师制作的材料也是缺乏的。在教室里观察一圈，只有小学生用过的桌腿截短的桌椅，没有其他可看、可听、可操作的材料。

问：平时是怎么上课的呢？好像材料很少？

教师甲：讲得多，背得多，写得少。

问：那整个学期的课程是如何安排的？

园长：幼儿园刚刚开办，局里没有明确的规定，我们也是在摸索。

问：那平时怎么备课呢？

D 老师：基本上不备课，早晨来了以后，大家在吃早饭的时候稍微商量一下就行了，幼儿园的内容，简单得很。

问：你们需要什么样的帮助呢？

园长：需要教材，需要玩具和材料，还需要办公用品。

D 老师：我们也想看看其他好老师是怎么给孩子们上课的，培训的时候光给我们讲一讲，回来还是不会做，如果有好的课，我们模仿着做，可能效果也还不错吧。

我想，这就是乡镇和村级幼儿园能发挥实效的培训，观摩课和实地指导，在调研中也进行了初步的尝试。

（四）混居区幼儿园的中班语言活动

E 老师，2010 年甘肃省幼儿师范学校毕业，在工作最初的一年半里在牧区幼儿园支教。今天的课是中班的语言课"小猴卖圆"，活动目标有两个：一个是认知发展目标，能够根据教师对圆的特点和功能的描述，推测出顾客所买的圆的形状的物品；二是语言发展目标，教师使用语言表达出小猴卖的六种圆圆的物品的形状和作用，幼儿通过语言表达自己想买的圆形物品。

1. 课堂实录——中班语言活动"猴子卖圆"

在这次活动中，我们观察的重点是道吉吉，这是一位刚刚入园一年、来自牧区的藏族女孩在活动中的表现。为了将道吉吉的表现置于整个活动之中，记录的左边是活动写真，右边是在当时的背景下道吉吉的行为。

9:25 E 老师领着孩子们唱"八月十五月儿圆"。 教师：小猴是商店的售货员。一天，店里来了五个客人，每个客人手里都拿着一张纸片，纸片上画着一个圆，咦，这是要买什么呢？小猴想了想，有了，我先问问这个圆的用处就知道顾客想买什么了。哪个小朋友帮忙想一想他们要买什么？ E 老师：我们看看第一个顾客是谁呢？ 幼儿齐声：小公鸡。 E 老师：小公鸡想买一个圆圆的、滴答滴答响的东西？ 幼儿齐声：闹钟。 教师将画着闹钟的图片贴在了身边的白板上。 E 老师出示了小老虎的图片：看看第二个顾客是谁呢？ 儿童齐声：小老虎。 E 老师：我今天要和另外一个队比赛，小老虎要买什么呢？ 幼儿齐声：皮球。 E 老师：小老虎要去和朋友们踢球，我们小朋友出去玩的时候，也要告诉爸爸妈妈一声，才能够出去呢。是不是？ 幼儿齐声：是。 E 老师出示狗的图片：来看看第三个顾客是谁呢？ 幼儿齐声：小狗。 E 老师：小狗说我喜欢玩，我要买一个圆圆的东西，能够滚来滚去的。 扎西1：气球。 E 老师：气球是滚来滚去的吗？ 卓玛1：不是。 扎西2：汽车。 E 老师：汽车是滚来滚去的吗？ 扎西3：玩具小汽车就是一拉就滚着呢！ 扎西4：圆蛋蛋。 扎西5：圆蛋蛋。 E 老师：它是用一个长长的支杆，把它支起来滚来滚去的。见过吗？	道吉吉和其他幼儿一起唱着，但是歌词和调子都跟不上。 道吉吉一直背着双手，时而眼睛看着笔者放在桌面上的笔记本和录音笔，时而将头仰在椅子后背上，转动着头，晃动着身体。 当 E 老师贴图片时，道吉吉双眼炯炯有神地看着贴出来的小老虎图片，瞬时又转向了窗外。 道吉吉大声回答着"是"，但是眼睛并未看向老师。 其他幼儿喊出了汽车的时候，道吉吉模仿地说着汽车，但是没有发出声音，从口型看是"汽"的发音。 道吉吉好像对老师的反问感兴趣，笑着看着老师的方向。她的双手始终背在身后，身体不时地前后晃动。 E 老师把铁环的图片贴了出来，由于孩子们都没有玩过铁环，再者老师画出的铁环就是一个圆，没有更多的情境信息，没有一个幼儿能够说出铁环的名称。

儿童：这个我没有玩过，我哥哥玩过。

儿童：竹子

E老师：老师小的时候玩过，你们没有玩过。那我就不告诉你们是什么东西了，把这个问题放下，以后再告诉你们。第四个小动物来到了我的商店，教师出示了小鸭子图片。

幼儿齐声：小鸭子。

E老师：天气变晴了，我要到河里去游泳。这是要买……

幼儿齐声：救生圈。

E老师：真棒！圆圆的救生圈。问题来了，我去游泳为什么要用救生圈，麻吉你说。

E老师叫了一个藏族孩子的名字。

麻吉：如果不用救生圈就会在河里淹死了。

E老师：我们在自己还不会游泳的时候，要使用救生圈才安全。咦，谁要去游泳？

幼儿齐声：小鸭子。

E老师贴出了小猫的图片；接下来又有一个客人进来了，特别喜欢干净的……

幼儿齐声：小猫。

E老师：每天早晨起来它要……

幼儿齐声：洗脸。

E老师：洗完脸之后，它要……

幼儿分别说：照镜子，化妆，画眉毛。

E老师边讲着故事边形象地模拟着小猫照镜子的各种动作。

E老师：它要用到一个圆圆的东西是……

儿童齐声：镜子。

E老师将小镜子的图片贴在了白板上。

E老师：小猫照镜子看什么呢？

幼儿：有的回答照脸，有的回答化妆。

E老师：小猫要看看自己的脸有没有洗干净，小猫还要透过镜子看看自己的表情，是不是？

幼儿齐声：是。

E老师：那请小朋友每天照镜子的时候笑一笑，再来幼儿园就开开心心的了。能不能？

E老师拿出了一张小兔子的图片；接下来又有顾客来了，它是谁呢？

儿童齐声：小兔子。

E老师：小兔子说，我每天都去地里挖很多很多的胡萝卜，然后做成好吃的点心，是不是？

当其他孩子喊出小鸭子时，道吉吉喊了一声"鸭"。

道吉吉开始将扎在头顶上一小撮头发上的橡皮筋取下来，用手指梳着上面的头发，又将橡皮筋扎了上去。

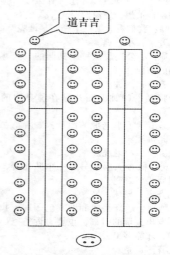

图6-6 道吉吉在教室里的位置

道吉吉脸上含笑看着E老师的动作和表情。教师的动作做完之后，又低头看着自己的脚下。道吉吉的脚下有什么东西？我仔细看了，空空如也。

儿童齐声：是	道吉吉大声回答："是"。
E老师：我也要一个圆圆的东西装这些点心，我要把点心给我的家人去分享。	道吉吉大声回答："能"。
卓玛1：篮子。	
卓玛2：篮子是长方形的。	道吉吉张大嘴巴打着哈欠，听到其他幼儿喊小兔子，跟着喊："小兔子"。
E老师：我做了好吃的，我要放在桌子上和小朋友们一起吃，好吃的东西放在圆圆的……	
文博：碟子。	道吉吉大声回答"是"。
E老师：什么形状的？	
幼儿齐声：圆圆的。	道吉吉嘴巴动了动，没有喊出来。
E老师：我的东西就是这些，我今天卖的都是圆圆的东西，接下来，老师请你们帮忙了，旦吉扎西，坐好！请小朋友们用准确的语言来描述一个东西，比如它是一个圆圆的皮球，可以踢来踢去地玩。是不是？我要请一个小朋友用你的语言把钟表形容出来，它的形状和用处。周周，你说。	
周周：钟表可以看（nai）时间，还会响。	道吉吉看着坐在旁边的笔者笑了笑，转而将头低下看着脚尖。听到E老师问是不是，她也回答说是，但是没有抬头。
E老师：这个响是？	
周周：闹钟的响。	
E老师：啊，闹钟，钟表平时是嘀答嘀答响，早晨定的闹钟响起来是嘀铃铃铃铃铃铃铃铃……	坐在道吉吉右手边的张博总是站起又坐下，看着旁边站起来的一位幼儿，转头看着墙上的图片。
E老师：来，往前看，安静！它的形状？	
幼儿齐声：圆形的。	
E老师：我把小狗的玩具空下来，这个呢？	
儿童：游泳圈。	儿童都学着E老师嘀铃铃铃的声音，当E老师模仿着闹钟响起的嘀铃铃铃的声音的时候，道吉吉看着E老师笑出了声。
E老师：这个游泳圈的颜色？它的用途，请举手告诉我。	
卓玛1：是蓝色的，它的形状是圆形的。	
E老师：小嘴巴。	道吉吉扫视着周围的幼儿，打着哈欠，开始用右手的食指在桌子上画着，好像是自己的名字。
儿童齐声：闭起来。	
E老师：宫保扎西。	
宫保扎西：不用我就掉在水里了。	
E老师：别人回答问题的时候，能不能说话？	道吉吉也回应老师的常规口令"闭起来"。部分男孩子开始起哄地叫喊，我掉在水里了。
儿童齐声：不能。	
E老师：接下来，你来说，小兔子用它来装点心。	
卓玛1：碟子。	道吉吉背着手，打着哈欠，将脑袋靠在了椅子背上，前后摇晃着椅子。
E老师：哎呀，今天卖了好多好多东西，都是圆的。如果你们要来买东西，我的店里还有很多，你想买圆形的什么东西？我	道吉吉又用右手食指，在桌面上画着，看起

的店里只有圆形的东西，它可以是食品、用品、玩具。 卓玛1：我要买碟子。 卓玛2：我要买足球。 扎西1：我要买个气球。 扎西2：我要买个房子。 E老师：房子有圆圆的吗？ 卓玛3：我要买个救生圈 扎西4：有点故意捣乱地大声说：我要买个房子。 E老师：我们店里还有很多东西呢，卓玛！ 卓玛：我要买个救生圈 E老师：杨琦，你想买什么？ 杨琦：足球。 E老师：才让，你买什么？ 才让：我买个气球。 我、我、我、很多小朋友高高举着自己的手。 E老师：我的店里还有圆圆的，又甜又香的…… 儿童齐声：月饼。 E老师：我的店里还有一个圆圆的，用来投篮的…… 儿童齐声：篮球。 E老师：1、2、3 儿童：我坐端。 E老师：我们今天是小猴卖圆，看看我们教室里有什么圆。 E老师：我看看后面墙上，我要去上学的男孩头上戴着一个圆圆的帽子。 幼儿纷纷转身或站起来指着教室里墙壁上的圆形，教室里有一些混乱。 E老师：1、2、3。 儿童：我坐端。 儿歌结束： 弯弯的月儿小小的船，小小的船儿两头尖，我坐在小小的船上往下看，只看见闪闪的星星蓝蓝的天。 课已经结束，其他班还没有结束活动，E老师建议，小朋友可以在E老师那里自由买物品，很多幼儿围在了E老师的周围，大声说着"我要买……"	来仍然是自己的名字。因为在上课之前，道吉吉告诉我她会写自己的名字，曾经在我的记录本上采用比较奇怪的笔顺写下自己的名字。 孩子们大笑，很多孩子故意大声说"我要买房子，买房子"。道吉吉旁边的男孩高高举起手大声喊着"我我我"，没有得到老师的回应，大声喊出我要买个镜子。道吉吉一直用奇怪的眼神看着男孩站起又坐下的动作，眼睛没有看向E老师。 道吉吉开始看着桌子下面，其他幼儿积极地要买东西的声音和行为丝毫没有打动她。 道吉吉也跟着其他幼儿喊"篮球"。 道吉吉积极回应着老师的口令，"我坐端"。 道吉吉顺着E老师手指所指方向，转头看向了自己身后的墙面。又转头看向右边墙壁上一串鱼儿吐出来的圆泡泡。看起来她是知道圆形的，但没有和E老师互动。 道吉吉也跟着说"我坐端"。开始左右晃动着凳子，时而伸着懒腰，时而用手擦擦嘴巴。 道吉吉与其他幼儿唱着儿歌，只会唱前两句，后面两句中只会唱出"船""星星""蓝蓝的"等几个词。 道吉吉始终坐在座位上，没有离开，直到下课。

2. 活动分析

第一，用纯粹的通用语言授课，部分民族幼儿很少真正参与活动。这所幼儿园处于民汉混居地区，部分藏族幼儿也有一定的汉语基础，但是对于来自牧区和家中非常重视民族语言学习的幼儿来讲，他们在入园之前很少能够接触国家通用语言。很大一部分家庭的幼儿选择 4 岁入园，所以，中班里也有近 20 名幼儿属于新生。道吉吉来自牧区，是小班第二学期入园的幼儿，入园已经有 5 个月的时间。道吉吉参与教师组织的活动有三种：第一种是教室里的常规口令，无论哪一次的常规口令，道吉吉都能够准确无误地回应，但是这种回应仅仅是条件反射性的。第二种是她能够理解的单个词汇，比如篮球、小兔子、鸭子等，但是与其他幼儿不同的是，道吉吉说出这些词汇的时间比其他幼儿略晚一些，可以理解为是理解后的模仿。第三种是教师有形象的语言描述、声音模拟或者是感兴趣的图片出示的时候。可见，纯粹的通用语言的授课再加上集体的教学形式，对于还没有很好掌握通用语言的幼儿来说是一种极大的挑战。

第二，问答式教学，侧重陈述性知识的获得，无助于幼儿的思维发展。整个活动流程都围绕"是不是"和"是什么"的问题展开，围绕"为什么""你会怎么样"等深入思考的问题极少，反映出活动的目标定位于让幼儿记忆的陈述性知识的获得上，关于思考和创造的策略性知识和行为则很少。在园期间，笔者曾多次参与 E 老师组织的活动，普遍反映出注重记忆性知识，而不是深入的理解与思考。之所以能够多次参与 E 老师的活动，是因为在幼儿园培养的新一代骨干教师中，E 老师是重点培养对象，这在一定程度上具有代表性。

第三，单向的双语教育，忽视幼儿原有的语言经验。该幼儿园的中班和小班都有一定数量的只会说藏语的藏族幼儿，如何对这些幼儿实施双语教育？教师们一致认为，在纯粹的汉语环境中更加有利于促使这些幼儿适应幼儿园环境。

朱老师认为：这些幼儿适应环境特别快，有的仅需一个月，就能够听懂了。

根据语言学的研究结果和其他老师的经验，笔者得出在一个月时间里，幼儿听懂的都是日常行为规范——口令，而对于与学习内容相关的语言则需要更长的时间。

姜老师认为：每个班里都有一些听不懂汉语的孩子，我们只能照顾到大多数，给这些孩子时间让他们慢慢适应，第一个学期适应常规，第二个学期对于学习内容提出要求，但是不能和其他孩子做一样的要求，标准要低一些。我们在教学中虽然不提倡双语教育，但是我们每个班都配有藏族老师，在孩子们实在听不懂的时候，也要求教师用藏语给予解释，但是尽可能不作解释。

三 小结

学前双语教学活动总体上体现出活动质量低下和双语教学不能有效实施的双重困境。

1. 牧区幼儿园实施以藏语为主的双语教学活动，不能从以藏语为主的双语教学活动有效过渡为以国家通用语言为主的双语教学活动。

2. 学前双语师资的专业化程度低，幼儿园内部不同类型的教师之间缺乏相互配合的机制。

3. 学前双语教学目标的定位模糊、认识不明确。

4. 学前双语教学的内容侧重于认读与书写内容选择具有随意性。

5. 学前双语教学的方法侧重于重复训练，违背幼儿语言学习的特点和规律。

6. 学前双语教学的评价注重单语能力的发展，忽视双语能力的发展。

第二节　民族地区学前双语教育有效
实施的改进行动

正如佐藤学在《静悄悄的革命——创造活动的、合作的、反思的综合学习课程》中所提倡的"要改变一所学校，需要不断开展校内教研活动，让教师们敞开教室的大门，进行相互的评论，除此以外，别无他法"①。本书改进行动的宗旨是：以教师主动尝试为前提，通过教师与研究者之间的互动，在教师原有的基础上提出改进的策略，并进行行动尝试。下面是选取的四种类型的改进行动。

一　让幼儿双语学习有用且有效的尝试

活动名称：牧区 KC 幼儿园中班的汉语言活动——找出能叫出汉语名字的物品。

F 老师 2011 年毕业于甘肃民族学院学前教育专业，毕业当年就来到了 KC 幼儿园。F 老师是藏族人，但从小生活在汉语的环境中，没有学会使用藏语，只具有初步的听能力。该幼儿园中班的汉语言、音乐和社会活动是由 ZM 老师负责的。在数次的接触之后，F 老师还是积极主动尝试对现有的活动进行改进。

笔者：您觉得现在的汉语言活动的问题是什么？

F 老师：就是让娃娃们背得多，但是不会说。

笔者：你觉得怎么才能让孩子们会说呢？

F 老师：会说就是要让他们说，最好能积极主动地说。

笔者：你现在主要的教学目标是什么呢？

F 老师：就是让他们学会日常用品的汉语名称。

笔者：如果围绕活动性、主动性、游戏性为核心设计一个语言

① ［日］佐藤学：《静悄悄的革命——创造活动的、合作的、反思的综合学习课程》，李季湄译，长春出版社 2003 年版，第 60 页。

活动，你觉得有问题吗？

F老师想了想说：如果围绕活动性就能做到，但是围绕游戏则很难。

笔者：那我们就围绕活动性、主动性来设计吧。

F老师：那就试一试。

（一）活动过程实录

F老师一开始就对幼儿用汉语提出了明确的要求："今天我要让大家找一找教室里的哪些东西你知道它的汉语名字，知道的就喊出来，告诉老师。"一部分幼儿似乎明白了老师的要求，还有部分幼儿没有听明白老师的要求，F老师用不太熟练的藏语给孩子们解释了一遍，孩子们开始积极行动起来。

幼儿1：蝴蝶。

F老师：蝴蝶在哪里？

幼儿1指着教室前墙上蓝色的蝴蝶墙饰。

F老师：其他小朋友说说看，他找得对不对？（又用藏语补充）

大部分幼儿：对。

F老师：那教室里还有蝴蝶吗？（又用藏语补充）

幼儿2用手指着另一只蝴蝶墙饰。

F老师：告诉老师，它叫什么？用藏语补充问了一句"叫什么"。

很多幼儿开始喊了起来：蝴蝶，蝴蝶。

F老师：还能叫出哪个的汉语名字？（又用藏语补充）

幼儿2：鱼。

F老师：鱼在哪里？

幼儿2跑出座位，来到窗户边上，指着窗户玻璃上贴的鱼的图片。

……

　　幼儿们共找出了 13 个他们能够叫得上汉语名称的教室里的物品，时间过得非常快，一节汉语言活动课就此画上了句号。活动之后与老师进行了深度访谈。

　　笔者：你感觉怎么样？

　　F 老师：好的地方是我觉得孩子们活动了，能够积极说出自己会讲的汉语名字，孩子们在这种活动中脑子在积极活动着，不像以前老担心孩子睡着了，觉得孩子不睡着就是好课。

　　笔者：以前孩子们有睡着吗？

　　F 老师：小班的时候如果你讲个故事啥的就睡着了，做做操，看看电视，唱唱儿歌、童谣就能好一点。

　　笔者：那你说说当时为什么孩子们能睡着？

　　F 老师：我想就是我讲的东西孩子们听不懂，听不懂就觉得没有意思，没有意思就容易犯困。

　　笔者：的确，活动内容要让孩子们听得懂是问题的核心，我也觉得您刚才的活动有三点非常好：一是活动内容建立在孩子经验的基础上，二是把孩子们的活动积极性调动起来了，三是活动有具体形象的支持物。总体上就是让孩子们觉得汉语学习有用而且有效，让他们知道学习这些在生活中用得上，而不仅仅是为了记住而学习。

　　F 老师：藏语，我就会一点点，简单一些的还行，在刚才的活动中，在孩子们听不懂的时候，我就得用藏语组织活动了，有些老师表情、动作很丰富，我不行，为了让孩子们听懂，我就用藏语给提示和解释一下。有的时候我自己都觉得我说的藏语听不懂，但是孩子们就听懂了。

　　笔者：你觉得还有需要改进的地方吗？

　　F 老师：我觉得活动就要制定明确的目标、有相对完整的活动过程，这些我们做得差一点，还有就是最好能够有藏语老师的配合，特别是一些难度较大的活动，没有配合，有些活动就不能开展，只能放弃了。

笔者：那对于教学材料的使用呢？

F老师：教室里的东西都不是很形象，而且教室里的东西是去年那个老师布置的，我就是用一下，如果能用电视和投影的话就更为形象。

（二）活动分析

在整个活动过程中，教师主要使用国家通用语言来教学，汉语是针对教学内容而使用的。藏语主要在组织活动纪律和解释听不懂的汉语时使用，尤其是对活动要求等内容听不懂的时候，教师尽量使用口语化的藏语解释。从总体上看，有2/3的时间使用汉语，有1/3的时间使用藏语。这个活动是相对适合幼儿学习特点和语言功能性发展的，从上面与教师的对话中，活动基于幼儿的原有经验、凭借着能看得见的具体形象的支持，因此，在听不懂语言的情况下也能够让幼儿积极活动，获得相关的语言经验和认知经验。

二　渗透到其他领域的双语学习活动的尝试

G老师是SK幼儿园的支教老师，藏族，能流利地使用和书写藏汉两种语言。有着浓厚的藏族情感，并有16年丰富的幼儿教育教学经验。

（一）活动实录

G老师今天组织的数学活动，按照惯例，老师和幼儿会相互问好。此时孩子们都面向自己的小桌子，老师也坐在最前面的小椅子上。

G老师：小朋友们，大家好！（汉语）
看到幼儿没有反应，老师招手提示幼儿"老师好"。
幼儿齐声问："老师好"。（汉语）
G老师：好，大家坐好了。（藏语）
幼儿：好。（藏语）
G老师：将椅子轻轻地转过来。（汉语）

幼儿没有反应。

G 老师：将椅子转过来，面向老师。（藏语）

幼儿纷纷开始转向 G 老师。

G 老师：小朋友，往前看，看我这边。（汉语）

还有三名幼儿没有反应。

G 老师：往前看，看我这边。（藏语）

幼儿：好。（藏语）

入学已经有一个月的时间了，但是由于最近给幼儿上课的是藏族实习老师，支教老师的主要工作是幼儿园环境创设。孩子们对于每天的问好、离园时的再见等日常基本用语仍然没有掌握，我们经常在院子里或者园门口，大声向孩子们问好，说再见，很多孩子都会羞涩地低头跑过，又会回头来看，嬉笑着离开。幼儿不具备使用简单汉语进行交流的能力。

活动的第一个环节：认识图形并能说出图形的汉语名称。

G 老师采取的是出示图形→提问→示范/纠正的方法，所使用的教学语言以汉语为主，当幼儿不理解或者说不出的时候，再使用藏语来解释、说明、组织活动。

G 老师：我们先用汉语说，之后我们再用藏语说，可以吗？（藏语）

幼儿：可以。（藏语）

G 老师拿出一个长方形：这是什么图形？（藏语）

看到无人回答，老师大声教了两遍，幼儿齐声跟读了两遍"长方形"。（汉语）

G 老师叫起最前面的一个穿咖啡色藏袍的幼儿，高高拿起长方形：来，你说一下它是什么？（汉语）

扎西 1：长方形。（汉语）

G 老师：好，棒棒的，大声说出来，是什么呢？（藏语）

扎西 1：长方形。（汉语）

G老师：嗯，太厉害了，奖你一个贴画，说得真好，来，我给你粘到衣服上啦，好吗？（藏语）

穿咖啡色藏袍的男幼儿：嗯嗯。

G老师：小朋友一起来说一下，这个叫什么图形？（汉语）

约四五名幼儿能够说出：长方形。（汉语）

G老师：长方形。（汉语）

幼儿跟读：长方形。（汉语）

G老师：好，你看它是方方的、上面和下面的两个边长长的，左右两个边有点短，对吗？（藏语）

幼儿：是。（藏语）

G老师：用藏语说就是长方形。（藏语）

幼儿：长方形。（藏语）

G老师：嗯，藏语就是这样的，那，汉语呢？怎么说呢？（藏语）

幼儿：长方形。（汉语）

而对于幼儿非常陌生的图形，教师会采用基于生活中的经验来学习，比如椭圆的学习。

G老师拿起一个椭圆：嗯，这是什么呢？这个，它像什么东西呢？它是很圆很圆的吗？（藏语）

有的孩子说是很圆，有的孩子说不是很圆。

G老师：它到底是怎样的呢？（藏语）

幼儿：圆的。（藏语）

G老师：它像什么呢？（藏语）

幼儿：不知道。（藏语）

G老师：在我们吃的东西里有一样跟它很像，哦，是什么呢？（藏语）

扎西2：鸡蛋。（藏语）

G老师：好，刚刚说鸡蛋的是谁呢？（藏语）

几名幼儿指向一个穿黄色藏袍的幼儿：他，在这儿。（藏语）

G 老师又走过去给黄色藏袍男孩贴了一个贴画：好，站起来一下，嗯，好，太棒了，它像早上吃的鸡蛋。（藏语）

扎西 2：是的。（藏语）

G 老师：它的样子像鸡蛋，它的名字叫椭圆，鸡蛋的形状就是椭圆，知道了吗？（藏语）

幼儿：知道了。（藏语）

G 老师：好，那你们知道汉语怎么叫它吗？

幼儿：不知道。（藏语）

G 老师：好，既然你们不知道，老师来告诉你们好吗？（藏语）

幼儿：好的。（藏语）

G 老师：它叫椭圆形。（汉语）

幼儿：椭圆形。（汉语）

教师通过出示图形的方法让幼儿掌握了三角形、圆形、长方形、正方形和椭圆形的藏语和汉语名称，其中只有三角形是孩子们已经获得的，其他图形都是新内容。在三年制的幼儿园科学活动中，对这些图形名称的学习是由小班、中班、大班逐渐掌握的，而在只招大班的幼儿园里，将学习内容集中起来了。在学完了所有图形的两种语言名称后，老师又采用提问的方法复习并检查了一遍幼儿对图形名称的掌握程度。"我们刚刚将全部的图形都认识了，我来考考大家。汉语怎么说，我们都学习了，对吗？（藏语）"检查的结果是幼儿对以前有经验的三角形、圆形、正方形、长方形掌握得较好，而对于椭圆形更多的幼儿则称其为鸡蛋，而且使用藏语名称，对汉语名称大多幼儿没有掌握。

活动的第二个环节：找图形。

教师让幼儿找出教室里由某种图形构成的物品、图案。

G 老师：我们的生活当中有很多东西是由图形构成的，是不是呢？（汉语）

幼儿齐声：是。（汉语）

G老师：你们在教室里找一下，有没有圆形的？有没有正方形的？有没有三角形的？找一下。（汉语）

幼儿都端坐在自己的位子上，显然没有听懂老师的要求（如图6-7）。

图6-7　幼儿未听懂指令时的木然端坐

G老师：你们找一下，我们的教室里有哪些东西是由刚才这些图形组成的？有什么呢？（藏语）

图6-8显示幼儿开始积极反应：指着黑板上教师示范的图形组合，指着门上、墙上的装饰图形。

活动的第三个环节：拼图环节。

图6-8　幼儿听懂指令后的积极反应

教师给每组幼儿发了一个装着各种图形的塑料小框，每位幼儿一张白纸，要求用小筐里的东西拼图形。"老师刚刚给你们看了用这些图形摆的东西，有太阳、房子、伞、鱼、火箭，老师给你们的小筐里也有各种图形，可以和老师摆一样的也可以摆自己想摆的样子。"（藏语）幼儿开始拼图的时候，G 老师巡回，在做个别指导的时候时刻不忘将语言目标渗透其中，以下几个片段足以说明这一切。

情景一：第四组穿金色藏袍的幼儿拼了一条鱼、一棵树，但是只找到了一个代表鱼儿吐出泡泡的小小的圆形。嘴里喊着老师，老师。

G 老师：你拼的是什么？

幼儿：我要一个小圆圈。

G 老师走到其他组的材料框里，找来了一个小的圆形递给了他。并指着组成树干的长方形问："这是什么图形？"幼儿犹豫了一下，说长方形，紧接着指着拼图上的其他图形说圆形、三角形。

G 老师：真的很棒。

情景二：第三组穿青色藏袍的幼儿手里拿着一个圆，用藏语告诉老师，我要拼一个太阳。

G 老师：那你需要什么图形？（汉语）

穿青色藏袍的幼儿：三角形。（汉语）

G 老师：哦，你没有三角形，老师给你找一个。

G 老师走到另一组的材料框里找来了四个能做太阳光的三角形递给了穿青色藏袍的幼儿，他连忙接过来拼在了他准备好的圆上，一个光芒四射的太阳拼成了。

（二）活动评析

关于教师课堂教学语言的类型，傅传凤根据课堂教学语言的作用将其分为课堂用语、教学内容用语、师生交流用语三类。[①] 课堂

---

① 傅传凤：《对外汉语课堂教学语言的特点和功能类型》，《四川教育学院学报》2011 年第 2 期。

用语是教师用于组织教学、推动教学进程的用语；教学内容用语是教师教授词汇、语法、课文等教学内容时使用的语言，主要有示范语和解析语两部分组成；师生交流用语指教师在跟学生交谈、问答和讨论时所用的语言，主要由课堂提问语和反馈语。胡艳明根据课堂教学语言的形式将课堂教学语言分为重复语、诠释语、提问语、提示语和无声语。① 本课例中教师所采用的语言有如下特点：一是教师主要采用藏语组织教学，推动活动的进行。从过程中可以看到，教师也曾经尝试使用汉语组织教学活动，但是往往由于幼儿听不懂而改为藏语。二是教学内容用语采用藏汉交替两种语言，在交替的过程中，教师有明显的标志语，比如"这个用汉语怎么说呢，大家听我说"。三是师生交流用语，在集体的师生交流用语中，教师多交替使用藏汉两种语言，而在个别交流中，教师多鼓励幼儿使用汉语。儿童最好的学习发生在给出的上下文中，他们的第一语言可以使得第二语言更容易理解。通过使用第一语言进行高质量教学可以使儿童的有效学习更容易发生。

三　完全使用国家通用语言教学的尝试

小、中、大班均有初入园的幼儿，无论是 3 岁还是 5 岁入园，均有入园前几乎没有接触汉语的经历，缺少使用国家通用语言的经验，是这些孩子的共同特点。

H 老师毕业于甘肃省幼儿师范学校学前教育大专班，今天要尝试给 SK 幼儿园大班幼儿组织一个纯粹的汉语语言活动。

SK 幼儿园属于新建幼儿园，2014 年第一次招生，只招收了一个大班额的混龄班。这个班级中只有 1 名幼儿具有使用两种语言的能力，这名幼儿的父亲是藏族人，在当地的乡政府工作；母亲是汉族人，在外地工作。在调研期间，这名幼儿跟随母亲去了外地。其余所有幼儿均出生于该乡的牧民家庭，只具备藏语能力，汉语能力几近于零。尽

---

① 胡艳明：《少数民族汉语教学课堂教学语言简析》，《语言与翻译》2007 年第 1 期。

管如此，具有探索精神的 H 老师仍然进行了大胆的尝试，在组织活动之前，园长再三确认是否需要藏语老师的翻译，H 老师都说不用。

（一）活动实录——牧区 SK 幼儿园大班自编语言活动"月亮船"

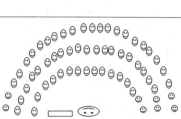

图 6-9　H 老师改造的幼儿座位

H 老师：小朋友们，早上好。

幼儿：老师好。

H 老师：谢谢。

幼儿：谢谢。

H 老师：今天给大家上一节故事课，我们先认识一下故事里的人物名称。你们看这是谁呢？同时拿出一只蚂蚁的小模型。

幼儿：蚂蚁。（藏语）

H 老师：蚂蚁，它在草原的每个地方。

幼儿：蚂蚁。

H 老师拿出了一个小鸟的模型：这个呢？

幼儿：xiaxia。（藏语）

H 老师：小鸟。

幼儿：小鸟。

H 老师拿出了一个青蛙的模型：这是什么？

幼儿：蛙蛙。

教师拿出兔子的图片：这是什么呀？

幼儿：兔子。（藏语）

H 老师：兔子。

幼儿：兔子。

H 老师拿出了月亮图片：这是什么？

幼儿：达娃。（藏语）

H 老师：月亮在天上，月亮。

幼儿：月亮。

H 老师：今天我给大家讲一个故事，故事的名字叫月亮船。有一天，一朵小小的蒲公英"噗"，被风吹到了很远很远的地方。它睁开眼睛一看，"哦，这是什么地方呀？

幼儿人数众多是很多幼儿园面临的共同问题，SK 幼儿园也不例外。每一次座位的变换总是大动干戈。H 老师还是不怕麻烦地变换了座位的排列，去掉了中间的桌子，让幼儿能更加近距离地接触老师，座位摆放如图 6-9 所示。观察结果证明，这种座位的排列方式的确适合不需动手操作的活动。

教师向幼儿挥手示意，用口型提醒"老……"幼儿以不太标准的汉语说"老师好。"虽然是大班的幼儿，由于在上幼儿园之前一直生活在纯粹的藏语环境中，幼儿几乎不能够理解日常生活中非常简单的用语。诸如问好、几岁了、叫什么名字等，能够听懂的寥寥无几。但是教师"老……"的口型已然使孩子们懂得了如何做。

教师一一出示了今天故事里人物的图片或者模型，幼儿在看到图片或模型时能够叫出人物的藏语名称，教师紧接着会出示汉语的名称，幼儿在有模仿对象的时候，基本能够正确地说出汉语名称。具体的实物、图形、图片、模型的出示能够帮助幼儿更好地理解谁、是什么、叫什么等问题。

H 老师指了指自己的嘴巴，接着又指了指自己的耳朵，示意幼儿们好好听故事。

在老师讲故事的过程中，所有幼儿都面向教师，眼睛盯着老师的表情、语言、手势和动作。有些情形出现时幼儿会主动重复、模仿老师的话语和动作。这些情形包括以下几个方面：一是教师语调发生变化时，比如陌生的山，陌生的树，陌生的小河。"它哭了。蚂蚁来了，说："啊，别哭别哭，听我唱歌。"蒲公英说："不，我不听，我要回家。"青蛙来了，它对蒲公英说，"啊，别哭别哭，听我唱歌。"蒲公英说："不，我不听，我要回家。"小鸟来了，说："别哭别哭，听我唱歌。"蒲公英说："不，我不听，我要回家。"这个时候月亮升起来了，像一只弯弯的小船，船上住着小仙女，还有一只小白兔，仙女看到蒲公英哭了就问："可怜的孩子，怎么了？"蒲公英说："我迷路了，我要回家。"仙女问："你的家在哪里呀？"蒲公英说："我的妈妈告诉我，我的家在甘肃的西南部，那里是佛宫的所在地，那里有世界上最长的转经道，那里有金盆养鱼的地方，那里有高山、有草原。"仙女说："哦，我明白了，坐上我的船，我送你回家。"这个时候小白兔来了，把它的短尾巴变得越来越长，一直拖到了地上，蒲公英坐上小白兔的尾巴来到了月亮船上。蒲公英坐上月亮船飘呀飘呀，飘呀飘呀，咦，它看到了世界上最长的转经道，仙女告诉它，这就是拉卜楞寺。看到一条长长的河，仙女告诉它，这就是金盆养鱼的地方，叫大夏河。咦，它看见了草原，仙女告诉它，这就是桑科草原。蒲公英看到后说："停一停，这就是我的家，我就住在桑科草原上。"仙女说："再见，亲爱的孩子，你的家叫夏河。"我的故事讲完了，小朋友们跟我来认识一下这些动物。

H老师：蒲公英。

幼儿：蒲公英。

H老师：风，噗。

幼儿：风，噗。

……

H老师：藏族，我们是藏族。

幼儿：我们是藏族。

加重语气、拖长声音、提高音量，并在言语之后伴有暂时的停顿时。二是教师作出形象的动作时，比如，小鸟来了，青蛙来了等情节，教师会伴随着作出形象的动作，部分幼儿会模仿动作和言语。三是教师有夸张一点的语气词出现时，比如，哪儿呀，噗、咦、哇，飘呀飘等。四是出现幼儿相对熟悉的概念，比如小仙女、小白兔、草原、桑科草原、再见等时。在活动过程中大多数幼儿的眼睛始终没有离开过老师，虽然教师所讲的大部分内容幼儿都听不懂，但是教师言语的儿童化、动作的夸张、表情的亲切、借助幼儿看得见的图片等，对幼儿来讲既能够吸引其注意力，又能够帮助其理解话语的含义。

H老师再次引导幼儿学习故事里23个主要人物和主要概念的名称或者动作。学习的每一个概念都使用电视投影图片或者教师制作的图片抑或教师自己的动作作为支持。每一个词汇老师总要领读2—3遍，直到幼儿能够准确发音为止。但是我们知道，对于这么多概念的学习，在如此短的时间里，对于初次接触汉语的幼儿是有点高难度、高速度的。

出示的很多图片，幼儿能理解其中的意思，但是不能使用语言表达出来，往往会作出动作或者用藏语说出。比如，当教师出示转经道后，很多幼儿举起右手摇了起来，显然是知道其含义的，只是苦于不能用正确的语言表达。

H老师又给幼儿讲了一遍故事，从左面我们可以看到，老师往往是将一个句子分成了若讲故事：

H 老师：小朋友跟我学习这个故事，月亮船。

H 老师：有一天，一朵蒲公英。

幼儿：有一天，一朵蒲公英。

H 老师：被风吹到了很远的地方。

幼儿：吹到了很远的地方。

H 老师：它睁开眼睛一看。

幼儿：它睁开眼睛一看。

……

H 老师：这里很美。

幼儿：很美。

H 老师：这里很漂亮。

幼儿：这里漂亮。

H 老师：美丽的桑科草原。

幼儿：桑科草原。

H 老师：我的家。

幼儿：我的家。

H 老师：小朋友真厉害。

幼儿：真厉害。

H 老师：老师的故事讲完了，谢谢你们

幼儿：谢谢你们。

干意群，领着幼儿念了一遍故事。如果偶尔有长一点的句子出现，比如"被风吹到了很远的地方"，幼儿的模仿就只限于有限的几个词汇，不能完整表达。和听第一遍故事的时候一致，幼儿瞪大了眼睛看着表情丰富、手中不时变换图片和肢体语言的老师，并模仿着老师的语言和动作。这种是镜面示范与直接模仿。尤其是最后一句，老师讲完课后对孩子们说谢谢你们，孩子也模仿着说谢谢你们。可想而知，对于故事里的人、事、物、情节幼儿到底理解了多少。

（二）活动评析

第一，基于幼儿经验的语言、图片、模型、动作有助于幼儿的理解。由前面分析可见，幼儿在教师语调发生变化、作出形象的动作、有夸张一点的语气词出现、听到相对熟悉的概念时，都能够积极地作出反应，对故事中的人、事、情景进行初步的理解与记忆。在整个活动过程中大部分幼儿的眼睛始终没有离开过教师、教师出示的图片、教师的动作，我们看到了幼儿的求知与好奇，这正是教育的起点，也是教育所要达成的目的。

第二，重在了解故事情节和概念，深入理解与创造的层面还较欠缺。文学作品是幼儿园语言活动非常重要的一个组成部分，从学习上我们一般可以分为四个层次：理解作品、体验作品、迁移作品经验、创造性的想象与表达。理解和感受层次的学习主要解决的是认知、语言上的障碍，这是学习文学作品的第一步，也是最低层次的活动。理解文学作品最常用的方法是讲述加提问。有研究者将提问分为感知性提问、创造性提问、理解性提问和常规性提问。① 感知性提问主要考察幼儿对故事的感知和记忆，提问的核心词往往为"是什么"；创造性提问主要考察能否重新组合故事中的要点和要素，提问的核心词是"会怎么样"；理解性提问主要考察幼儿对故事进行分析、推理而获得的深层信息，提问的核心词往往是"为什么"；常规性提问主要是为了维持纪律而进行的提问，其核心词往往是"对不对呀，好不好呀"等。在这个活动中，我们看到的是以讲述为主，提问很少，主要围绕"是什么"进行提问，可见故事的目标主要定位于幼儿对一些词汇含义和名称的记忆上，没有也不可能深入思维与创造的层面。幼儿缺乏语言的基础，使整个文学作品的活动只能停留在讲述层次，而无法深入。

第三，需要专门的藏语言活动的配合与支持。由于初入幼儿园的幼儿汉语能力欠缺，而在藏语方面却和其他在正常语言环境中成长的幼儿一样，具有了一定的听说、理解、思考的能力。因此，在藏语言活动中就可以弥补上述纯粹的汉语言活动的不足。但是调查却显示，该幼儿园藏语言活动主要是认读和书写藏文字母，其他类型的语言活动严重缺失。

四 一日生活中渗透的双语学习探索

"发展语言的重要途径是通过相互渗透的各领域的教育，在丰富多彩的活动中扩展幼儿的经验。"② 一日生活的各个环节均充满着语言学习和发展的机会。

情景一：用餐环节的语言学习。
今天吃的是牛肉粉汤和花卷。中午吃饭的时候，按照惯例是教

① 厉凌华：《幼园语言活动中教师提问的调查与分析》，《上海教育科研》2000年第3期。
② 教育部基础教育司组织编写：《〈幼儿园教育指导纲要（试行）〉解读》，江苏教育出版社2002年版，第32页。

师给每位幼儿一碗粉汤、一个花卷，等到需要添加的时候，幼儿自己直接去拿。笔者今天帮着小班老师开饭，和老师商量之后要"逼"着幼儿开口说话。

笔者左手端着盛花卷的盆，右手拿着夹花卷的夹子，等待着需要第二个花卷的幼儿，不一会儿第一个男孩子走上来了，看着盆里的花卷。

笔者：要什么？

幼儿1吃吃地笑着，不说话。

笔者：花卷？

幼儿1用不是很标准的音说：花卷。说着拿着花卷笑着跑回了自己的座位。其他幼儿有的埋头吃饭，有的则吃吃笑着，意识到今天用餐环节的不同。

幼儿2紧绷着脸，一本正经地走来了，直接伸手想拿走花卷。

笔者抬高了花卷盆子，歪着头看着幼儿2：吃花卷？

幼儿2迟疑了一下，"花卷"一词脱口而出。

笔者伸出大拇指：很棒！请吃花卷。

幼儿3和幼儿4看出了今天的端倪，相互推搡着向笔者走来，看来他们知道只有说出"花卷"才能拿走花卷。

笔者看着他们嬉笑的脸，等待着他们说出"花卷"一词，两个人推搡着都不愿意先开口，笔者只好主动出击：吃什么？

幼儿3迅速地说出"花卷"，接着从夹子上拿起花卷就跑开了。幼儿4也跟随着幼儿3跑了回去，却手拿着汤匙，站在座位旁，似乎期待笔者走近他。笔者拿着花卷走近他，笑着看着他，期待他主动说出"花卷"一词，他终于如我所愿地说了出来。

环视所有幼儿，发现有两个男孩，吃完了第一个花卷，低着头搅着碗里的汤，显然还没有吃饱，看来需要我更加主动地行动了。笔者走到幼儿5跟前，蹲了下来，看着他，他仍然没有抬头，"花卷"，我大声示范着，幼儿5低低地说了一声"花卷"，笔者赶忙将花卷递了过去。幼儿6的情况与此相似。

笔者拿着花卷盆回到了教室的最前面，终于，幼儿7举起手高声说"花卷"。笔者迅速走到他跟前，递上了花卷，接下来又有不少幼儿模仿着幼儿 7 的行为。

"语言运用可以被看成是儿童语言学习的动力和源泉，因为儿童在运用语言的过程中建立起与他人的交流情景，产生社会交往和互动过程，也就因此学到了更多的真正有用的语言。"① 因此，要学到真正的语言，就要让儿童明白语言学习的有用和有效，一日生活中的各个环节都充满着学习第二语言的机会，需要教师用心、用智慧去捕捉。

情景二：入园环节的语言学习。

"你好，小朋友好，老师好。"这是最简单的人际问候，在普通类型的幼儿园里，幼儿无须专门学习就能获得，而在牧区幼儿园的小班里，甚至在大班里仍然有很多幼儿不会用通用语言问好。芳芳老师毕业于甘肃省幼儿师范，喜欢尝试与喜欢幼儿是她对自己的评价，今天我们尝试在真实的情境中让幼儿学会和老师互相问好。由于幼儿园没有晨接待，我们尝试的情景设计在小班的门口。时间是 10 月，在幼儿入园后的一段时间里。

卓玛 1 拉着阿妈的手，走到了小班门口。

芳芳老师蹲下来笑着问：你好！

卓玛 1 回头看了看阿妈，双手在胸前交错着，低了一下头又抬起头说：你好！

芳芳老师：小朋友好！

卓玛 1：小朋友好！

芳芳老师：你说（藏语）老师好（汉语）。

卓玛 1：老师好！

考虑到小朋友太过于笼统，笔者与芳芳老师商量，可以直接用

---

① 教育部基础教育司组织编写：《〈幼儿园教育指导纲要（试行）〉解读》，江苏教育出版社 2002 年版，第 108 页。

幼儿的名字问好，这样孩子就能够知道问谁好！

卓玛2是食堂大师傅的女儿，父母都会说汉语，在家庭生活中主要使用藏语交流。卓玛2和老师们很熟，在幼儿园门口就松开妈妈的手，跑了过来，先抱了一下笔者的腿，然后走向了芳芳老师。

芳芳老师：卓玛，你好！

卓玛2：老师好！

这无疑给其他孩子做了一个示范。

扎西1独自走进了幼儿园，来到了小班门口，看到了与以往不同的场景，一时收住了脚步，向门口望着，踯躅不前。

芳芳老师向他招手：扎西，过来！（藏语）

扎西1双手拉着双肩书包的两条带子，略有迟疑地走过来。

芳芳老师：扎西，你好！

扎西仰望着老师，右脚脚尖来回蹭着地面，小声说：你好！

芳芳又蹲了下来：大声说（藏语）老师好（汉语）。

扎西站定了：老师好！（汉语）

小班的幼儿一个一个向老师问好，在应该问好的真实情境中，学习该情境中使用的语言充分体现了语言学习的自然特征，也实现了语言学习的有效和有用。

情景三：游戏中的语言学习。

KC幼儿园的早餐时间比较长，从早晨的 9：25 - 10：20，通常是边吃早餐边看动画片，教室里很少有老师在场，在进行多次的接触与谈话后，大班的ZMJ老师想充分利用这个长时间段。最近的语言活动上，ZMJ老师的活动内容是小白兔拔萝卜，在有了语言活动中的充分准备，给孩子们准备了主要角色的头饰，早饭后让幼儿轮流做"小白兔拔萝卜"的表演游戏。

第一次游戏：ZMJ老师考虑到孩子们从来没有做过表演游戏，而且要使用汉语表演，于是建议笔者扮演萝卜，另一位老师扮演小白兔把握动作的节奏，挑选比较活跃的四位幼儿分别扮演小猫、小狗、老爷爷、老奶奶。拔萝卜的音乐声响起来了,老师们随着音乐唱着,扮演着自己该扮演的角色,表演的孩子们笑成了一团,ZMJ老师用藏汉两种语言夹杂着指挥游戏的进行,游戏的结果是孩子们只会拔萝卜的动作,没有能够边唱歌边做动作。但是从未有过的体验让孩子们脸上的笑容久久不散。

第二次游戏:在第一次游戏之后的汉语言活动中,ZMJ老师继续教唱着汉语歌曲拔萝卜,试图让每一名幼儿都能会唱,也为第二次的游戏活动打好语言基础。有了第一次的基础,决定还是让原班人马做游戏;有了第一次的经验和语言活动上的唱歌准备,小猫、小狗、老爷爷、老奶奶四位角色的扮演者在听到呼唤自己的时候,能够跑上前来拔萝卜,但是表情还是羞涩的,动作仍是拘谨的,可是,毕竟完成了一个表演游戏。

第三次,第四次……ZMJ老师尝试着让大部分幼儿都能来玩一次。

游戏是幼儿生活的组成部分,经过教师设计的游戏活动既能够满足幼儿游戏的需要,又能够在愉快的环境中达成发展语言的目标,这就是新《纲要》所积极倡导的宽松的语言学习环境的创设。如果采用集体讲授、练习加背诵的方式,其效果则会大打折扣,失去了该阶段学习的优势,也违背了第二语言学习的规律,学前阶段学习第二语言的优势在于,在适宜的环境中,能够像学习母语一样自然而然地获得语言,在民族聚居区,这样的环境主要依靠幼儿园、教师来主动创设。

五 小结

建立在教师原有经验基础上的双语教学活动尝试经过了一段时间,分别从专门的国家通用语言活动、渗透在其他领域中的语言活动、一日生活中渗透的语言活动三个方面展开,关注的是语言学习中的主动性、活动性、游戏性、实用性和经验性。实践尝试的结果证明,通过下面所总结的幼儿语言活动内部要素和外部条件,民族地区的学前双语教学模式就能够从母语出发，逐渐过渡为以国家通用语言为主。

1. 让幼儿积极参与的双语活动要做到让幼儿"懂"。为了让幼儿懂可以运用表情、动作等，可以依靠具体的材料、情景等，也可以恰当地使用藏语进行解释和组织，其围绕的核心是让幼儿懂，只有懂才能将语言学习建立在幼儿的经验基础上。

2. 让双语的学习有用和有效。语言学习有用和有效的核心是让幼儿明白汉语的学习在生活中用得上，可以设置具体的情景让幼儿知道语言学习有用，可以设计游戏活动让幼儿的语言学习有效，其核心是让幼儿语言的学习变得有意义。

3. 让双语学习符合幼儿的发展特点和学习特点。幼儿的发展特点是活泼好动，幼儿的思维特点是具体形象，操作性、活动性、游戏性是幼儿学习活动的特点，设计语言活动也要符合这些特点。

4. 幼儿双语的学习要使专门的语言活动和渗透的语言活动相结合。幼儿语言能力的发展可以通过专门的语言活动来培养，也要重视将语言的发展渗透在不同领域的活动和幼儿一日生活的各个环节中。

5. 针对教师正在进行的教育活动进行支持和帮助是促进教师专业发展的最有效的外在支持，应该成为教师培训的主要形式。

第七章 民族地区学前双语教育模式有效实施的策略

综合田野调查和课堂研究的结果，夏河县学前双语教学存在如下问题：教育部门忽视学前双语教学的专业性和实践困难，不能给予有效的定位与指导；幼儿园管理仍然处于刚性的纪律管理上，缺乏教师之间的配合机制；学前师资的专业程度低、双语教学的意识不足、教师专业发展的支持条件欠缺；在学前双语教学中存在学前双语教学目标定位模糊、不全面，双语教学选择适宜的材料、教师选择内容具有随意性，缺乏规范性，学前双语教学的方法侧重于训练重复，评价侧重于单语能力，忽视双语能力，重视读写能力，忽视全面的双语能力的发展等问题。学前双语教育模式的有效实施不仅是一个理论问题，而且是一个实践问题，根据前面梳理的学前双语教学有效实施的理论基础和实践中尝试的有效改进策略，从理念和行动两个层面提出了学前双语教育模式有效实施的策略。

第一节 民族地区学前双语教育模式有效实施的基本理念

一 为中小学实施以汉语为主的双语教育模式奠定基础

有效实施幼儿园双语教学，从来都不仅仅是幼儿园内部的事情，而必须放在整个基础教育的大背景下与小学的双语教学有效衔接。因此，学前双语教学的有效实施需要树立的第一个理念就是为小学阶段实施以汉语为主的双语教学奠定基础。其思想如图 7-1 所示。

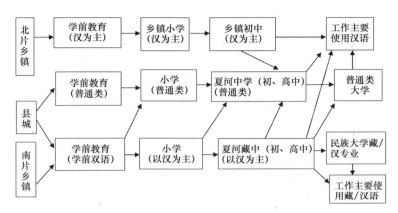

图 7 - 1 学前双语教学与中小学以国家通用语言为主的双语教学衔接图

"毫无疑问，各个民族必然会有一部分学生努力学习继承本族的语言和传统文化，但是大多数学生则必须通过学习最有利于个人生存与发展的国家通用语言，并通过这个语言来进行自己的学业，中小学双语教学的教育模式和教学语言，也必然要遵循这样一个客观规律的要求不断进行调整。"① 现实是以藏为主的教育模式中学生人数过于庞大，与其相应的问题是师资和其他教育资源的相对欠缺，已经影响了学生个体的发展，影响了整体教育质量的改善，未来也势必会影响民族、民族地区的发展。别国的经验和我国的历史也警示我们，封闭和隔离就会缺乏理解，就会对立、就会产生冲突，因此，打破业已形成的两个封闭的双语教育体系是符合社会发展需求和双语教育规律的明智之举。在中小学逐步推进和扩大以汉语为主的双语教育模式是发展的必然趋势，这不但可以学习并熟练掌握母语，而且能够逐渐掌握国家通用语言，并通过国家通用语言的学习满足升学和就业的要求。在中小学阶段建立起双语教育体系之间桥梁的关键是语言，尤其是学生国家通用语言的准备，在学前阶段奠定两种语言的基础显得尤为重要。学前阶段实施从母语出

---

① 王鉴：《我国民族教育政策研究三题》，《当代教育与文化》2010 年第 6 期。

发，逐渐过渡为以国家通用语言为主的双语教学模式能为打破封闭系统，建立两个系统之间的联系奠定语言基础。

二　明确学前双语教学中母语与国家通用语言的关系

从我国的现实情况来看，我国少数民族为世居民族，国家通用语言的学习是少数民族自身发展与创新的必然路径，也是形成各民族之间交往、交流、交融，最终形成多元一体社会格局的必要条件。作为国家公民，学习国家通用语言是权利也是责任。从少数民族个体的发展来看，现有各学科的理论和实践研究成果均已证实，个体获得两种语言本身无论对儿童的认知能力还是其社会性发展均会带来积极的影响。牧区学前双语教育模式的有效实施要牢牢把握母语和国家通用语言之间总体的变化趋势：国家通用语言的教学内容应逐渐增加，母语的学习内容，母语在学习生活中的使用也应逐渐增加，但需要把握的是国家通用语言在整个双语教育系统中增加的速率要大于母语的变化速率，在学前阶段达到两种语言的平衡甚至以国家通用语言为主（其具体形象的变化如图7-2所示）。

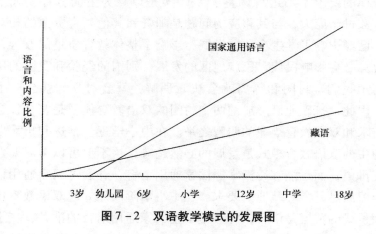

图7-2　双语教学模式的发展图

在学前这个双语教育的起始阶段充分利用母语，并逐渐过渡到对国家通用语言的学习，对儿童的发展有着更为积极的价值。具体

到学前阶段，又会因幼儿和教学的具体情况不同而有多种变化，图
7－3和图7－4是两种典型的代表。

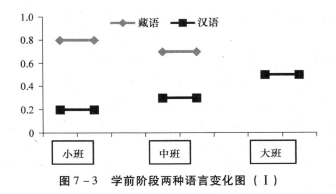

图7－3　学前阶段两种语言变化图（Ⅰ）

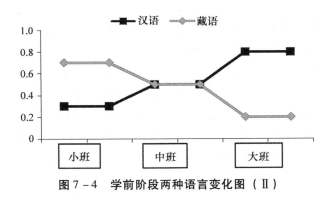

图7－4　学前阶段两种语言变化图（Ⅱ）

　　根据幼儿入园时语言学习的状况和幼儿教师双语水平或者两种
语言教师的配备情况，选择图7－3或图7－4所示两种语言的变化
形式，图7－4所示的是未来两种语言最终的变化趋势。

三　确立提高质量是学前双语教学最根本的价值取向

　　我国学前教育的最本质价值是一致的，就是要促进幼儿全面和
谐、富有个性的发展，为幼儿终身发展奠定基础。无论少数民族聚
居区实施学前双语教育还是普通教育，其核心的价值取向都是不变

的："少数民族学前儿童双语学习与教育，根本价值在于帮助少数民族儿童在早期形成可持续发展的良好基础，获得终身学习的起点经验。"① 只是实施双语教学更为复杂，更具挑战性，因为"在所有的双语教室里，儿童面临着双重任务：学习语言和通过语言学习学科知识。儿童们必须学习新的词汇、新的结构，他们需要将这些来自非本族文化和非背景知识的未知概念整合到自己的认知结构中"。② 因此，学前双语教学模式能否有效实施的根本是幼儿教育质量的提升。幼儿园教育质量对于幼儿国家通用语言的学习、母语的保持与发展具有直接的影响，或者说，少数民族聚居区双语教学不仅是语言问题，而且在很大程度上决定着幼儿园的教育质量。从这样的角度看待民族地区的学前双语教学，只有全面提升学前教育的质量内涵，才能将双语教学的成效最终落实到儿童全面发展上来。

四 树立科学的幼儿语言学习与发展观

（一）幼儿全语言学习与发展理念

"幼儿全语言教育是旨在全面开展幼儿听、说、读、写的母语能力和外语能力教育；旨在突出口语教育的同时，全面奠定识字阅读教育、语文教育、文学教育、语言文化教育等基础；旨在提高幼儿语言能力和对语言的兴趣，特别是对外语的兴趣；掌握初步的言语、文字、文章、文学和语言文化等感性知识；培养与语言相关的人文素质。""需要指出的是全语言教育不是各种语言的均衡教育，而是在母语口语发展的同时播下其他语言能力的种子。要让儿童在发展听说读写能力的同时领略文字、语言、文学、文化。"③ 幼儿的语言学习是整体性的学习，不必也没有可能将学前儿童的语言分

---

① 周兢、李传江、杜丽君等：《新疆学前双语教育情境中民族儿童的汉语发展研究》，《华东师范大学学报》2014 年第 1 期。

② Patricia Velasco，"Indigenous Students in Bilingual Spanish-English Classrooms in New York：A Teacher Mediation Strategies，" Intsh J. Soc. Lang International Journal of the Sociology of Xanyuage，Vol. 2010（206）. – Nov. 1，2010：255 –271.

③ 袁爱玲：《面向 21 世纪构建幼儿园全语言教育》，《教育导刊》（幼儿教育版）1999 年第 1 期。

解成音、词、句等不同的构成要素，而是要在生活中，在使用过程中以整体的形式获得。学前儿童语言学习是整合的学习，语言的整合要求打破学科限制，不要将国家通用语言的学习局限在语言课上。"幼儿语言的发展是与情感、经验、思维、社会交往能力等其他方面的发展密切相关的，因此，发展幼儿语言的重要途径是通过相互渗透的各领域的教育，在丰富多彩的活动中扩展幼儿的经验，提供促进语言发展的条件。"① 这种打破学科限制的学习不仅有助于幼儿语言的学习，也有助于领域内容的学习。

（二）在使用过程中发展幼儿的两种语言

无论是母语还是国家通用语言，"用"都是语言学习的核心。学前儿童的语言学习是有效的和有用的学习，有效和有用是指连接个人生活经验的社会学习。对于幼儿来讲，这种语言能够用来沟通，才对他们产生意义，脱离情景的语言对于他们来讲没有意义。发展幼儿语言的关键不是让幼儿强记大量的词汇，背诵故事、儿歌，而是引导幼儿乐意与人交谈，注意倾听对方讲话，能够理解日常用语，能够清楚地表达，喜欢听故事，喜欢看图书等，强调语言的交际功能。因此，在幼儿园语言教育的过程中重视的是为幼儿提供宽松、真实而生动的语言运用情境，为幼儿创设创造性运用语言的机会是我国幼儿教育的发展趋势，也是国际幼儿教育的共识。正如新《纲要》所提倡的"语言能力是在运用的过程中发展起来的，发展幼儿教育的关键是创设一个能使他们想说、敢说、喜欢说、有机会说并能得到积极应答的环境"。②

（三）支持性环境对于幼儿语言发展极其重要

幼儿语言学习与发展的首要任务是帮助幼儿成为积极的语言运用者，在交往中逐渐学习理解和表达。③ 儿童学习语言的机会大量

---

① 教育部基础教育司组织编写：《〈幼儿园教育指导纲要（试行）〉解读》，江苏教育出版社 2002 年版，第 26 页。

② 同上书，第 110—112 页。

③ 李季湄、冯晓霞：《〈3—6 岁儿童学习与发展指南〉解读》，人民教育出版社 2014 年版，第 84 页。

地存在于日常生活和其他领域的活动中，因此，我们不仅要关注有限的、集中的、专门的语言活动，而且要在真实而平常的学习和生活中操练、扩展幼儿的语言经验，要在其他领域活动中创造无所不在的语言教育环境。③

第二节　确保民族地区学前双语教育模式有效实施的具体策略

一　学前双语教育模式有效实施的政策保障

"在制定民族教育政策时，既要从历史经验中得到借鉴，又要从别国教育中受到启发，更要从现实问题解决中找到重点。"① 基于上述对夏河县现实问题的全方位分析，笔者以为，应主要从以下几个方面着手。

（一）教育行政管理政策

1. 制定民族地区学前儿童双语学习与发展标准

幼儿教师困惑的核心在于幼儿双语学习与发展应该达到的标准以及能够达到的标准，与此相应的便是不知道教什么、怎么教以及如何评价。因此，地方教育行政部门应根据当地实际、双语教育发展趋势、新《幼儿园教育指导纲要》《3—6 岁儿童学习与发展指南》，在研究的基础上制定民族地区学前儿童双语学习与发展的指导性文件，在目标、内容、方法以及评价四个方面作出更为具体的指导，积极引导学前双语教学的健康发展是当务之急。

2. 建立长效的、促进幼儿教师专业发展的培训机制

教师培训是幼儿教师专业发展，提高教育质量不可缺少的途径之一。目前双语教育师资的培训具有机会缺乏、不均等，缺乏针对性，对实践影响不大等不足。究其原因，培训力度不大、集体听课加参观的培训形式、管理上对培训效果的不重视等均是造成培训效果低于预期的原因。因此，民族地区双语师资培训的改革从内容和

---

① 王鉴：《我国民族教育政策研究三题》，《当代教育与文化》2010 年第 6 期。

形式上要作出相应的改革，应该把握以下三个方面：一是长效的培训体系的建立。幼儿教师培训仅仅依赖于国家级和省级的培训，以县为单位的幼儿教师培训体系还未建立。这一方面影响了国家级、省级培训的后续效果，培训变成了个人的事，成了变相的休息与旅游。另一方面不利于建立更有针对性的培训内容与形式。因此，建立国家级—省级—县级三级培训系统，能有力地改善上述不足。二是培训的内容要根据幼儿教师的能力和需要有针对性地分层分类确定。目前的培训主要根据幼儿教师——新入职教师、转岗教师、骨干教师、园长四种类型实施相应的培训，并未真正根据幼儿教师的需要进行培训。作为基层的教育管理者，科学而有效地鉴别幼儿教师的学习与发展需要，根据国家和省级培训的内容选择相应的人员参与培训，根据国家和省级培训的不足，有针对性地开展第三级培训。三是形式上的改革，目前双语师资的培训形式有集中讲座、参观观摩、同课异构、结对辅导、互联网线上答疑、远程培训等，每种形式各有其利与弊，越是大型的培训越有可能趋于讲座化、观摩化，因而缺乏长期性、针对性和实践特殊性。要想实现培训的长期性、针对性、实践特殊性，就要在教育局的领导下建立自己的培训队伍和机制。比如，从乡镇幼儿园挑选优秀的幼儿教师，组成培训队伍，以教研员的身份指导乡镇和村级幼儿园的双语教学实践。为更有针对性和实践性，可采取送课入园和实地指导两种指导方式，让教师们在教研员送来的优质活动中或者教研员对幼儿教师教学活动的指导中不断提高双语教学水平，促进教师的专业化发展。这被视作长效而接地气的培训机制。

3. 建立独立的幼儿园发展投入与管理制度

无论是国内还是国外的经验均告诉我们，双语教育的经费是单语教育的数倍，才能够取得相同的教育质量。调查显示，除了县城拉卜楞幼儿园之外，其他幼儿园均未设置独立的经费管理与投入渠道，尽管个别幼儿园独立建园，但是其师资管理、经费投入与使用却仍然依附于小学，这给幼儿园的科学发展带来了一定的障碍，因此，需要建立幼儿园经费投入与使用独立的制度。

（二）幼儿园内部应制定以教育教学为核心的幼儿园管理制度

确立以教育教学活动为核心的幼儿园管理制度。幼儿园的管理制度有多种，但最为重要的核心是教育教学制度，因此，要以教育教学为核心制定落实相关制度，以促进幼儿园的科学管理。同时目前幼儿园的管理政策限于挂在墙上、限于刚性的管理层面，缺乏指向以幼儿园教育质量提升为核心的相关制度。指导幼儿园制定与确保实施教师备课制度、教材开发制度、教研制度、双语教育制度成为现阶段以及未来幼儿园管理制度的重点。

二 学前双语教学师资的发展与配备

（一）严格选拔学前双语师资

师资质量从源头上讲最核心的是培养与选拔，尽管在入职以后有培训，但是别国和我国的经验都告诉我们，入职后的培训收效远远不如源头上的选拔和控制。早在1993年，澳大利亚就开始了双语师资培训，对现有人员的培训在一定程度上缓解了双语师资紧缺的局面，但没有从根本上提高双语师资的质量。[①] 因此，规范学前双语教师的选拔、转岗的招聘要求和审核标准是更为重要的一个解决学前双语师资的具体策略。学前双语教师应该具备的基本素养有三个方面：

1. 具有双语的语言能力。加拿大的浸入式双语师资和美国双语教室里的教师均要求有良好的两种语言能力，不仅具有较强的两种语言的听、说、读、写能力，而且要具备流畅的双语表达能力和双语思维能力。也就是说，能够随时随地切换两种语言，而且两种语言的语音、语言知识都要准确。

2. 具有双语课堂教学内容整合能力。教师需具有较强的双语教学设计能力和课程内容的整合能力，能够根据幼儿的发展水平和发展需要对现有的教育教学材料进行选择、再创造和整合。

3. 具有营造双语教育环境的能力。环境对于幼儿语言的学习

---

① Jone A. Buggs, *A Better Chance to Learn*：*Bilingual Bicultural Education*，*United States Commission on Civil Rights*，Clearinghouse Publication，1975，p. 93.

与语言能力的发展至关重要。在实施双语教育的地区往往不具备国家通用语言学习的自然生态环境，所以，就需要幼儿教师通过创设双语物质环境和精神环境，不仅重视幼儿园内语言环境，还要充分利用家长资源，从而促进幼儿两种语言和两种文化的发展。

（二）合理配备双语师资

双语师资对于双语教育是最理想的，尤其是在学前教育阶段，但是合格双语师资的培养却不是一蹴而就的，双语师资的缺失是全世界双语教育共同面临的困难。如果将两种语言的单语教师合理配置也是解决学前双语师资缺乏的有效策略。调研认为，民汉教师数量相当，或者汉语老师的比例略大于藏语教师是比较理想的一种教师配置，这种配置对于幼儿园语言环境的改善尤其重要。

三　开发与落实学前双语课程

（一）以中华民族文化为根，系统开发幼儿园双语课程

幼儿园双语教学的内容有两大来源：一是立足于整个中华民族文化，开发适合的双语课程内容；二是立足于本民族文化，开发富有民族特色的双语课程内容。前者已经相对比较成熟，可以根据幼儿园的实际情况来选择使用相关的课程内容，相对而言，后者则比较欠缺，需要以民族文化为根，构建富有民族特色的幼儿园课程内容。借鉴民族教育研究者王鉴教授在藏族地区构建的小学低年级《藏族文化》地方型课程[①]，结合幼儿的年龄特点和发展需求，我们认为，从丰富的民族文化中选取的幼儿园课程内容有语言文学知识中的传说、民谣、故事、格言、俚语、谚语、谜语、绕口令、儿歌、小说、笑话与幽默等；民风民俗知识中的服饰、礼节、饮食；生态环境知识中的山川、江河、草原、动植物、矿产等的名称、分布、功用等；社会历史知识中的寓言、历史名人、名胜古迹、姓氏、逸事等；生产生活知识中的饮食、待人接物、生产方式、劳动工具的名称及其制作、仪式等；传统科学知识中的天文、动植物的识别、推

---

① 王鉴：《我国民族地区地方课程开发研究》，《教育研究》2006 年第 4 期。

测天气等；民族艺术知识中的绘画、建筑、陶瓷、泥塑、器具、民歌、刺绣、彩绘、雕刻、舞蹈、戏剧、手工艺、歌曲等；民族传统游戏中的棋类游戏、纸牌游戏、运动游戏、竞技游戏、角力游戏等。

（二）围绕两条文化主线，合理组织学前双语课程

语言和文化从来就没有分开过，特定的语言反映着特定的文化，儿童在学习语言的过程中不知不觉地学习着文化。因此，在母语的学习中应该使用与母语文化相适宜的内容，国家通用语言的学习使用与中华民族文化相适宜的内容，使用源自于第二语言文化的内容，在学习语言的过程中，获得语言所蕴含的文化。将所选择的适宜内容，围绕两条文化主线，进行整个单元或主题的整体设计，而不是孤立的两种语言、两种文化。这就需要相关高校、研究机构和幼儿园教师的通力合作。具体主要应把握好两个方面。

1. 树立多层次的学前双语教学目标

双语教育的核心和最终目的是培养民汉兼通的双语人才，但是在不同的学段，其阶段目标的侧重点是有差异的。加拿大的浸入式学前双语教育的主要目标有两个：一是培养幼儿第二语言的学习兴趣、听力技巧和理解能力；二是鼓励幼儿在课堂内外使用第二语言开口说话。周兢认为，应提高幼儿语言学习的兴趣，提高他们运用语言进行交往的积极性；帮助幼儿建立起初步的语音感，增长他们的语言敏感性；透过语言学习，让幼儿感受到多元文化的存在，从小获得文化多元的基本概念。① 本书认为，学前双语教育的目标应定位为语言学习兴趣、两种语言能力和透过语言能力获得知识和多元文化观念三个方面。具体来讲，语言情感目标是乐意与人交谈，讲话有礼貌；喜欢听故事、看图书。语言能力目标是注意倾听对方讲话，能理解日常用语；能清楚地说出自己想说的事；能听懂和会说普通话。语言社会性目标是能够意识到两种语言的差异，知道在不同的情境下需要使用不同的语言，能初步感受两种文化的差异。另外，需要

① 周兢：《对我国学前儿童英语学习定位的思考》，《教育教学研究》2004 年第 12 期。

明确藏汉两种语言的目标，不能仅仅关注某一语言的目标。

2. 提供多种类型的双语教育内容

学前语言活动的类型有非正式与正式之分。非正式语言渗透在一日生活中、渗透在其他领域的活动中、渗透在游戏活动中，幼儿在与幼儿园所创设的多种语言环境的互动中促进语言发展。正式的语言活动有多种类型，文学作品活动、讲述活动、谈话活动、语言游戏、讨论与辩论，每种语言活动的目标、活动要求和所发展的语言能力都是有所侧重的，共同致力于幼儿语言的发展。学前双语教育的课程内容是根据幼儿发展特点和新《纲要》的要求，创设一个宽松、自由的交际环境，通过正式和非正式的活动，发展幼儿对两种语言的倾听和表达（听和说）的能力；提供丰富的书面语言材料，通过正式和非正式的活动引导幼儿接触两种语言的优秀儿童文学作品，使之感受语言的丰富和优美，加深对作品的体验和理解；引导幼儿对两种语言的标记、文字符号、书籍、阅读和书写的兴趣，培养前阅读和前书写的能力。

（三）以幼儿园为本，切实落实学前双语课程

任何课程的开发均不是针对某一个幼儿园的，任何一套课程都未必适合某一个幼儿园。因为从课程管理的视角来看，国家制定的《幼儿园教育纲要》和《3—6岁儿童学习与发展指南》等是幼儿园课程设计的指导性、方向性政策与文件，而幼儿园课程则是根据幼儿园自身的实际情况实施的。因此，在一定程度上可以说幼儿园的课程就是园本课程。幼儿园根据现有的课程资源并结合幼儿园的实际情况对多种资源进行选择和整合，对课程内容如何实施进行合作研究，集众人之智慧开发适合于幼儿园的课程，需要幼儿园通过其文化建设和制度建设来确保充分发挥幼儿教师之间的协作力量。

四　创设发展两种语言的幼儿园环境

（一）早期两种输入环境的创设

1. 早期语言阅读环境的创设

国内外的研究均已证实，早期就提供阅读资源，要优于简单地

提供口头语言学习机会对双语儿童的未来读写发展有巨大的帮助和长期的效果。早期双语阅读环境的创设可从两个方面入手：一是在教室里、阅读室里为幼儿提供适合其年龄的、丰富的两种语言的阅读图书和材料，在"一日活动"的过渡环节、自由活动环节、区域活动环节等大量的自由活动时间里允许、引导幼儿阅读图书和文字资料，逐渐培养幼儿阅读的兴趣和习惯；二是在集体的语言活动中，将早期阅读作为一个不可或缺的语言活动类型来对待和开展，逐渐培养幼儿阅读的兴趣与能力。

2. 早期口语输入环境的创设

目前幼儿园提供给幼儿的材料大多限于热播的动画片，而诸如磁带、光碟、课件等并未在教育教学中得到很好的利用。因此，充分利用各种现代设备以及音像资料，在专门和非专门的语言活动中为幼儿提供丰富的、形象的、富有教育性的声音或音像的示范型材料，让幼儿在欣赏、观看、唱歌等活动过程中自然地发展两种语言能力。

（二）有意义输出环境的创设

1. 口语互动环境的创设

改善幼儿园口头交流交往的语言环境，不外乎是增加教师之间、师幼之间、幼儿之间的交往交流行为，这既是一种口语输入的环境，也是一种口语输出的环境。具体来讲，一是具有标准的两种语言的对话者与交流者。首先通过配置数量相当的藏语教师和国家通用语言教师，自然改善教师之间的交往交流语言。其次要求教师不仅在教学活动中为幼儿提供示范性语言，也要在日常生活中为幼儿创造一定的示范性语言。二是有意识地引导幼儿在不同的场合使用不同的语言来交流，与不同的老师使用不同的语言来交流。三是尊重幼儿使用自己擅长的语言来交流，鼓励幼儿使用国家通用语言来交往交流，在交往交流中学习、巩固、发展两种语言能力。

2. 墙面互动环境的创设

室内外墙面布置要使用两种语言，要与当前进行的教育教学内容相匹配，要将幼儿活动作品作为墙面布置的重要资源。各种工具、材料的标示均可使用两种语言、渗透两种文化，形成与幼儿经验互动的、动态的墙面环境。

（三）无须说话就能活动的环境创设

幼儿从熟悉的家庭来到陌生的幼儿园，从仅仅使用熟悉的母语到学习陌生的国家通用语言，这会增加其在幼儿园安心生活的困难，因此，幼儿园是幼儿的"安身"之所，在安心、安身的基础上才能够实现全面发展，这样双语教学模式的有效实施才具有实现的基础。因此，在幼儿还不会讲、还不敢讲、还不知怎么讲的时候，幼儿园就应该为幼儿提供健康、丰富的生活环境和活动环境，创设不需要语言表达就能够实际操作的活动环境，创设不同水平和不同特点的幼儿都能进行活动的环境。在个体语言欠缺的情况下可以选择不需要语言就能够进行的活动，使他们在快乐的幼儿园生活中获得有益身心发展的经验，这才是有质量的学前教育之根本。

五 采用适合幼儿的双语教育教学策略

（一）多样的学前双语教育途径

学前阶段双语教育的实施途径主要有以下四个方面：第一，在多种类型的、专门的两种语言活动中培养幼儿听、说、读、写的基本能力。第二，在其他各领域的活动中，语言都是不可或缺的思维工具，要将双语的内容渗透在其他领域的活动中。第三，在"一日生活"、游戏、如厕等各个保教环节中，语言也是不可或缺的，要充分利用这些环节来实现两种语言的发展目标。第四，在图书提供、墙面创设等环境中要充分注重两种语言的内容，为达成双语教育的目标提供隐形的课程。

鉴于调查所揭示的只有上课才使用的学前双语教学途径不能有效满足幼儿多样化发展和双语发展的要求，学前双语教育需要多样的实现途径。在此尤其要强调在"一日生活"和游戏活动中渗透双语教育。

1. 在"一日生活"中渗透双语教学

在生活中学习与发展是幼儿的一个显著特点，融双语教育于"一日生活"中必然成为学前双语教育的一个显著特点，应充分利用"一日生活"中的各个环节来渗透双语教学。

2. 通过游戏活动来实施双语教育

游戏创造了儿童的最近发展区。在游戏中，儿童的发展水平总是高于其平均水平、高于其日常行为水平。游戏以浓缩的方式包含了儿童所有的发展趋势，同时，它也是儿童发展的源泉。通过游戏建立友谊、学到人际交往的技能、提高社会的接纳程度、提高社会能力。通过游戏，幼儿获得了更多的重复、模仿等语言策略。游戏丰富了儿童的语言发展，帮助他们扩大了语言的使用范围，特别是有同伴参与的游戏。调查表明，本应是幼儿生活与权利的游戏在这里是缺失的。在幼儿园里，游戏中的自发语言以及在教师指导下的游戏活动，能够帮助儿童保存信息，并为其以后的生活提供丰富的语言。尽可能多地安排游戏活动，尤其是角色游戏，能很好地对幼儿语言和社会性的发展提出挑战。①

（二）采用适合学前儿童学习双语的方法

幼儿不是空着大脑来到幼儿园的，不懂得国家通用语言的民族幼儿同样也是如此，充分利用幼儿已有的经验是适合所有学习者的，在幼儿双语教学中尤其重要。充分利用幼儿已有的经验使不少专家学者在多领域研究的基础上提出适合学前儿童双语学习的方法。比如 D. Holdaway 提出的示范、参与、练习、角色扮演、创造表达等自然学习模式；② Wong Fillmore 提出的"此时此地"学习方法；佩登·泰柏提出的"边做边说"、实况报道、节目介绍等方法。综合所有的适合学前儿童双语教育的方法，可以看到其核心是基于幼儿已有的经验，注重从"懂"开始的方法才是适合学前儿童双语教育的方法。为了能够让幼儿听得懂，需要从以下四个方面入手：一是双语教育的内容与幼儿日常生活紧密相连。比如 ZM 老师

---

① Chizuko, Konishi, "Learning English as a Second Language: A Case Study of Chinese Girl in an American," *Preschool Childhood Education*, 2007 (5): 272.

② D. Holdaway, "The Structure of Natural Learning as a Basis for Literacy Instruction," In M. R. Sampson (ed.), *The Pursuit of Literacy: Early Reading and Writing*, Dubuque, IA: Kendall Hunt, 1986, pp. 56–72.

在教室里找你能说出汉语名称的物品的一系列活动，幼儿能够找到的说出汉语名称的物品越来越多就是一个典型的例子。二是使用简单化的语言。在语言的形式完整与能够让幼儿听懂意思之间，后者更为关键，在形式上仿佛回到了母语学习时期的咿呀学语阶段。三是使用语气变化、手势、动作、表情等非言语策略支持幼儿对词义、句意的理解。四是借助看得见、摸得着的玩具、教育、图片、多媒体等材料帮助幼儿理解。

（三）正确的学前双语教育评价

1. 学前双语教育评价的基本观念

对于接受双语教学的幼儿而言，应该有三方面会令老师感兴趣：一是幼儿在认知、社交、情感以及生理诸方面的发展；二是幼儿使用母语的能力；三是幼儿使用国家通用语言的能力。[①] 这三个方面构成了评价幼儿学前双语教育发展的内容，也就是说，评价学前双语教学不应该仅仅关注幼儿双语能力的发展，而应该在关注幼儿整体发展的基础上重点评价幼儿双语能力。

2. 采取适宜的评价幼儿双语发展的方法

科林·贝克认为，诸如纸笔测验、陌生人的问答、陌生的情景和要求、抽象的问题等，这些不适合用来评价幼儿语言的发展，对于文化多元的双语儿童则尤其不适合。有不少适切的方式和技巧可以了解幼儿的发展。这些方法和技巧是教师在教室里、游戏场上、在日常活动中对幼儿进行的长期而密切的观察，并有系统地记录孩子在教室内、外的活动行为，对照幼儿母语发展的阶段特点、幼儿第二语言发展的规律进行科学的判断。

六 充分调动和利用家庭、社区双语教育资源

（一）家园互动，充分调动家长、社区资源

家庭教育在学前教育阶段具有更加特殊的意义，正如陈鹤琴先

---

① ［美］佩登·泰柏：《一个孩子，两种语言——幼儿双语教学手册》，吴信凤、沈红玫译，南京师范大学出版社 2011 年版，第 195 页。

生所说："幼稚教育不是家庭一方面可以单独胜任的，也不是幼稚园一方面可以单独胜任的，必定要两方面共同合作方能得到充分的功效。"①《学会生存》指出，在学前儿童教育这项工作中，"我们应该挑选和配置家庭与社区联合这种最积极的形式"。② 吉姆·康明斯（J. Cummins）的研究揭示出，在少数民族地区、有少数民族儿童的双语教室里，这种家长资源的利用价值不仅在于获得知识、提高语言能力等认知价值，而且让幼儿和家长感受到了平等与尊重。各国成功的学前教育无不充分利用和整合家庭、社区的资源，无论是从语言发展的角度还是从文化传承的角度，家庭和社区是成功的学前双语教学不可或缺的组成部分。从忽视家庭力量到发展、整合家庭、社区教育力量和资源是学前双语教学的趋势。

（二）立足教师和幼儿园资源，提高家长教育水平，共同致力于幼儿的发展

家长是幼儿园的合作伙伴，幼儿园作为专门的教育机构负有提高家长教育能力的职责。尤其是在定居点牧区，其家庭教育的职责主要由祖辈父母所承担，更加迫切地需要通过种种方式来确立科学的育儿观，提高科学育儿的能力，普及幼儿双语学习与发展观。一方面可以提高家庭育儿的质量和水平，另一方面可以加强幼儿园和家庭之间的联系，充分调动家庭中的可用资源。

七 创设学习两种语言的媒体平台

电子媒介中的动画片、游戏、人机对话活动等都是幼儿喜闻乐见的，是有利于幼儿学习两种语言的活动材料和形式，目前民族地区电子媒介的使用从内容上多使用动画片，从形式上被动输入，因此，为了充分发挥电子媒介在学前双语教学中的有效价值，需要为幼儿学习语言搭建媒介平台，这个平台要从内容和形式上作出改进。从内容上而言，不仅要利用国家通用语言的动画片等，还要倡

---

① 陈鹤琴：《家庭教育》，中国致公出版社 2001 年版，第 273 页。
② 联合国教科文组织编写：《学会生存》，教育科学出版社 1996 年版，第 277 页。

导为发展藏族地区幼儿的双语能力，调动相关人员创作、制作有利于儿童学习两种语言的动画片、游戏等；从形式上而言，要变单向的输入为人机互动的形式。这个平台将会在很大程度上弥补由于居住语言环境的单一而对双语学习带来的消极影响，扩展儿童语言学习范围。

参考文献

艾尔·巴比:《社会研究方法》,华夏出版社 2002 年版。

艾力·伊明:《多元文化整合教育视野中的维汉双语教育的研究》,民族出版社 2011 年版。

乔伊斯等:《教学模式》,荆建华等译,中国轻工业出版社 2002 年版。

陈杰琦、埃米勒·艾斯贝格、玛拉·克瑞克维斯基编:《多元智能理论与儿童学习活动》,何敏、李季湄译,北京师范大学出版社 2002 年版。

陈思:《新疆维吾尔族学前儿童汉语早期阅读干预的有效性研究》,博士学位论文,华东师范大学,2014 年。

陈向明:《质的研究方法与社会科学研究》,教育科学出版社 2000 年版。

谢弗等:《发展心理学》,邹泓等译,中国轻工业出版社 2009 年版。

戴尔·H. 申克:《学习理论:教育的视角》,韦小满等译,江苏教育出版社 2003 年版。

丁文楼:《中国少数民族双语教学研究与实践》,民族出版社 2002 年版。

丁证霖、赵中建等编译:《当代西方教学模式》,山西教育出版社 1991 年版。

董霄云:《文化视野下的双语教育——实践、争鸣与探索》,上海教育出版社 2008 年版。

方富熹、方格、林佩芬:《幼儿认知发展与教育》,北京师范大学出版社 2003 年版。

方晓华：《少数民族双语教育的理论与实践》，学苑出版社 2010 年版。

甘肃省夏河县志编纂委员会：《夏河县志》，甘肃文化出版社 1999 年版。

哈经雄、滕星主编：《民族教育学通论》，教育科学出版社 2001 年版。

胡德海：《教育学原理》，甘肃教育出版社 1998 年版。

黄安余：《双语教学理论与实践研究》，上海人民出版社 2011 年版。

黄甫全、王本陆：《现代教学论学程》，教育科学出版社 1998 年版。

加里·鲍里奇：《有效教学方法》，易东平译，江苏教育出版社 2002 年版。

姜宏德：《双语教育新论》，新华出版社 2006 年版。

教育部基础教育司组织编写：《〈幼儿园教育指导纲要（试行）〉解读》，江苏教育出版社 2002 年版。

科林·贝克：《双语与双语教育概论》，翁燕珩译，中央民族大学出版社 2008 年版。

肯特·科普曼、李·哥德哈特：《理解人类的差异——美国的多元文化教育》，滕星、朱姝等译，中央民族大学出版社 2011 年版。

拉尔夫·泰勒：《课程与教学的基本原理》，施良方译，瞿葆奎校，人民教育出版社 1994 年版。

李秉德主编：《教学论》，人民教育出版社 1991 年版。

李季湄、冯晓霞：《〈3—6 岁儿童学习与发展指南〉解读》，人民教育出版社 2014 年版。

李季湄：《幼儿教育学基础》，北京师范大学出版社 1999 年版。

联合国教科文组织编写：《学会生存》，教育科学出版社 1996 年版。

曼·K. 邓金：《解释性交往行动主义：个人经历的叙事、倾听和理解》，周勇译，重庆大学出版社 2004 年版。

梅雷迪斯·D. 高尔、沃尔特·R. 博格、乔伊斯·P. 高尔：《教育研究方法导论》，许庆豫等译，江苏教育出版社 2002 年版。

M. F. 麦凯、M. 西格恩：《双语教育概论》，严正、柳秀峰译，光明日报出版社 1989 年版。

庞丽娟主编：《中国教育改革 30 年（学前教育卷）》，北京师范大学出版社 2009 年版。

佩登·泰柏：《一个孩子，两种语言——幼儿双语教学手册》，吴信凤、沈红玫译，南京师范大学出版社 2011 年版。

邵瑞珍：《教育心理学》，上海教育出版社 1997 年版。

孙东方：《文化变迁与双语教育演变——中国东北地区达斡尔族民族教育田野个案研究》，中央民族大学出版社 2010 年版。

孙若穷主编：《中国少数民族教育学概论》，中国劳动出版社 1990 年版。

滕星等：《书斋与田野——滕星教育人类学访谈录》，民族出版社 2010 年版。

滕星：《多元文化教育——全球多元文化社会的政策与实践》，民族出版社 2010 年版。

滕星：《文化变迁与双语教育——凉山彝族社区教育人类学的田野工作与文本撰述》，教育科学出版社 2001 年版。

王斌华：《双语教育与双语教学》，上海教育出版社 2003 年版。

王斌华主编：《双语教学的回眸与前瞻——国际视野，本土实验》，上海教育出版社 2008 年版。

王鉴、万明钢：《多元文化教育比较研究》，民族出版社 2006 年版。

王鉴：《教师与教学研究》，甘肃教育出版社 2013 年版。

王鉴：《课堂观察与分析技术》，甘肃教育出版社 2014 年版。

王鉴：《课堂研究概论》，人民教育出版社 2007 年版。

王鉴：《民族教育学》，甘肃教育出版社 2005 年版。

王鉴主编：《教学论热点问题研究》，广西师范大学出版社 2008 年版。

王鉴主编：《中国少数民族教育政策体系研究》，民族出版社 2011 年版。

王莉颖：《双语教育比较研究》，博士学位论文，华东师范大学，

2004 年。

吴也显主编：《教学论新编》，教育科学出版社 1991 年版

肖建芳：《当代国际双语教学模式概论》，广东人民出版社 2011 年版。

袁振国：《教育科学研究方法》，高等教育出版社 2000 年版。

张明红：《学前儿童语言教育》，华东师范大学出版社 2006 年版。

赵寄石、楼必生：《学前儿童语言教育》，人民教育出版社 2003 年版。

周兢：《学前儿童语言教育》，南京师范大学出版社 2008 年版。

佐藤学：《静悄悄的革命——创造活动、合作、反思的综合学习课程》，李季湄译，长春出版社 2003 年版。

弗里曼等：《第二语言习得研究概况》，外语教学与研究出版社 2000 年版。

Colin Baker, Sylvia Jones. *Encyclopedia of Bilingualism and Bilingual Education.* London：Multiling Matters Ltd.，1998.

Cummins.，J. Negotiating Identities：Education for Empowerment in a Diverse Society（second edition），Ontario Institute for Studies in Education，California：California Association for Bilingual Education，1996.

Ben-Zeev, S. "Mechanisms by Which Childhood Bilingualism Affect Understanding of Language and Cognitive Structures." In Hornby, P. A.，ed. *Bilingualism：Psychological, Social, and Educational Implications.* New York，NY：Academic Press；1977：29 – 55.

J. 康明斯：《双语教育的国际发展：关于吉姆·康明斯双语教育理论与实践的圆桌对话》，俞婷译，王鉴校，《当代教育与文化》2014 年第 3 期。

陈宏：《第二语言能力结构研究回顾》，《世界汉语教学》1996 年第 2 期。

陈琴、庞丽娟：《幼儿双语教育问题探析》，《学前教育研究》2006 年第 5 期。

成尚荣：《母语教育与民族文化认同》，《教育研究》2007 年第

2 期。

程明轩：《论推进双语教学过程中的战略与策略问题》，《新疆师范
　　大学学报》（哲学社会科学版）2008 年第 1 期。

崔刚：《关于语言习得关键期假说的研究》，《外语教学》2011 年第
　　5 期。

戴庆夏等：《我国双语研究的现状及展望》，《民族教育》1989 年第
　　3 期。

戴庆夏、关辛秋：《中国少数民族双语教育的现状及发展趋势》，
　　《黑龙江民族丛刊》1998 年第 1 期。

丁文楼：《对我国少数民族双语教育的几点思考》，《新疆教育学院
　　学报》2011 年第 1 期。

董艳编译：《浅析世界双语教育类型》，《民族教育研究》1998 年第
　　2 期。

额·乌力更：《也论母语和民族语言》，《黑龙江民族丛刊》2000 年
　　第 3 期。

方俊明：《双语获得的认知过程与浸入式教学的理论基础》，《心理
　　科学》2001 年第 5 期。

龚少英、彭聃龄：《第二语言获得关键期研究进展》，《心理科学》
　　2004 年第 3 期。

何俊芳：《也论我国的语言转用问题》，《民族研究》1999 年第
　　3 期。

金花子、黄玉花：《朝鲜族双语教育与认知发展》，《中国民族教
　　育》2000 年第 6 期。

科林·贝克：《双语儿童语言能力面对未来的优势》，鲁新民译，
　　《新疆教育学院学报》2010 年第 4 期。

李德洙：《在第五次全国民族教育工作会议上的总结讲话》，《中国
　　民族教育》2002 年第 5 期。

李曙光、蔡万玲：《新疆少数民族小学双语教学存在的问题及对
　　策》，《和田师范专科学校学报》2012 年第 3 期。

李延福、拉本、项青朝加：《文化的多元性与少数民族的双语教

学》,《青海民族研究》2002 年第 7 期。

李永燧:《论民族语、母语、第一语言》,《民族研究》1999 年第
　　3 期。

林耀华:《凉山彝家——文化变迁与双语教育》,《中国民族》2001
　　年第 12 期。

刘宝俊:《语言与民族感情》,《中南民族学院学报》(哲学社会科
　　学版) 1991 年第 3 期。

刘伟、李森、郑红苹:《近二十年我国少数民族双语教育研究状况
　　分析——以〈民族教育研究〉(1990—2009 年) 为例》,《民族
　　教育研究》2012 年第 1 期。

罗爱梅:《新加坡双语教育课程标准及实施》,《课程教材教法》
　　2003 年第 6 期。

马戎:《从社会学的视角思考双语教育》,《云南民族大学学报》
　　2007 年第 11 期。

马戎:《语言使用与族群关系》,《西北民族研究》2004 年第 1 期。

马嵘、马永全:《新疆学前"双语"教育存在的问题与对策研究》,
　　《伊犁师范学院学报》(社会科学版) 2011 年第 6 期。

马学良:《推广双语教学,提高民族文化》,《中国民族》1985 年第
　　7 期。

孟红莉:《新疆伊宁市维吾尔城市居民语言能力、语言使用和语言
　　态度调查》,《西北民族研究》2013 年第 3 期。

强海燕、赵琳:《加拿大第二语言浸入式教学创举及其在我国的尝
　　试——双语人才早期培养研究》,《学前教育研究》2000 年第
　　5 期。

滕星:《"中华民族多元一体格局"思想与中国少数民族双语教
　　育》,《民族教育研究》1996 年第 4 期。

滕星:《中国少数民族双语教育的对象、特点、内容与方法》,《民
　　族教育研究》1996 年第 2 期。

万明钢、刘海健:《论我国少数民族双语教育——从政策法规体系
　　建构到教育教学模式变革》,《教育研究》2012 年第 8 期。

万明钢：《论公民教育》，《教育研究》2003 年第 9 期。

王春玲：《双语环境下的民族语危机及对双语教学的一点思考》，《贵州民族研究》2010 年第 6 期。

王鉴、安富海：《当前我国民族教育研究前沿与热点问题综述》，《学术探索》2011 年第 4 期。

王鉴、万明钢：《多元文化与民族认同》，《广西民族研究》2004 年第 2 期。

王鉴：《跨文化视野中的民族双语教学》，《西北师范大学学报》（社会科学版）1997 年第 5 期。

王鉴：《略论我国民族教育政策重心的转移问题》，《民族教育研究》2009 年第 3 期。

王鉴：《论人文社会科学研究的原创性》，《教育研究》2010 年第 4 期。

王鉴：《我国民族地区地方课程开发研究》，《教育研究》2006 年第 4 期。

王鉴：《我国民族教育政策研究三题》，《当代教育与文化》2010 年第 6 期。

翁燕珩：《简析语言保持型双语教育》，《民族教育研究》2000 年第 2 期。

翁燕珩：《美国双语教育研究之评介》，《中央民族大学学报》（哲学社会科学版）2000 年第 4 期。

吴庄、文卫平：《第二语言习得的深层共享能力假说》，《天津外国语学院学报》2006 年第 11 期。

辛宏伟：《近 20 年来中国少数民族双语教育问题研究的元分析》，《新疆师范大学学报》（哲学社会科学版）2011 年第 1 期。

严学宭：《中国对比语言学的兴起》，《中南民族学院学报》1984 年第 2 期。

余强：《甘南双语教育对儿童智力发展的影响》，《教育研究与实验》2002 年第 3 期。

袁爱玲：《面向 21 世纪构建幼儿园全语言教育》，《教育导刊·幼儿教育版》1999 年第 1 期。

曾丽：《国外元语言意识研究进展》，《贵州民族学院学报》（哲学
　　社会科学版）2011 年第 3 期。

张法科：《族际语纵横谈》，《山东外语教学》1992 年第 1—2 期。

张晓兰、王化敏：《贵州省少数民族学前教育改革的尝试》，《民族
　　教育研究》1999 年第 1 期。

张燚：《2005—2009 新疆少数民族幼儿学前"双语"教育基本状况
　　的分析讨论》，《新疆教育学院学报》2010 年第 3 期。

张燚、周欣：《新疆少数民族儿童学前双语教育活动的设计与组
　　织》，《新疆教育学院学报》2010 年第 2 期。

郑艾伦：《香港的双语教育问题》，《上海外国语学院学报》1982 年
　　第 2 期。

周兢、李传江、杜丽君：《新疆学前双语教育》，《情境中民族儿童
　　的汉语发展研究》，《华东师范大学学报》2014 年第 1 期。

周兢：《对我国学前儿童英语学习定位的思考》，《教育教学研究》
　　2004 年第 12 期。

周兢等：《新疆学前双语教育中两种语义习得研究》，《新疆师范大
　　学学报》（哲学社会科学版）2014 年第 6 期。

周欣：《新疆学前双语教育模式及教育方法之探讨》，《新疆教育学
　　院学报》2011 年第 10 期。

周耀治：《从双语教育走向开放新疆》，《光明日报》2014 年第
　　7 期。

Beverly, A. Clark. First-and Second-Language Acquisition in Early Child-
　　hood. ［2014 – 12 – 24］ http：//www. doc88. com/p – 6741191796
　　836. htm.

Bialystok, E. "Children's Concept of Word." *Journal of Psycholinguis-
　　tic Research*, 1986, 15（1）, pp. 13 – 32.

Bialystok, E., Majumder, S. "The Relationship between Bilingualism
　　and the Development of Cognitive Processes in Problem Solving." *Ap-
　　plied Psycholinguistics*, 1998, 19（1）pp. 69 – 85.

Cazden, C. B. "Play and Metalinguistic Awareness One Dimension of Language Experience." *The Urban Review*, 1974 (7), pp. 23 – 39.

Chizuko Konishi. "Learning English as a Second Language: A Case Study of Chinese Girl." *American Preschool Childhood Education.* 2007, 83 (5), Progue p. 272.

Cummins, J. "The Entry and Exit Fallacy in Bilingual Education." *NABE Journal*, 1980 (4), pp. 25 – 60.

Ellen, Bialystok. "Influences of Bilingualism on Metalinguistic Development." *Second Language Research*, 1987 (3), pp. 154 – 166.

Ellis, R., He, X. "The Roles of Modified Input and Output in the Incidental Acquisition of Word Meanings." *Studies in Second Language Acquisition*, 1999 (21), pp. 285 – 301.

Flege, J. E., Yeni-komshian, G. H., Liu, S. "Age Constraits on Second Language Acquisition." *Journal of Memory and Language*, 1999 (41), pp. 78 – 104.

Genesee, F., Tucker, G. R., Lambert, W. E. "Communication Skills of Bilingual Children." *Child Development*, 1976 (1), pp. 1010 – 1014.

Goetz, P. J. "The Effects of Bilingualism on Theory of Mind Development." *Bilingualism: Language and Cognition*, 2003 (1), pp. 1 – 15.

Goodz, N. S. "Parental Language Mixing in Blingual Families." *Infant Mental Health Journal*, 1994 (10), pp. 25 – 43.

Grogan, A., Green, D. W., Ali, N., Crinion, J. T., Price, C. J. "Structural Correlates of Semantic and Phonemic Fluency Ability in First and Second Languages." *Cerebral Cortex*, 2009 (11).

Krashen, S., Long, M., Scarcella, R. "Age, Rate, and Eventual Attainment in Second Language Acquisition." *TESOL Quarterly*, 1979 (12), pp. 573 – 582.

Lanco-Worrall, A. D. "Bilingual Educational and Cognitive Development." *Child Development*, 43, pp. 1390 – 1400.

Sandra, Ben, Zeev, S. (1977b). "The Influence of Bilingualism on

Cognitive Strategy and Cognitive Development. " *Child Development*, Vol. 48, No. 3, pp. 1009 – 1018. Children. [2014 – 12 – 13]. http: //www. docin. com/p – 932204883. html.

Swain, M. "Early French Immersion Later On. " *Journal of Multicultural Development*, 1981 (1), pp. 1 – 23.

Winsler, A., Díaz, R., Espinosa, L., Rodríguez, J. "When Learning a Second Language Does Not Mean Losing the First: Bilingual Language Development in Low Income, Spanish-speaking Children attending Bilingual Preschool. " *Child Development*, 1999 (70), pp. 349 – 362.

附　　录

一　甘南少数民族地区幼儿园双语教学调查问卷
（园长问卷）

园长，您好！

为如实了解我国少数民族地区幼儿园实施双语教学的现状，分析存在的问题与困难，为进一步科学实施学前双语教学提供真实、有效的分析资料，请您如实填写所在幼儿园双语教学情况。谢谢您的合作！

西北师范大学教育学院学前双语教学研究小组

2014 年 9 月

幼儿园名称＿＿＿＿＿＿＿＿

1. 您的幼儿园的办园形式是（　　　　）

A. 全寄宿幼儿园　　B. 日托幼儿园　　C. 简托幼儿园　　D. 其他
＿＿＿＿＿＿

2. 您所在幼儿园是（　　　　）

A. 乡镇中心幼儿园　　B. 小学附设幼儿园　　C. 其他＿＿＿＿＿＿

3. 您所在幼儿园教师的情况

调查项目	教师总数	教师的专业		教师的性质		民族		
		幼教	非幼教	在编岗位	招聘岗位	藏族	汉族	其他
人数								

4. 您所在幼儿园幼儿总数

民族 年龄班	幼儿总数	汉族	藏族	其他民族
小班				
中班				
大班				

5. 能兼通两种语言的教师有 _____ 名。

6. 您的幼儿园所使用的教材是 _____。

7. 您认为什么是学前双语教学 _____

_____

8. 您所在幼儿园最主要的教学用语是

年龄班 教学语言	小班	中班	大班
汉语			
汉语为主，民语为辅			
民语为主，汉语为辅			
民族语言			

9. 您幼儿园实施学前双语教学的主要途径是 _____ 。

A. 使用两种语言进行教育活动　　B. 开设少数民族语言课

C. 开设汉语课　　　　　　　　　D. 其他 _____

10. 您认为少数民族幼儿应该继续保持自己的母语吗？

A. 应该　　　B. 无所谓/不知道　　　C. 不应该

11. 您所在幼儿园是否将民族文化作为课程安排？

A. 能够渗透　　　B. 不知道如何渗透　　　C. 不应该渗透

12. 您认为藏族文化中哪些内容可以进入幼儿园成为幼儿园的课程内容？

A. 节日以及活动　　B. 生活习惯、礼仪　　C. 服饰　　D. 饮食

E. 民谣、民间故事、诗歌　　F. 山川、草原、动植物等环境知识

G. 民族舞蹈　　H. 民族歌曲　　I. 特色建筑、民族绘画

J. 历史人物及故事　　K. 生产方式、劳动工具的名称及其制作

L. 民族传统游戏

13. 您在幼儿园里是如何将您所选择的上述内容设计为幼儿园课程的？

A. 集体活动的内容　　　　　　　B. 民族传统游戏

C. 墙面布置　　　　　　　　　　D. 区角活动组织和材料投放

E. 一日活动中的渗透　　　　　　F. 邀请家长参与幼儿园活动

G. 其他＿＿＿＿＿＿＿＿＿＿＿＿＿＿＿＿＿＿＿＿

14. 请附一张幼儿园的一日活动安排简表（小班、中班、大班）。

二　甘南少数民族地区幼儿园双语教学调查问卷
（教师问卷）

各位老师：

您好！谢谢您参加这项关于幼儿园藏汉双语教学的问卷调查。本次调查所有资料都绝对保密，绝不会告诉包括校方在内的任何机构或个人。请您根据实际情况真实填写，填表时不用有任何顾虑，再次感谢您！祝您工作顺利！

西北师范大学民族地区学前教学研究课题组

2014 年 9 月

（一）个人资料（请填写空白部分，或在□内填上√）

1. 幼儿园名称：＿＿＿＿＿＿＿＿＿＿＿＿＿

2. 您的年龄：＿＿＿＿＿＿＿＿

3. 性别：□男　□女

4. 您的民族：□藏　□汉　□其他＿＿＿＿＿＿＿（请注明）

5. 您的学历：□硕士及以上　□本科　□大专　□中等师范

□其他_____（请注明）

　　6. 您第一学历毕业的学校名称：_____

　　您所学专业是：_____

　　7. 您的教龄：_____

　　8. 您所带班级的基本情况。您所带年龄班是：□小班　　□中班
□大班

您班幼儿总数	_____人	
汉族幼儿人数	_____人	能听懂藏语的有_____人 能使用藏语进行日常交流的有_____人
藏族幼儿人数	_____人	能听懂汉语的有_____人 能使用汉语进行日常交流的有_____人
其他民族的幼儿	_____人	能听懂藏语的有_____人 能使用藏语进行日常交流的有_____人

　　（二）问卷基本内容

第一部分：

　　请根据您自己的实际情况，为下述各题选出最符合您观点的一个
选项，用√标出来。

　　1. 如果藏族幼儿不会讲藏语，你会认为很不应该。

　　①完全不同意　　②不太同意　　③不确定　　④比较同意　　⑤完
全同意

　　2. 在幼儿园教育教学过程中，您最愿意使用的语言是藏语。

　　①完全不同意　　②不太同意　　③不确定　　④比较同意　　⑤完
全同意

　　3. 孩子在幼儿园学习汉语会对他们学习和使用藏语造成不良
影响。

　　①完全不同意　　②不太同意　　③不确定　　④比较同意　　⑤完
全同意

　　4. 幼儿时期是学习汉语的最佳时期。

　　①完全不同意　　②不太同意　　③不确定　　④比较同意　　⑤完

全同意

5. 幼儿园双语教学就是教汉语。

①完全不同意　②不太同意　③不确定　④比较同意　⑤完全同意

6. 幼儿园的双语教学就是使用两种语言进行教育教学。

①完全不同意　②不太同意　③不确定　④比较同意　⑤完全同意

7. 幼儿园的双语教学包括学习汉语文和藏语文。

①完全不同意　②不太同意　③不确定　④比较同意　⑤完全同意

8. 孩子学好藏语，对学习汉语有极大的帮助。

①完全不同意　②不太同意　③不确定　④比较同意　⑤完全同意

9. 幼儿园开展双语教学，藏语学习应该是汉语学习的基础。

①完全不同意　②不太同意　③不确定　④比较同意　⑤完全同意

10. 幼儿学习语言的顺序是：先学好藏语，再学好汉语。

①完全不同意　②不太同意　③不确定　④比较同意　⑤完全同意

11 您对藏语有很深的感情，有强烈保护自己母语的愿望。

①完全不同意　②不太同意　③不确定　④比较同意　⑤完全同意

12. 幼儿园双语教学，能促进幼儿思维和认知水平的发展。

①完全不同意　②不太同意　③不确定　④比较同意　⑤完全同意

13. 幼儿园双语教学的最终目标是培养幼儿学会藏汉两种语言。

①完全不同意　②不太同意　③不确定　④比较同意　⑤完全同意

14. 幼儿园双语教学的最终目标是培养幼儿继承藏汉两种文化。

①完全不同意　②不太同意　③不确定　④比较同意　⑤完

全同意

15. 幼儿园开展双语教学，在课程上应尽量保持民族传统文化。

①完全不同意 ②不太同意 ③不确定 ④比较同意 ⑤完全同意

16. 幼儿园开展双语教学的主要途径是课堂教学。

①完全不同意 ②不太同意 ③不确定 ④比较同意 ⑤完全同意

17. 游戏也是开展幼儿园双语教学的重要途径。

①完全不同意 ②不太同意 ③不确定 ④比较同意 ⑤完全同意

18. 幼儿园双语教学的目标就是让幼儿学好汉语。

①完全不同意 ②不太同意 ③不确定 ④比较同意 ⑤完全同意

19. 幼儿园的双语教学应该渗透到幼儿的一日生活中。

①完全不同意 ②不太同意 ③不确定 ④比较同意 ⑤完全同意

20. 幼儿园双语教学的效果主要依据评价幼儿汉语学习的情况。

①完全不同意 ②不太同意 ③不确定 ④比较同意 ⑤完全同意

第二部分：

请根据您自己的实际情况，为下述各题选出最符合您观点的一个选项，用√标出来。

1. 您所在班的幼儿能够完全听懂汉语。

①完全不符合 ②不太符合 ③不确定 ④比较符合 ⑤完全符合

2. 在幼儿园教育教学活动中，您使用汉语组织活动。

①完全不符合 ②不太符合 ③不确定 ④比较符合 ⑤完全符合

3. 在幼儿园教育教学活动中，您基本使用藏语组织活动。

①完全不符合 ②不太符合 ③不确定 ④比较符合 ⑤完

全符合

4. 在幼儿园教育教学活动中，您会根据幼儿的实际情况，灵活使用藏语和汉语两种语言。

①完全不符合　②不太符合　③不确定　④比较符合　⑤完全符合

5. 您是根据幼儿园指定的教育教学用书组织幼儿园的教学活动的。

①完全不符合　②不太符合　③不确定　④比较符合　⑤完全符合

6. 您能根据幼儿的实际需要适时补充服饰、饮食、节日、礼仪等藏族文化等内容。

①完全不符合　②不太符合　③不确定　④比较符合　⑤完全符合

7. 藏族的民间游戏在您所在的幼儿园里经常开展。

①完全不符合　②不太符合　③不确定　④比较符合　⑤完全符合

8. 您主要根据幼儿的需要对幼儿园的教材内容进行改变。

①完全不符合　②不太符合　③不确定　④比较符合　⑤完全符合

9. 您在幼儿园教学中主要采用讲授法进行语言活动。

①完全不符合　②不太符合　③不确定　④比较符合　⑤完全符合

10. 在集体语言活动中，幼儿能够积极地使用自己擅长的语言与您进行互动。

①完全不符合　②不太符合　③不确定　④比较符合　⑤完全符合

11. 游戏法是您经常采用的进行双语教学的途径。

①完全不符合　②不太符合　③不确定　④比较符合　⑤完全符合

12. 您能有效地观察幼儿对教学内容的反应，使用另外一种语言解释。

　　①完全不符合　②不太符合　③不确定　④比较符合　⑤完全符合

　　13. 幼儿的家长非常重视幼儿藏语的学习和使用。

　　①完全不符合　②不太符合　③不确定　④比较符合　⑤完全符合

　　14. 幼儿的家长更加重视幼儿汉语的学习和使用。

　　①完全不符合　②不太符合　③不确定　④比较符合　⑤完全符合

　　15. 您的教室里有供幼儿阅读的藏语图书与资料。

　　①完全不符合　②不太符合　③不确定　④比较符合　⑤完全符合

　　16. 你的教室里有供幼儿阅读的汉语图书与资料。

　　①完全不符合　②不太符合　③不确定　④比较符合　⑤完全符合

　　17. 幼儿双语教学的效果主要依据评价幼儿汉语的发展。

　　①完全不符合　②不太符合　③不确定　④比较符合　⑤完全符合

　　18. 幼儿藏语的发展也作为评价幼儿双语教学的一个内容。

　　①完全不符合　②不太符合　③不确定　④比较符合　⑤完全符合

　　19. 您能够将双语教学的内容渗透到幼儿的一日生活中。

　　①完全不符合　②不太符合　③不确定　④比较符合　⑤完全符合

三　幼儿园教师访谈提纲

（一）基本信息

访谈时间：_____　被访谈人：_____

性　　别：_____　学　　历：_____

职　　称：_____　工作时间：_____

主要领域/科目：_____　年龄班：_____

（二）访谈内容

1. 幼儿园双语教学的基本状况是什么？

2. 您认为双语是什么？双语教学是什么？

3. 你认为藏汉两种语言的学习会对幼儿的语言发展产生干扰吗？

4. 幼儿园双语教学的目的是什么？您认为在幼儿园进行双语教学最重要的是什么？

5. 幼儿园的双语教学如何实施/在双语教学中，您一般是怎么做的？为什么这么做？（语言、内容和随着学段而变化？）

6. 孩子们学得怎么样？孩子们学习汉语的积极性高吗？这种做法的效果怎么样？还存在哪些问题和困难？

7. 家长支持孩子学习汉语/藏语吗？

8. 您觉得幼儿园现在使用的双语教材怎样？您觉得什么样的更适合/或者需要怎样改变？

9. 幼儿园园长或者教育局会检查幼儿的语言学习情况吗？是怎么检查的？您认为应该怎么检查？还有什么政策？您还需要教育局哪些方面的支持或者帮助？

10. 有没有规定在幼儿园必须说汉语？谁规定的？您认为合适吗？为什么？

11. 藏族教师的汉语水平如何？您认为这会影响孩子们学习语言吗？

四　幼儿访谈提纲

（一）基本信息

访 谈 时 间：_____　被访谈人：_____

所在幼儿园：_____　性　　别：_____

年　　　龄：_____　年 龄 班：_____

（二）访谈内容

1. 你爸爸妈妈在家里是说汉语还是说藏语？

2. 在家中爸爸妈妈和你说话使用的是藏语还是汉语？

3. 你喜欢学汉语还是藏语呢？觉得学习汉语难不难？你学得怎么样？

4. 在幼儿园里老师使用汉语多还是藏语多？

5. 你喜欢老师使用藏语还是汉语？

6. 老师说汉语的时候，你听不懂会怎么办？

五　幼儿家长访谈提纲

（一）基本信息

访谈时间：_____　被访谈人：_____

居 住 地：_____　性　　　别：_____

职　　业：_____　幼儿年龄班：_____

1. 您在家里是使用汉语还是藏语？两种语言交错使用时，使用哪种语言多？或者在什么情况下使用哪种语言多？

2. 您希望孩子学会汉语/藏语吗？为什么？

3. 你希望孩子先学会藏语还是先学会汉语？为什么？

4. 您觉得幼儿园怎么教孩子学习藏语/汉语？

5. 如果有一天您的孩子不会说藏语或者不愿意说藏语您会有什么感觉？

6. 您觉得自己的孩子汉语/藏语学到什么程度就可以了？

后　记

　　我真正意义上的"读书"应该是从大学时代开始算起的。每次拿到一本书，总喜欢并习惯性地先读序和后记，了解著作的创作背景、作者的修为经历，看"第三只眼"独具视角的导读和评论，在享受读书快乐的同时，体悟作者的成长历程，也找寻自己前行的方向和动力。今天，自己的拙作即将付梓，距大学时代有自觉性地读书已20余年，难掩心中的激动。

　　"高山仰止，景行行止，虽不能至，然心向往之。"清晰地记得，第一次聆听王鉴老师的讲座之后，便萌生了读博的想法，伴随着兴奋的还有彷徨与焦虑，自卑与忐忑。自觉路途之艰，自感学识之浅，在心中酝酿了两年之久，才踟蹰不安地走进了老师的办公室，目光闪烁地表达了"心向往之"的愿望，老师用其三本著作和"多看书、善思考、勤用功"三句话作为回答。在几近不惑之年，老师不嫌学生愚笨，耐心指导，悉心教诲，使我顺利完成学业，感恩之情，不胜言表。

　　本书是在我博士论文的基础上改写而成的，构思源自一次学术会议。2012年底，西北师范大学和加拿大多伦多大学联合召开了"藏族地区学前双语教育国际学术研讨会"，参与会议的有精通藏汉双语双文化的多识仁波切教授，专门从事理论研究的不同民族学者，还有来自基层文化单位和乡村的裕固族、蒙古族和藏族的民族文化传人。持续多天的会议是一场真正意义上的跨越理论和实践边界，践行民族交往交流交融的盛会，让我深切感受到了少数民族成员对本民族语言和文化传承发展的热切，感受到了他们对学习国家通用语言和中华民族文化的高度认同，也感受到对如何学好两种语言和文化的困惑，便开始关注少数民族地区的双语教育。后来多次参加国内外学术会议，广泛收集国内外学前双语文献资料，并有幸结识了该领域国际著名的加拿大双语教育学者吉姆·康明斯，美国多元文化教育学者班克斯夫妇，还有旅学加拿大、时刻心系藏区教育发展的嘉洛博士，从他们的研究中受益匪浅，也得到了他们的指导、鼓励与帮助。

从来不会忘记，2014 年教师节的前一天，导师王鉴教授驱车将做回族教育研究的王涛送到了临夏州，把我送到了甘南藏族自治州，向教育局相关人员匆匆交代之后就返回了。做民族课题研究，除了广泛阅读心理学、民族学、教育学、社会学等学科的著作之外，还要与当地人一起生活，在生活中深入体验和感受民族文化，不能停留在发问卷、做访谈的表层研究上——这是导师对学生一贯的要求。由于要长时间深入藏族地区，我选择了独自一个人的"田野工作"，辛苦不足为惧，迷茫常常萦绕心头。走向田野的第一步是走访夏河县的每一所学校，有机缘跟随县教育局检查营养餐的工作组，走遍了每一个乡的中小学和幼儿园，在普遍调研的基础上，选择好了田野工作点。具体田野工作全由我自己来规划，经常是背着双肩包，里面装着床单被套、日常用品以及电脑和资料，目的是方便借宿在乡镇幼儿园老师的宿舍里。白天和幼儿园的老师一起作息，夜晚还要整理各种资料，这样的生活大概持续了 3 个月之久，践行了导师所倡导的体验文化之旅，践行了与少数民族成员交往交流。感谢导师以冰壶玉尺之德为我引路，以高顾遐视之识为我解惑，以精思熟理之能为我明辨，研究过程中凝结了导师的期望与心血，学生常怀至诚之志，却总不能领悟吾师之真意，如今拙作出版，心中有欣喜也有惶惶然。

师大春分育桃李，传道授业为学子。感谢我的老师们，无论是在课堂上还是生活中，无论是做人还是做学问，不管是在调研还是写作中，从本科到博士，多位老师都一如既往地对我提要求，给帮助，让我能够工作读书两不误，也让我能够在读书和育子之间取得平衡，能够在取与舍之间分得清轻重。

感谢我的师兄弟姐妹，感谢你们对我研究工作的倾力帮助，对我学习生活的热情关爱，点点滴滴不胜枚举，千言万语汇为一句：与君为友心欢畅，与君共学竞百舸。

在调研的过程中，我得到了甘南藏族自治州、夏河县教育局领导和工作人员的支持和帮助，得到了诸多校长、园长、老师和家长们的关爱和帮助。感谢县教育局的包老师，借其检查工作之便解决了选点的大难题，还热心为我接洽了蹲点幼儿园的园长和老师们。还有不少一面之缘的访谈者，夏河音像店的藏族老板，藏医院的藏医，书店里畅聊的阿克们，是你们为我走进实践场域提供了方便，是你们为我的研究增强了信心，当然最重要的是你们的观点使我的研究更加丰满、更接地气。此外，还收获了跨民族的友谊，与很多幼儿园及其老师们至今仍然保持着交往和联系，保存着一份珍贵的情谊和友情。

感谢我的家人。自从上大学开始，我的轨迹就是学一段、歇一段的模式，是家人们对我"学也支持，歇也支持，学也欣喜，歇也欣喜"的宽容宽松态度，让我能够追随内心的召唤，不断向前。不能忘记，父母在70岁高龄还为我备考博士做后勤；不能忘记，在办公室整理资料的晚上，儿子用他很稚嫩的手艺给我做的蛋炒饭，送来时敞口的碗居然还带着温热；不能忘记爱人默默的支持与关心。是你们的温馨鼓励和无私帮助，分担了生活中的辛劳与琐碎，排解了求学之路上的孤独与寂寞，分享了外人不足为道的收获和喜悦。

感谢我的学生杨欣、冯婷和彩艳，在修改文稿期间，她们的细心和认真为我分担了诸多工作；感谢西北师大教育学院领导对本书出版的关心和支持……太多太多需要感谢的人，不再列举，我铭记在心！

龙红芝

2018 年 3 月于西北师范大学新校区